Angelina Schulze

Kartenlegen ausführlich erklärt
Die Kombinationen

Band 3 zu den Lenormandkarten

Für all meine Kunden bis zur Entstehung dieses Buches,
weil ihr mich immer wieder zum Weitermachen aufgemuntert und durch euer Feedback jedes Mal neu bestätigt und bestärkt habt. Die vielen netten Worte waren eine große Stütze auf meinem Weg euch dieses Buch zu schreiben und es auch Anderen zu ermöglichen einen Einstieg in die Welt der Karten zu finden.

Bibliografische Information der Deutschen Nationalbibliothek
Die Deutsche Nationalbibliothek verzeichnet diese Publikation in der Deutschen Nationalbibliografie; detaillierte bibliografische Daten sind im Internet über http://dnb.d-nb.de abrufbar.

Der Abdruck der Lenormand Wahrsagekarten mit freundlicher Genehmigung der Wiener Spielkartenfabrik Ferdinand Piatnik & Söhne Wien ©

© 2013 Angelina Schulze
Alle Texte sind Copyright geschützt und dürfen deshalb, weder so, noch in geänderter Form, ohne schriftliche Genehmigung von Angelina Schulze veröffentlicht oder vervielfältigt werden.

Umschlaggestaltung: Angelina Schulze

Herstellung und Verlag:
Angelina Schulze Verlag
Vor dem Walde 9
38268 Lengede

Schulze-Verlag@gmx.de
www.angelina-schulze.com

Erstauflage (Dezember 2008): ISBN: 978-3-8370-7565-6

Zweite Auflage (Mai 2010): ISBN: 978-3-8391-5325-3

Aktuelle dritte Auflage (Mai 2013): ISBN: 978-3-943729-02-3

Inhalt

Einleitung 5
Wie meine Kombinationen entstanden sind: 6
Rechtliches: 7
Die Hauptaussagen der einzelnen Karten im Überblick 8
Ein Hinweis noch vorweg: 15
Die Kombinationen mit dem Reiter: 16
Die Kombinationen mit dem Klee: 31
Die Kombinationen mit dem Schiff: 42
Die Kombinationen mit dem Haus: 53
Die Kombinationen mit dem Baum: 67
Die Kombinationen mit den Wolken: 76
Die Kombinationen mit der Schlange: 91
Die Kombinationen mit dem Sarg: 104
Die Kombinationen mit dem Blumenstrauß: 114
Die Kombinationen mit der Sense: 126
Die Kombinationen mit den Ruten: 145
Die Kombinationen mit den Vögeln: 154
Die Kombinationen mit dem Kind: 163
Die Kombinationen mit dem Fuchs: 173
Die Kombinationen mit dem Bär: 181
Die Kombinationen mit den Sternen: 191
Die Kombinationen mit den Störchen: 198
Die Kombinationen mit dem Hund: 206
Die Kombinationen mit dem Turm: 213
Die Kombinationen mit dem Park: 219
Die Kombinationen mit dem Berg: 225
Die Kombinationen mit den Wegen: 230
Die Kombinationen mit den Mäusen: 237
Die Kombinationen mit dem Herz: 242
Die Kombinationen mit dem Ring: 248
Die Kombinationen mit dem Buch: 252
Die Kombinationen mit dem Brief: 256
Die Kombinationen mit dem Herr: 260
Die Kombinationen mit der Dame: 263
Die Kombinationen mit der Lilie: 266
Die Kombinationen mit der Sonne: 268
Die Kombinationen mit dem Mond: 271
Die Kombinationen mit dem Schlüssel: 272
Die Kombinationen mit den Fischen: 274
Die Kombinationen mit dem Anker: 275
Weitere Produkte aus unserem Verlagsprogramm 276
Kontakt zur Autorin: 288

Noch 2 wichtige Hinweise:

Um in diesem Buch etliche Wiederholungen zu vermeiden, finden Sie die Kombinationen zu einem Kartenpaar nur einmal bei der jeweils niedrigeren Karte aufgeschrieben.
Also wenn Sie z. B. die Kombination „Anker und Hund" suchen, dann steht diese bei der Karte „Hund" mit der Kombination „Anker".
Denn egal ob nun „Hund und Anker" oder „Anker und Hund". Die Kombination bleibt die Gleiche. Sehen Sie also immer bei der niedrigeren Zahl / Karte nach und lesen dort die Kombination.

Die Beschreibungen der Karten und Kombinationen beruhen auf dem Wissen, welches Angelina Schulze während Ihrer Praxis des Kartenlegens erworben, ausprobiert und für sich selbst als richtig empfunden hat. Trotzdem kann sie als Autorin keine Gewähr dafür übernehmen, dass dieses auch für Andere das Richtige ist. Die Autorin übernimmt deshalb auch keine Verantwortung für Schäden, die sich beim Gebrauch der Informationen für die Lenormandkarten und deren Deutungen für den Eigenbedarf oder auch an Kunden ergeben.

Einleitung

Bereits in meiner Kindheit begann ich, mich für das Kartenlegen zu interessieren. Im Laufe der Jahre hat sich einiges an Büchern, DVDs und auch Software zu diesem Thema bei mir angesammelt. Ich war ständig auf der Suche nach mehr Wissen, um noch intensiver und tiefer in die Welt der Kartendeutung einzutauchen. Alles wurde in der Praxis erprobt und einiges dann auch wieder verworfen. Ich brauchte ein System, das einfach und dennoch genug an Deutungen ermöglichte. So entstanden meine eigenen festen Regeln beim Deuten der Karten. Ich entwarf einen Leitfaden, der sich durch meine Kartendeutung auch mit der Logik erklären ließ. Karten werden nur allzu oft sehr spirituell oder eben esoterisch gedeutet. So manches Mal verstand ich den Sinn der Deutung zu der jeweiligen Karte nicht und fand den Zugang zu den Karten als schwer. Daher hatte ich mich hingesetzt und alles unter dem Aspekt des Sinnvollen und Logischem betrachtet. Was wollte mir das Bild der Karte wirklich sagen und was sollte es eben früher bedeuten? Da die Karten nicht aus diesem Jahrhundert sind, mußte damals also ein anderer Sinn dahinter gesteckt haben. Diesen habe ich für mich gefunden und dann in unsere heutige Zeit übertragen. Es sind meine eigenen Interpretationen zu den Karten. Irgendwann findet jeder Kartenleger seinen eigenen Weg bzw. seine eigene Deutung zur Karte. Bis dahin möchte ich mit meinen Deutungen einen Anfang bzw. eine Richtung vorgeben, die dann jeder für sich ggf. nach seinen eigenen Vorstellungen und Empfinden abändern kann. Alles ist möglich, solange sie sich nur mit den angewendeten Deutungen identifizieren können und damit wohlfühlen.

Die Karten sind in Ihren Einzeldeutungen (im Buch Band 1) genau analysiert worden und zu jedem speziellen Thema extra gedeutet. So hat es auch ein Anfänger leicht mit der Deutung beim Kartenlegen und kann dies nun auch gezielt beim Deuten der großen Tafel anwenden bzw. selbst daraus die Kombinationen der Kartenpaare bilden.

Wie meine Kombinationen entstanden sind:

Meine Seminar- oder Fernkursteilnehmer kommen mit meinem System sehr gut zurecht, tun sich aber beim Kombinieren der Karten noch schwer. Schon oft hörte ich den Wunsch von Ihnen, doch ein Nachschlagewerk mit meinen Kombinationsdeutungen zu den Karten zu schreiben. Diesem Wunsch bin ich nun nachgekommen und habe dieses Buch verfasst.
Ich halte zwar nicht viel davon, das man Kombinationen kennen oder auswendig lernen sollte oder gar muß, kann aber den Wunsch nach einem Nachschlagewerk verstehen.
Ich selbst brauchte die Kombinationen, die es von anderen Kartenlegern sicherlich haufenweise zu lesen gibt nie. Ich verlasse mich dabei stets auf meinen Verstand und meine Intuition. Wenn ich das Bild der Karte und deren Deutung für mich verstanden habe, dann ergeben sich alle Möglichkeiten von Kombinationen ganz von selbst. Rein aus der Logik, also vom Verstand her, lassen sich hier all meine Kombinationen nachvollziehen. Ich denke mir keine merkwürdigen Sätze oder Aussagen aus, wo man gar nicht den Sinn oder wo es überhaupt herkommt, verstehen kann.
Wie gesagt, wer die Einzeldeutung zu der jeweiligen Karte kennt, was ich im Band 1, sehr ausführlich beschrieben habe, der weiß, wie ich zu der entsprechenden Kombination gekommen bin. Es ist einfach die logische Aussage dieser Einzeldeutungen zu einer Gesamtaussage bzw. Deutung zusammengefasst. Dabei habe ich alles aufgelistet, was mir zu den Kartenpaaren so einfiel. Ich brauche dabei keine auswendig gelernten Kombinationen, sondern deutet jedes Mal aufs Neue mit meinem Verstand die Karten.
Die Aussagen entstehen also immer in meinem Kopf, jedoch lasse ich mich natürlich auch von meinem Bauchgefühl oder der Intuition leiten. Ich verwende beim Deuten der Karten dann nicht alle Kombinationen der Kartenpaare, sondern immer nur die, die mir als Erstes einfallen, da wo ich zuerst dran denken muß. Das ist fast immer die richtige Deutung für die fragende Person in diesem Moment.
Weitere Kombinationen des Kartenpaares werden nur bei erneutem Bauchgefühl hinzugenommen, ansonsten bleibt es bei der zuerst genannten Aussage. Diese variiert von Kartenlegung zu Kartenlegung und auch aus den Erfahrungen, die man im Laufe der Zeit ganz automatisch sammelt.

Rechtliches:

Ich betone nochmals, dass alle hier aufgeführten Kombinationen nachvollziehbar und aus der Schlußfolgerung meines Verstandes kamen und als Anregung oder Nachschlagewerk für Andere dienen sollen.
Da die Karten von jedem Kartenleger anders gedeutet werden können (je nach deren Intuition und Gefühl bzw. Verstand) kann es bei jedem Kartenleger zu anderen Kombinationen kommen. Manche Kartenleger haben aber vielleicht auch die gleiche Denkweise wie ich und ordnen die Einzelaussagen der Karten sehr ähnlich an. Daraus ergeben sich dann eben auch Verstandes gemäß, die gleichen oder ähnlichen Kombinationen von Karten.

Ich habe in diesem Buch nur meine eigenen Gedanken und Deutungen verwendet.

Ein Beispiel:

Park und Ring = Hochzeit
(Die Beziehung wird öffentlich gezeigt oder gemacht)

Der Park ist die Öffentlichkeit und der Ring steht unter anderem für Beziehung.
Hier wird also die Beziehung öffentlich gezeigt oder gemacht. Was eben auch bedeuten kann, dass man heiratet. Es kann somit eine Kombination für "Hochzeit" sein.
Aber das ist nicht die einzige Deutung, die mir zu diesem Kartenpaar einfällt. Da gibt es noch viele Andere dazu. Diese können sie dann weiter hinten im Buch bei den Kombinationen vom Park nachlesen.

Um meine Kombinationen noch nachvollziehbarer zu machen, habe ich im ersten Kapitel des Buches noch mal alle Karten mit Ihren Hauptaussagen (Einzeldeutungen) aufgelistet.
So haben sie einen direkten Überblick der Karten und können sich jeweils die Aussagen ihres gewünschten Kartenpaares ansehen und selber daraus die sinnvollen Kombinationen bilden.
Sicherlich können sie so nun auch meine Deutungen verstehen und nachvollziehen, wie ich zu den jeweiligen Kombinationen gekommen bin.

Die Hauptaussagen der einzelnen Karten im Überblick

Hinweis:
Sie möchten ein Kartenpaar in der Kombination deuten und es selbst versuchen bzw. nachvollziehen können, wie ich zu den jeweiligen Kombinationsaussagen gekommen bin, dann lesen sie die hier aufgeführten wichtigsten Einzeldeutungen der Karten. Dies sollte dann eine Hilfe für Ihre eigenen Kombinationsversuche sein oder eben die Grundlage zu meinen Kombinationsaussagen geben.

Hauptaussage der Reiter:
Bote, Übermittler, Nachricht, Botschaft, es geht vorwärts, Begegnung, Treffen, Verabredung, Unternehmungen, Bewegung, die Gedanken, Angebot, unterwegs sein, Chancen, selbst aktiv sein, Sport.
Sonstiges: Pferd, Auto, Fahrrad.

Hauptaussage der Klee:
Kleine Freude, kleines Glück, Spaß, glückliches Gelingen, glücklicher Ausgang, günstige Zeit, kurzes Glück, kurze Freude, Hoffnung, schnell Glück haben.
Sonstiges: Anzahl bis zu 4, kleine Pflanzen.

Hauptaussage das Schiff:
Reise, alle Entfernungen, seelische Reisen, Wünsche, Sehnsüchte, Hoffnung, Geduld, passiv sein - alles auf sich zu kommen lassen, Abenteuerbereitschaft, Geschäfte, Handel.
Sonstiges: Wasser = alle Gewässer, Fahrzeuge aller Art.

Hauptaussage das Haus:
Gebäude, Haus, Wohnung, Immobilien, Eigentum, Heim, Familie, Herkunft, sicher, Geborgenheit, Festigkeit, Stabilität, Schutz, Beständigkeit, langfristig planen, Privatleben.
Sonstiges: Geliebter, herzlicher oder gleich alter Mann.

Hauptaussage der Baum:
Gesundheit, Beständigkeit, Verwurzelung, Naturverbundenheit, Geduld, Langeweile, Ruhe, stabil, für lange, langsam voran. Das Leben, Wachstum, Natur, 1 Jahr, eine gesunde Entwicklung.
Sonstiges: Alle Bäume und größeren Pflanzen.

Hauptaussage die Wolken:
Unsicherheit, Unklarheiten, Schwierigkeiten, Unbeständigkeit, Unzuverlässigkeit, Unberechenbarkeit, nicht deutlich erkennbar, undurchschaubar, Missverständnisse, Launenhaftigkeit, Schwankungen, Labilität, Luft, Nebel, Vergiftung, Dampf, Dunst, Rauch, chemische Stoffe.
Sonstiges: Expartner, Exmann, schwieriger oder gleich alter Mann, Herbst.

Hauptaussage die Schlange:
Verwicklungen, Umwege, etwas zieht sich hin, Komplikationen, Warnung: "Vorsicht vor ...", Neid.
Sonstiges: Expartnerin, Exfrau, schwierige oder gleich alte Frau.

Hauptaussage der Sarg:
Etwas ist nicht in Ordnung, Störung der Situation, Krankheit, Schmerz, Trauer, Verlust, Anfang und Ende, gezwungene Ruhephase, Stillstand, Jenseitskontakte, geistiges Streben, Schwebezustand, Tod (etwas ist für die Person gestorben).
Sonstiges: Alle Behälter, Kisten oder Möbel.

Hauptaussage die Blumen:
Etwas Schönes, etwas Angenehmes, ein Geschenk, Überraschung, Besuch, Einladung, Freundlichkeit, Höflichkeit, Charme, Feier, Freude, Zufriedenheit, Heiterkeit, Frühling.
Sonstiges: Pflanzen, Heilkräuter, Mutter, ältere Frau, Frühling.

Hauptaussage die Sense allgemein:
Gefahr, Warnung, Schmerzen, Verletzung, Unberechenbarkeit, Jähzorn, Aggression, Spontaneität, Überraschung, vorsichtig sein. Plötzliche Ereignisse (positiv oder negativ). Belastung
Sonstiges: Operation, 1. Sohn oder 3. Tochter, Waffen, Werkzeuge

Hauptaussage die Sense davor:
Gefahr, Warnung, Aggression, Schmerzen, Verletzung, Unberechenbarkeit, Jähzorn, vorsichtig sei.

Hauptaussage die Sense dahinter:
Spontanität, Überraschung. Plötzliche Ereignisse.

Hauptaussage die Sense da drüber:
Belastung, vorsichtig sein.

Hauptaussage die Ruten:
Anzahl 2, Streit, Auseinandersetzung, Diskussionen, Redegewandtheit, Belehrung, Ärger, Rat holen, Kommunikation, Gespräche führen.
Sonstiges: 1. Tochter oder 3. Sohn.

Hauptaussage die Vögel:
Anzahl 2, Aufregung, Nervosität, Hektik, Stress, Misstrauen, Sorgen, unruhige Zeit.
Sonstiges: Alle Arten von Vögeln, Oma.

Hauptaussage das Kind:
Kleinkind, etwas Kleines, Kinderwunsch, muß noch wachsen, Wachstum, Neuanfang, Naivität, Unselbständigkeit, Natürlichkeit, eine Entwicklung in kleinen Schritten.
Sonstiges: Jüngste Kind bis zu 6 Jahre, Enkelkind.

Hauptaussage der Fuchs:
Unaufrichtigkeit, Unehrlichkeit, Lüge, Betrug, Falschheit, Hinterhältigkeit, Sabotage, Verrat, Verschwiegenheit, Einbildung, Täuschung, Maskierung, Cleverness, schlau sein, Intrigen, da läuft etwas falsch, Diebstahl, der falsche Zeitpunkt.
Sonstiges: Alle Katzen- und Raubtiere.

Hauptaussage der Bär:
Guter Charakter, etwas Altes, etwas aus der Vergangenheit, etwas was man schon lange kennt, etwas Großes, etwas Mächtiges, innere Stärke, Gutmütigkeit, große Kraft oder Ausstrahlung, Durchsetzungsvermögen, Beständigkeit, Durchhalten, Dranbleiben, notfalls auch mal Krallen zeigen.
Sonstiges: Alle großen Tiere, Anwalt, Chef, Notar, Makler, Richter, Arzt, Autoritätsperson, Opa.

Hauptaussage die Sterne:
Idee, Klarheit, Geist, Hellsichtigkeit, Spiritualität, feines Gespür, Eingebung, viel, du verlangst zuviel von dir oder anderen, alles wird gut, Gelingen, Wünsche, Erfüllung, Glück, göttliche Fügung, Kunst.
Sonstiges: -

Hauptaussage die Störche:
Veränderung in jeglicher Form, Wandlung, flexibel, Verhalten ändern, seine Meinung ändern, Nachwuchs, Umzug, Erneuerung, Wechsel.
Sonstiges: Federvieh, Geliebte, herzliche oder gleich alte Frau, bringt etwas ...

Hauptaussage der Hund:
Freundschaft, Freundeskreis, Treue, Gutmütigkeit, guter Charakter, Vertrauen, Zuverlässigkeit, langfristig, Förderer, Hilfe, Unterstützung, Beistand, Haustier.
Sonstiges: Hund.

Hauptaussage der Turm:
Trennung, Einsamkeit, Isolation, Rückzug, Einzelgänger, alleine kämpfen bzw. sein, Grenze, Behörde, hoch.
Sonstiges: -

Hauptaussage der Park:
Öffentlichkeit, viele Leute, Publikum, Kundschaft, Versammlungen, große Gesellschaft, größeres öffentliches Haus (Kneipe, Disco, Café), Märkte, Gärten, öffentliche Meinung beachten.
Sonstiges: -

Hauptaussage der Berg:
Blockade, Sperre, groß, Herausforderung, Schwierigkeiten, Hindernisse, sein eigenes Hindernis sein, keine Weiterentwicklung, Starrheit, Sturheit, Hemmungen, Frustration, etwas ist festgefahren, Zähigkeit, Ehrgeiz, Stopp hier geht es nicht weiter, Entfernungen, weiter Weg.
Sonstiges: Gebirge.

Hauptaussage die Wege:
Entscheidungen treffen, Scheideweg, Wendepunkt, Wahl, Anzahl 2, getrennte oder neue Wege, Alternativen und Lösungen suchen.
Sonstiges: Jüngere Frau, Schwester.

Hauptaussage die Mäuse:
Angst, etwas frißt oder nagt an dir, Zweifel, Verlust, Diebstahl, Verminderung, allmähliches Verschwinden, Kummer, Sorgen, verloren gehen, Verlustangst, Unzufriedenheit, Unangenehmes, Unreinheit, Müll, Schmutz, etwas ist nicht ganz sauber, etwas ist nicht bereinigt.
Sonstiges: Kleine Nagetiere, Verzögerung.

Hauptaussage das Herz:
Liebe, Verliebtheit, Hilfsbereitschaft, Herzlichkeit, herzliche Zuneigung, Glück, Geschenk.
Sonstiges: Zweites Kind vom gleichen Geschlecht = 2. Tochter oder 2. Sohn (wenn es beides gibt, dann das ältere Kind der beiden).

Hauptaussage der Ring:
Verbindung und verbunden sein, Beziehung, Ehe, Verpflichtung, an etwas gebunden sein, Wiederholung, Routine, sich im Kreis drehen, immer wieder, wertvolles Geschenk, Schmuckstücke, Vertrag.
Sonstiges: -

Hauptaussage das Buch:
Geheimnis, das Unbekannte, das Unbewusste, Verborgen, Verschlossenheit, Schweigsamkeit, Wissen für sich behalten, etwas ist noch nicht spruchreif, Bücher, Bildung, Verträge, Studium, das Lernen, Schule, dichtmachen, etwas abschließen, Kapitel beenden.
Sonstiges: -

Hauptaussage der Brief:
Brief oder Schriftstück, Nachricht, Neuigkeiten, Kommunikation, Korrespondenz, Telefonat, E-Mail, SMS, Post, Verträge, Vermittlung und Kontakt, fehlende Tiefe, oberflächlich, etwas Vorübergehendes, Kurzlebigkeit, für kurze Zeit.
Sonstiges: -

Hauptaussage der Herr:
Diese Karte steht für den männlichen Fragesteller. Bei Fragestellerinnen steht sie immer für den Ehemann oder einen Mann. Ansonsten für das männliche Prinzip, also Aktivität, geben und handeln.
Sonstiges: -

Hauptaussage die Dame:
Diese Karte steht für die weibliche Fragestellerin. Bei einem Fragesteller steht sie immer für die Ehefrau oder eine Frau. Ansonsten für das weibliche Prinzip, also Passivität, empfangen und hingeben.
Sonstiges: -

Hauptaussage die Lilie:
Harmonie, Ruhe, Stille, Frieden, angenehm, schön, Zufriedenheit, Sexualität, Familie.
Sonstiges: Pflanzen, Vater, älterer Mann, Winter.

Hauptaussage die Sonne:
Wärme, Energie nutzen, Kreativität, Kraft, Power, Lebensfreude, Optimismus, positiv, tolle Zeit.
Sonstiges: Sommer, Süden, südliche Länder.

Hauptaussage der Mond:
Intuition, mediale Fähigkeiten, seelische Bedürfnisse, Anziehungskraft, Psyche, Gefühle, Traum, Sensibilität, Anerkennung, Erfolg.
Sonstiges: Norden, nördliche Länder.

Hauptaussage der Schlüssel:
Etwas kommt mit Sicherheit, sich für etwas öffnen, erschließen, aufschließen, Zuversicht, sicher, stabil, Selbstverständlichkeit, Erfolg, Sache wird gelingen, mit etwas rechnen können, Gewissheit.
Sonstiges: Kleine Geräte und Werkzeuge.

Hauptaussage die Fische:
Geld, materielle Werte, Besitz, Kapital, Finanzen, Wasser, Seele, Alkohol, Sucht, Tiefe, etwas vertieft sich, wird inniger / intensiver.
Sonstiges: Fische, Wassertiere, jüngerer Mann, Bruder.

Hauptaussage der Anker:
Arbeit, Beschäftigung, Hobby, Beruf, Ausbildung (Studium, Schule), Verankerung, Treue, Abhängigkeiten, nicht loslassen können, klammern, etwas festmachen, sicher machen, Ausland.
Sonstiges: -

Hauptaussage das Kreuz allgemein:
Schicksal, Karma, etwas Unausweichliches, Wichtiges, Prüfung, Probe, Belastung, Bürde, Last, wiederkehrendes Problem, Krise, Leid, Kreuz zu tragen, aus Fehlern lernen = Lernaufgabe, Kirche, Glaube, Erlösung.
Sonstiges: -

Hauptaussage das Kreuz davor:
Schicksal, Karma, Wichtigkeit nimmt zu, Glaube.

Hauptaussage das Kreuz dahinter:
Schicksal, Karma, Wichtigkeit nimmt ab, etwas löst sich auf, Erlösung.

Hauptaussage das Kreuz da drüber:
Schicksal, Karma, etwas Unausweichliches, Prüfung, Probe, Belastung, Bürde, Last, wiederkehrendes Problem, Krise, Leid, Kreuz zu tragen, aus Fehlern lernen = Lernaufgabe.

Ein Hinweis noch vorweg:

Bevor es nun mit den Kombinationen los geht noch ein Hinweis zu meiner Schreibweise bzw. Auflistung der Deutungen.

Die Auflistungen sind oft mit „ / ", also Schrägstrichen versehen, was mit dem Wort „oder" gleich zu setzen ist.

Ein Beispiel (Reiter und Klee):
- Kurzfristig oder glücklich mit dem Auto / Fahrrad / Pferd

Das bedeutet also:
- Kurzfristig oder glücklich mit dem Auto
- Kurzfristig oder glücklich mit dem Fahrrad
- Kurzfristig oder glücklich mit dem Pferd

Noch ein Beispiel (Schiff und Lilie):
- Wunsch oder Sehnsucht nach Ruhe / Frieden / Harmonie / Sex

Das bedeutet also:
- Wunsch oder Sehnsucht nach Ruhe
- Wunsch oder Sehnsucht nach Frieden
- Wunsch oder Sehnsucht nach Harmonie
- Wunsch oder Sehnsucht nach Sex

Und nochmals der Hinweis, dass Sie die Kombinationen zu einem Kartenpaar nur einmal bei der jeweils niedrigeren Karte finden. Also wenn Sie z. B. die Kombination „Anker und Hund" suchen, dann steht diese bei der Karte „Hund" mit der Kombination „Anker". Denn egal ob nun „Hund und Anker" oder „Anker und Hund". Die Kombination bleibt die Gleiche. Sehen Sie also immer bei der niedrigeren Zahl / Karte nach und lesen dort die Kombination. So könnte ich Wiederholungen in diesem Buch vermeiden und unnötige weitere Seiten sparen.

Die Kombinationen mit dem Reiter:

Reiter und Klee:

Kombinationen - für alle Bereiche:
- Glücksbote oder Gedanken an Freude und Spaß
- Positive oder kurzfristige Nachricht erhalten
- Es kommt schnell oder positive Bewegung / neuer Schwung rein
- Aktiv sein macht Spaß und Freude
- Es geht positiv vorwärts
- Freude und Spaß bei sportlichen Aktivitäten
- Freude und Spaß bei Treffen oder Unternehmungen
- Kurzfristig eine Verabredung haben
- Schöne Zeit, in der man viel unternimmt
- Kurzfristig neue Chancen und Angebote erhalten
- Bewegung / Sport ist gut = positiv

Kombinationen - Personen und Sonstiges:
- Kurzfristig oder glücklich mit dem Auto / Fahrrad / Pferd
- Bis zu 4 Autos / Fahrräder / Pferde
- Es geht sehr schnell

Reiter und Schiff:

Kombinationen - für alle Bereiche:
- Hoffnung oder Sehnsucht nach einer Nachricht
- Gedanken an eine Reise bzw. Reise planen
- Über Wünsche und Sehnsüchte nachdenken
- Nachricht von weiter weg (aus der Ferne) erhalten
- Wunsch und Sehnsucht nach Aktivität oder Unternehmungen
- Es geht langsam vorwärts, Geduld haben
- Unternehmungen, wie Ausflüge / Reise
- Unternehmungen, die weiter weggehen
- Geduld oder zu passiv beim Sport
- Hoffnung oder Sehnsucht nach einer Verabredung
- Treffen ist weiter weg
- Geduld haben bis es eine Verabredung gibt
- Gedanken sich voneinander zu entfernen
- Neue Angebote kommen nur langsam
- Geduld bis man sich besser bewegen kann
- Zu passiv in den Bewegungen / Sport sein

Kombinationen - Personen und Sonstiges:
- Ein Auto von weiter weg oder mit dem Auto verreisen
- Geduld mit dem Auto / Fahrrad / Pferd haben
- Wunsch oder Sehnsucht nach einem Auto / Fahrrad / Pferd

Reiter und Haus:

Kombinationen - für alle Bereiche:
- Nachricht oder Besuch kommt ins Haus
- Gedanken ans Zuhause oder häusliche Aktivitäten
- Nachricht bringt Stabilität
- Sport / Bewegung langfristig einplanen
- Eine Verabredung zu Hause haben
- Chancen und Angebote für ein Haus erhalten
- Bewegung / Sport bringt Stabilität oder dauerhaft machen
- Bewegung / Sport von zu Hause aus machen

Kombinationen - Personen, Zeit und Sonstiges:
- Verabredung mit dem Geliebten
- Treffen / Unternehmungen mit einem ca. gleich alten oder herzlichen Mann
- Nachricht von der Familie erhalten
- Unternehmungen mit der Familie oder Gedanken an die Familie
- Auto / Fahrrad / Pferd langfristig einplanen = dauerhaft
- Dauerhaft ein Auto oder Pferd haben

Reiter und Baum:

Kombinationen - für alle Bereiche:
- Nachricht, welche die Gesundheit betrifft
- Aktivität wächst = noch mehr Bewegung
- Gedanken ans Leben oder über die Gesundheit
- Verabredung oder Unternehmungen in der Natur
- Aktiv etwas für die Gesundheit tun
- Es geht vorwärts im Leben oder schnell Stabilität / Wachstum
- Neue Chancen und Angebote im Leben

Kombinationen - Personen und Sonstiges:
- Mit dem Fahrrad oder Pferd durch die Natur

Reiter und Wolken:

Kombinationen - für alle Bereiche:
- Unklare Gedanken oder undurchsichtige Nachricht
- Nachricht bringt Schwierigkeiten / Mißverständnisse
- Verabredung ist nicht erkennbar, noch im Nebel
- Schwierigkeiten bei der Bewegung und Aktivität
- Es gibt schnell Mißverständnisse
- Chancen und Angebote sind nicht erkennbar, noch im Nebel

Kombinationen - Personen und Sonstiges:
- Nachricht oder Gedanke an den Expartner oder einen schwierigen Mann oder einen ca. gleich alten Mann
- Verabredung oder Unternehmungen mit dem Expartner oder einen schwierigen Mann oder ca. gleich altem Mann
- Chancen und Angebote kommen von einem schwierigen oder ca. gleich alten Mann oder dem Expartner
- Schwierigkeiten / Mißverständnisse mit dem Auto oder Fahrrad oder Pferd
- Mit dem Auto sich verirren / verfahren / nichts erkennbar
- Nachricht kommt im Herbst oder Aktivitäten / Treffen im Herbst

Reiter und Schlange:

Kombinationen - für alle Bereiche:
- Nachricht kommt auf Umwegen oder verzögert sich
- Gedanken oder Unternehmungen sind kompliziert
- Verwicklungen bei Treffen und Unternehmungen
- Aktivitäten und Bewegung ist kompliziert, nur mit Umwegen oder Zeitverzögerung möglich
- Es geht mit Verzögerungen und Komplikationen vorwärts
- Chancen und Angebote verzögern sich

Kombinationen - Personen und Sonstiges:
- Nachricht oder Gedanke an die Expartnerin oder an eine schwierige Frau oder an eine ca. gleich alte Frau
- Verabredung oder Unternehmungen mit der Expartnerin oder einer schwierigen Frau oder ca. gleich alten Frau
- Chancen und Angebote kommen von einer schwierigen oder ca. gleich alten Frau oder der Expartnerin
- Komplikationen oder Verwicklungen mit dem Auto / Fahrrad / Pferd bzw. Umwege fahren

Reiter und Sarg:

Kombinationen - für alle Bereiche:
- Nachricht, die eine Krankheit oder ein Treffen betrifft
- Aktivitäten sollten beendet werden
- Stillstand, zurzeit keine Aktivität möglich
- Gedanken an Ruhe oder einen Stillstand oder ein Treffen
- Angebote oder Chancen sind so nicht in Ordnung
- Treffen macht traurig oder sollte beendet werden
- Krank oder traurig durch bzw. bei Unternehmungen

Kombinationen - Personen und Sonstiges:
- Auto hat Zwangspause – fährt nicht, ist eventuell kaputt
- Pferd ist krank
- Mit dem Auto / Fahrrad oder Pferd etwas nicht in Ordnung

Reiter und Blumenstrauß:

Kombinationen - für alle Bereiche:
- Freudige Nachricht
- Schöne Gedanken oder schöne Verabredung
- Eine Einladung oder jemanden besuchen
- Freude bei Aktivitäten bzw. Unternehmungen oder Treffen
- Bewegung / Sport macht Freude
- Überraschung oder Geschenk bei einem Treffen

Kombinationen - Personen und Sonstiges:
- Treffen mit einer älteren Frau oder der Mutter
- Gedanken an eine ältere Frau oder die Mutter
- Bewegung kommt / Chancen / Angebote im Frühling

Reiter und Sense:

Kombinationen - für alle Bereiche (auch vor, hinter und über):
- Vorsichtig sein bei Aktivitäten / Unternehmungen / Treffen
- Warnung vor Angeboten
- Warnung / vorsichtig sein beim Sport / Bewegung

Sense vor Reiter:
- Bei Verabredungen / Treffen verletzt werden
- Bei Unternehmungen / Aktivitäten / Bewegung verletzt werden

- Verletzung oder Gefahr durch Angebote / Chancen
- Verletzungsgefahr beim Sport

Sense hinter Reiter:
- Plötzliche Verabredungen / Treffen / Angebote / Chancen
- Plötzliche Unternehmungen / Aktivitäten / Bewegung

Sense über Reiter:
- Eine Nachricht oder Angebot, was einen belastet
- Aktiv werden wird als Belastung empfunden
- Treffen / Verabredung belastet einen
- Sportliche Belastung oder der Sport belastet einen
- Gedanken bedrücken / belasten einen

Kombinationen - Personen und Sonstiges:

Allgemein (auch bei Karte vor, hinter, über):
- Warnung / Vorsicht mit dem Auto / Fahrrad / Pferd
- Treffen / Unternehmungen mit dem 1. Sohn oder der 3. Tochter
- Gedanken an den 1. Sohn oder die 3. Tochter
- Aktiver / beweglicher / sportlicher 1. Sohn oder 3. Tochter

Sense vor dem Reiter:
- Verletzungsgefahr mit dem Auto / Fahrrad / Pferd (=Unfallgefahr)

Sense hinter dem Reiter:
- Plötzlich ein Auto / Fahrrad / Pferd

Sense über dem Reiter:
- Belastungen durch das Auto / Fahrrad / Pferd

Reiter und Ruten:

Kombinationen - für alle Bereiche:
- An Gespräche bzw. Kommunikation denken
- Aktive oder bewegende Gespräche führen
- Eine rege Kommunikation
- Gespräch über Angebote / Chancen oder über Sport reden
- Durch Treffen einen Rat holen
- Streit oder Diskussion bei Treffen / Unternehmungen
- 2 Verabredungen / Treffen / Angebote

Kombinationen - Personen und Sonstiges:
- Treffen / Unternehmungen mit der 1. Tochter oder dem 3. Sohn
- Gedanken an die 1. Tochter oder den 3. Sohn
- Aktive / bewegliche / sportliche 1. Tochter oder 3. Sohn
- 2 Autos / Fahrräder / Pferde
- Gespräche oder Streit wegen dem Auto / Fahrrad / Pferd

Reiter und Vögel:

Kombinationen - für alle Bereiche:
- Nachricht bringt Aufregung bzw. bereitet Sorgen
- Aufregung bei Treffen / Unternehmungen
- Sich zuviel Stress machen
- Aufregende oder sorgenvolle Gedanken
- Nervös sein wegen oder bei einer Verabredung
- 2 Verabredungen / Treffen / Angebote

Kombinationen - Personen und Sonstiges:
- Gedanken an die Oma
- Treffen / Unternehmungen mit der Oma
- Aktive / bewegliche / sportliche Oma
- 2 Autos / Fahrräder / Pferde
- Aufregung / Stress / Sorgen wegen dem Auto / Fahrrad / Pferd

Reiter und Kind:

Kombinationen - für alle Bereiche:
- Neuigkeit oder schon bald Neubeginn
- Kleine Nachricht / Angebote
- Gedanken an Kinderwunsch
- Kleine Unternehmungen / Aktivitäten
- Mit Sport oder Bewegung neu anfangen

Kombinationen - Personen und Sonstiges:
- Gedanken an ein Kleinkind (das jüngste Kind) oder Enkelkind
- Unternehmungen mit dem Kleinkind (jüngste) oder Enkelkind
- Ein neues Auto / Fahrrad / Pferd
- Ein kleines Auto

Reiter und Fuchs:

Kombinationen - für alle Bereiche:
- Falsche Nachricht / Angebote
- Nachricht enthält Lügen
- Sich falsche Gedanken machen
- Bei Unternehmungen / Aktivitäten / Treffen läuft etwas falsch
- Nicht die richtige Zeit, um aktiv zu werden
- Sich bei Treffen / Verabredungen täuschen
- Der falsche Sport oder beim Sport läuft etwas falsch

Kombinationen - Personen und Sonstiges:
- Falsches Auto oder nicht der richtige Zeitpunkt für ein Auto
- Mit dem Auto / Fahrrad / Pferd läuft etwas falsch
- Sich bei dem Auto täuschen oder sogar Betrug
- Das Auto / Fahrrad / Pferd wird gestohlen

Reiter und Bär:

Kombinationen - für alle Bereiche:
- Nachricht, die Vergangenes betrifft
- Treffen mit jemand, den man schon länger oder von früher kennt
- Große Bewegung kommt rein
- Gedanken an seine Stärke und Kraft haben
- Gedanken an die Vergangenheit - an was Altes
- Kraft / Stärke / Durchsetzung bei Unternehmungen / Angeboten

Kombinationen - Personen und Sonstiges:
- Gedanken an den Opa / Chef / Anwalt / Autoritätsperson / Notar / Makler
- Treffen mit dem Chef / Anwalt / Autoritätsperson / Notar / Makler
- Unternehmungen / Treffen mit dem Opa
- Ein altes oder kräftiges oder großes Auto / Fahrrad / Pferd

Reiter und Sterne:

Kombinationen - für alle Bereiche:
- Glückliche oder klare Gedanken
- Nachricht bringt Klarheit oder Erfüllung
- Klarheit bei einer Verabredung / Treffen / Unternehmungen
- Sport bringt Erfüllung oder macht glücklich

- Unternehmungen / Treffen / Aktivitäten bringen Erfüllung
- Gedanken an Esoterik
- Spirituelle Nachricht
- Viele Treffen / Unternehmungen / Gedanken / Angebote / Sport

Kombinationen - Personen und Sonstiges:
- Viele Autos / Fahrräder / Pferde
- Klarheit beim Auto / Fahrrad / Pferd
- Glücklich bzw. Erfüllung mit dem Auto / Fahrrad / Pferd

Reiter und Störche:

Kombinationen - für alle Bereiche:
- Gedanke an Veränderung oder Veränderung bringt Fortschritt
- Nachricht bringt Veränderung
- Treffen / Unternehmungen / Aktivitäten bringen Veränderung
- Flexibel sein bei Treffen / Unternehmungen / Aktivitäten
- Sport verändern, wandeln oder flexibler sein

Kombinationen - Personen und Sonstiges:
- Treffen / Unternehmung mit einer ca. gleich alten Frau oder einer herzlichen Frau oder der Geliebten
- Nachricht oder Gedanken an ca. gleich alte Frau oder herzliche Frau oder die Geliebte
- Angebote / Chancen von ca. gleich alter Frau oder herzlicher Frau oder der Geliebten

Reiter und Hund:

Kombinationen - für alle Bereiche:
- Es geht für längere Zeit gut vorwärts oder langfristig aktiv sein
- Gedanken an Freundschaft oder freundschaftliche Nachricht
- Vertrauen in Aktivitäten / Unternehmungen / Treffen haben
- Hilfe und Förderung bei Treffen / Unternehmungen / Aktivitäten
- Dem Sport oder Unternehmungen treu bleiben
- Gedanken über Treue machen
- Nachricht über Hilfe und Förderung bekommen

Kombinationen - Personen und Sonstiges:
- Aktives = lebhaftes Haustier / Hund
- Gedanken an oder Nachricht von Freund/in

Reiter und Turm:

Kombinationen - für alle Bereiche:
- Nachricht von einer Behörde
- Gedanken an Trennung / Rückzug / Einsamkeit
- Nachricht, die über eine Grenze kam = von weiter weg
- Alleine etwas unternehmen und aktiv sein
- Bewegung in einer Behördenangelegenheit
- Sport in einer Behörde / Institution machen
- Von einer Verabredung / Treffen wieder zurück ziehen

Kombinationen - Personen und Sonstiges:
- Trennung vom Auto / Fahrrad / Pferd
- Ein Auto / Fahrrad / Pferd alleine haben
- Mit dem Auto über die Grenze

Reiter und Park:

Kombinationen - für alle Bereiche:
- Gedanken an / Nachricht über eine öffentliche Veranstaltung
- Nachricht aus der Öffentlichkeit
- In der Öffentlichkeit oder für viele Menschen aktiv sein
- Draußen Sport / Treffen / Unternehmungen / Aktivitäten machen

Kombinationen - Personen und Sonstiges:
- In Gesellschaft etwas unternehmen
- Auto oder Pferd für viele Menschen
- Öffentliches Fahrzeug z. B. ein Bus oder Taxi

Reiter und Berg:

Kombinationen - für alle Bereiche:
- Informationen / Nachrichten werden zurückgehalten
- Gedanken an Hindernisse / Schwierigkeiten / Frust
- Blockierte Gedanken
- Nachricht hat mit großen Schwierigkeiten zu tun
- Unternehmungen / Aktivitäten / Treffen werden blockiert
- Unternehmungen / Aktivitäten / Treffen sind weiter weg
- Nachricht von weiter weg = aus der Entfernung
- Sport in den Bergen z. B. Klettern, Bergsteigen u. Ä.

Kombinationen - Personen und Sonstiges:
- Mit dem Auto ins Gebirge
- Auto / Fahrrad / Pferd macht Schwierigkeiten / Frust

Reiter und Wege:

Kombinationen - für alle Bereiche:
- Nachricht bringt Entscheidung
- Gedanken über eine Entscheidung
- In Bewegung sein und neue Wege gehen
- 2 Nachrichten / Unternehmungen / Aktivitäten / Treffen
- Bei Unternehmungen / Aktivitäten / Treffen die Wahl haben
- Aktiv nach Alternativen und Lösungen suchen
- Sich zum Sport entscheiden oder 2 Sportarten

Kombinationen - Personen und Sonstiges:
- Beim Auto / Fahrrad / Pferd die Wahl haben
- Sich für ein Auto / Fahrrad / Pferd entscheiden
- Treffen / Unternehmungen mit der Schwester oder jüngeren Frau
- Gedanken oder Nachricht von der Schwester oder jüngeren Frau

Reiter und Mäuse:

Kombinationen - für alle Bereiche:
- Keine Nachricht - ist verloren gegangen
- Nachricht macht Angst / Sorgen / Zweifel / Unzufriedenheit
- Nagende bzw. sorgenvolle Gedanken
- Unzufrieden bei Unternehmungen / Aktivitäten / Treffen
- Keine oder weniger Unternehmungen / Aktivitäten / Treffen
- Angst / Sorgen / Zweifel wegen Unternehmungen oder Treffen
- Unzufrieden mit dem Sport oder keinen machen
- Aktiv sein oder Bewegung verzögert sich noch

Kombinationen - Personen und Sonstiges:
- Kein Auto / Fahrrad / Pferd haben oder sich darum sorgen
- Angst vorm Autofahren / Fahrrad fahren / Pferden

Reiter und Herz:

Kombinationen - für alle Bereiche:
- Liebeserklärung oder liebevolle Nachricht
- Gedanken an Liebe oder Hilfsbereitschaft
- Nachricht bringt Hilfe oder herzliche Nachricht
- Liebesverabredung oder herzliche Unternehmungen
- In der Liebe aktiv sein bzw. werden oder aktiv Hilfe geben
- Herzliche / helfende / positive Angebote
- Sport und Bewegung lieben

Kombinationen - Personen und Sonstiges:
- Das Auto / Fahrrad / Pferd lieben
- Hilfe beim Auto / Fahrrad / Pferd bekommen oder selber geben
- Treffen / Unternehmungen mit dem 2. Sohn oder der 2. Tochter
- Gedanken / Nachricht vom 2. Sohn oder der 2. Tochter

Reiter und Ring:

Kombinationen - für alle Bereiche:
- Gedanken an Bindung / über die Beziehung / über Verträge
- Gedanken drehen sich im Kreis, sie wiederholen sich
- Nachricht, welche die Beziehung betrifft oder einen Vertrag
- Fortschritt bei Verträgen oder aus Angebot wird Vertrag
- Wiederholende Unternehmungen / Aktivitäten / Treffen
- Sportvertrag oder Zirkeltraining oder regelmäßiger Sport

Kombinationen - Personen und Sonstiges:
- Autovertrag oder Vertrag wegen dem Pferd machen

Reiter und Buch:

Kombinationen - für alle Bereiche:
- Vertrauliche Nachricht
- Geheime Unternehmungen / Aktivitäten / Treffen
- Gedanken an ein Geheimnis oder ans Lernen
- Sich aktiv Wissen aneignen = lernen, sich weiterbilden
- Gedanken an Schule / Studium oder aktiv sein in der Schule
- Unternehmungen sind noch nicht spruchreif
- Unbekanntes Treffen = Blinddate

Kombinationen - Personen und Sonstiges:
- Auto / Fahrrad / Pferd ist noch nicht spruchreif

Reiter und Brief:

Kombinationen - für alle Bereiche:
- Oberflächliche Nachricht oder kurzfristig Nachricht erhalten
- Nachricht über Unternehmungen / Aktivitäten / Treffen
- Gedanken an oder über eine Nachricht / SMS / Brief / E-Mail
- Oberflächliches oder kurzfristiges Treffen
- Aktiv werden und selbst einen Brief / SMS / E-Mail schreiben
- Nachricht / Schriftliches / Vertrag über Sport

Kombinationen - Personen und Sonstiges:
- Kurzfristig ein Auto / Fahrrad / Pferd haben oder bekommen
- Schriftliches z. B. ein Autovertrag oder Vertrag wegen dem Pferd

Reiter und Herr:

Hinweis:
Er ist eine männliche Hauptperson, der feste Partner, Ehemann, die fragende Person selbst oder aber einfach nur irgendein Mann.

Kombinationen - für alle Bereiche:
- Er ist aktiv / unternehmungslustig / sportlich
- Er macht sich Gedanken

Kombinationen - Personen und Sonstiges:
- Treffen / Unternehmungen / Aktivitäten mit diesem Mann oder dem Partner
- Gedanken oder Nachricht an oder von diesem Mann / Partner
- Der Fragesteller oder dieser Mann oder der Partner hat ein Auto / Fahrrad / Pferd
- Ein Mann / Partner aus dem Bereich Sport oder Auto
- Dieser Mann / Partner / Fragesteller bekommt Angebote oder Chancen oder gibt sie

Reiter und Dame:

Hinweis:
Sie ist eine weibliche Hauptperson, die feste Partnerin, Ehefrau, die fragende Person selbst oder aber einfach nur irgendeine Frau.

Kombinationen - für alle Bereiche:
- Sie ist aktiv / unternehmungslustig / sportlich
- Sie macht sich Gedanken

Kombinationen - Personen und Sonstiges:
- Treffen / Unternehmungen / Aktivitäten mit dieser Frau oder der Partnerin
- Gedanken oder Nachricht an oder von dieser Frau / Partnerin
- Die Fragestellerin oder diese Frau oder die Partnerin hat ein Auto / Fahrrad / Pferd
- Eine Frau / Partnerin aus dem Bereich Sport oder Auto
- Diese Frau / Partnerin / Fragestellerin bekommt Angebote oder Chancen oder gibt sie

Reiter und Lilie:

Kombinationen - für alle Bereiche:
- Harmonische Nachricht
- Gedanken an Ruhe / Harmonie / Frieden / Nachricht / Sex
- Ins Sexualleben kommt Bewegung rein / aktives Sexleben
- Ruhigen bzw. harmonischen Sport / Bewegung z. B. Thai Chi

Kombinationen - Personen und Sonstiges:
- Treffen / Unternehmungen mit einem älteren Mann oder der Familie oder dem Vater
- Gedanken oder Nachricht an oder von einem älteren Mann oder der Familie oder dem Vater
- Älterer Mann oder Vater oder Familie mit Auto / Fahrrad / Pferd
- Nachricht kommt im Winter
- Im Winter aktiv werden oder im Winter es geht vorwärts

Reiter und Sonne:

Kombinationen - für alle Bereiche:
- Positive Nachricht
- Starke Energiereiche positive Gedanken
- Angenehme Treffen / Aktivitäten / Unternehmungen
- Powersport, viel Energie für Sport
- Es geht positiv vorwärts, aufwärts

Kombinationen - Personen und Sonstiges:
- Mit dem Auto in den Süden
- Unternehmungen in den Süden
- Nachricht / Treffen / Aktivitäten / Unternehmungen im Sommer
- Schönes Auto oder Energieauto
- Viel Energie für das Fahrrad fahren

Reiter und Mond:

Kombinationen - für alle Bereiche:
- Tiefsinnige Gedanken
- Gedanken über Gefühle oder an Erfolg / Anerkennung
- Erfolgsnachricht oder gefühlvolle Nachricht
- Treffen / Aktivitäten / Unternehmungen sind von Erfolg
- Aktiv sein bzw. werden bringt Erfolg / Anerkennung
- Anerkennung / Erfolg beim Sport

Kombinationen - Personen und Sonstiges:
- Mit dem Auto in den Norden
- Unternehmungen in den Norden
- Anerkennung für das Auto (Bewunderung)

Reiter und Schlüssel:

Kombinationen - für alle Bereiche:
- Mit Sicherheit ein Treffen oder eine Nachricht erhalten
- Sichere Unternehmungen / Aktivitäten / Treffen
- Zuversichtliche Nachricht
- Gedanken an Sicherheit oder Erfolg
- Nachricht / Treffen / Unternehmungen bringen Stabilität o. Erfolg
- Sicheren Sport oder Erfolg beim Sport
- Mit Sicherheit sollte man aktiv werden oder zuversichtlich sein

Kombinationen - Personen und Sonstiges:
- Mit Sicherheit ein Auto / Fahrrad / Pferd
- Ein sicheres Auto / Fahrrad

Reiter und Fische:

Kombinationen - für alle Bereiche:
- Geld ist unterwegs, Geldüberweisung, Geldnachricht
- Fortschritt in finanziellen Bereichen
- Nachricht über Ozeane - von weiter weg
- Gedanken ans Geld
- Tief gehende (seelische) Verabredung, ein Treffen vertieft sich
- Aktiv sein im Wasser oder auch Wassersport
- Finanzielle Angebote und Chancen
- Aktiv sein bzw. werden in Geldangelegenheiten

Kombinationen - Personen und Sonstiges:
- Geld für das Auto / Fahrrad / Pferd
- Ein Auto / Fahrrad / Pferd besitzen
- Treffen / Unternehmungen mit dem Bruder oder jüngeren Mann
- Gedanken oder Nachricht vom Bruder oder jüngeren Mann

Reiter und Anker:

Kombinationen - für alle Bereiche:
- Beruflich unterwegs z. B. Vertreter oder Kellner usw.
- Berufliche Nachricht erhalten
- Beruflich aktiv werden
- Berufliche Unternehmungen / Aktivitäten / Treffen
- Gedanken an den Beruf oder über Abhängigkeiten
- Gedanken oder Nachricht von Treue
- Sich aktiv beschäftigen
- Unternehmungen / Aktivitäten / Treffen im Ausland
- Sich mit Sport beschäftigen

Kombinationen - Personen und Sonstiges:
- Ein Auto aus dem Ausland
- Vom Auto / Fahrrad / Pferd abhängig sein bzw. daran klammern

Reiter und Kreuz:

Kombinationen - für alle Bereiche:
- Schicksalhafte Nachricht
- Karmische Begegnung / Treffen
- Gedanken über das Schicksal machen

Kreuz vor Reiter:
- Wichtige Nachricht / Unternehmungen / Treffen / Aktivitäten
- Sport ist wichtig oder sehr aktiv sein
- Es ist wichtig sich Gedanken zu machen

Kreuz hinter Reiter:
- Nachrichten / Unternehmungen / Aktivitäten / Treffen / Sport nehmen an Wichtigkeit ab oder lösen sich sogar auf

Kreuz über Reiter:
- Nachrichten / Unternehmungen / Aktivitäten / Treffen / Sport wird als Belastung empfunden, löst eine Krise aus oder sollte als Lernaufgabe bzw. Herausforderung angesehen werden

Kombinationen - Personen und Sonstiges:
Allgemein: Auto / Fahrrad / Pferd ist schicksalhaft
Kreuz vor dem Reiter: Auto / Fahrrad / Pferd wird wichtiger
Kreuz hinter dem Reiter: Auto / Fahrrad / Pferd wird unwichtiger
Kreuz über dem Reiter: Auto / Fahrrad / Pferd ist eine Belastung

Die Kombinationen mit dem Klee:

Klee und Schiff:

Kombinationen - für alle Bereiche:
- Ausflug / kurze Reise oder demnächst eine Reise
- Hoffnung auf eine Reise machen
- Reise macht Freude und glücklich
- Wunsch oder Sehnsucht nach Glück / Freude / Spaß
- Passiv auf das Glück warten

Kombinationen - Personen und Sonstiges:
- Bis zu 4 Reisen

Klee und Haus:

Kombinationen - für alle Bereiche:
- Kleines Glück / Freude / Spaß im Zuhause oder im Privaten
- Kurzfristig zu Hause sein

Kombinationen - Personen und Sonstiges:
- Bis zu 4 Zuhause (Wohnungen oder Häuser) haben
- Bis zu 4 Familienmitglieder
- Kurzfristig bei der Familie sein
- Kleines Glück / Freude / Spaß mit der Familie oder dem Geliebten oder ca. gleich alten Mann oder einem herzlichen Mann

Klee und Baum:

Kombinationen - für alle Bereiche:
- Kleines Glück / Freude / Spaß im Leben oder in der Natur
- Kurzfristig oder schnell wieder gesund
- Kleines Glück / Freude / Spaß wächst (wird mehr u. festigt sich)
- Die Hoffnung wächst

Kombinationen - Personen und Sonstiges: /

Klee und Wolken:

Kombinationen - für alle Bereiche:
- Kleines Glück / Freude / Spaß ist nicht erkennbar o. schwankend
- Kurzfristige Unsicherheiten oder Missverständnisse

Kombinationen - Personen und Sonstiges:
- Hoffnung / kleines Glück / Freude / Spaß mit dem Expartner oder ca. gleich alten Mann oder schwierigen Mann
- Bis zu 4 schwierige oder ca. gleich alte Männer
- Kleines Glück / Freude / Spaß im Herbst

Klee und Schlange:

Kombinationen - für alle Bereiche:
- Kleines Glück / Freude / Spaß kommt nur auf Umwegen oder mit Verzögerung
- Nur kurzfristige Verwicklungen oder Komplikationen

Kombinationen - Personen und Sonstiges:
- Hoffnung / kleines Glück / Freude / Spaß mit der Expartnerin oder einer ca. gleich alten Frau oder einer schwierigen Frau
- Bis zu 4 schwierige oder ca. gleich alte Frauen

Klee und Sarg:

Kombinationen - für alle Bereiche:
- Hoffnung / kleines Glück / Freude / Spaß ist im Stillstand
- Man ist nicht glücklich, weil das Glück gestört ist
- Nur kurzfristige Krankheit / Traurigkeit / Stillstand
- Kurzfristig darüber nachdenken (oder tun), was einem da traurig oder krankmacht und ob man es nicht lieber beenden sollte

Kombinationen - Personen und Sonstiges:
- Bis zu 4 Krankheiten

Klee und Blumenstrauß:

Kombinationen - für alle Bereiche:
- Man ist glücklich und zufrieden und freut sich
- Geschenke / Überraschungen / Einladungen machen Freude

Kombinationen - Personen und Sonstiges:
- Hoffnung / kleines Glück / Freude / Spaß mit einer älteren Frau oder der Mutter
- Bis zu 4 ältere Frauen
- Bis zu 4 Geschenke / Überraschungen / Einladungen
- Besuch / Einladung / Überraschung im Frühling
- Hoffnung / kleines Glück / Freude / Spaß im Frühling

Klee und Sense:

Kombinationen - für alle Bereiche (auch vor, hinter und über):
- Warnung / Vorsicht mit der Freude und dem Glück
- Nur kurzfristig Warnung / Vorsicht

Sense vor Klee:
- Kurzfristig vorsichtig sein – Verletzungsgefahr

Sense hinter Klee:
- Glück bzw. Freude kommt plötzlich

Sense über Klee:
- Das Glück ist belastet / kurzfristige Belastung

Kombinationen - Personen und Sonstiges:
Allgemein (auch bei Karte vor, hinter, über):
- Bis zu 4 Operationen / Werkzeuge
- Kurzfristig eine Operation oder Operation ist positiv (gut)
- Der 1. Sohn oder die 3. Tochter ist glücklich, hat Freude / Spaß

Klee und Ruten:

Kombinationen - für alle Bereiche:
- Schnelle oder positive oder zu kurze Gespräche

Kombinationen - Personen und Sonstiges:
- Bis zu 4 Gespräche
- Die 1. Tochter oder der 3. Sohn ist glücklich, hat Freude / Spaß

Klee und Vögel:

Kombinationen - für alle Bereiche:
- Sorgen von kurzer Dauer
- Stress nur kurzfristig
- Freudige und glückliche Aufregungen

Kombinationen - Personen und Sonstiges:
- Bis zu 4 Aufregungen
- Kleines Glück / Freude / Spaß mit der Oma

Klee und Kind:

Kombinationen - für alle Bereiche:
- Kleines und kurzes Glück
- Glücklicher Neuanfang
- Hoffnung / Glück / Freude / Spaß muß noch wachsen
- Positiver oder kurzfristiger Kinderwunsch

Kombinationen - Personen und Sonstiges:
- Bis zu 4 Kleinkinder / Enkelkinder
- Freude mit Kleinkind / Enkelkind

Klee und Fuchs:

Kombinationen - für alle Bereiche:
- Falsche Fröhlichkeit / Hoffnung
- Trügerisches Glück
- Kurzfristig läuft etwas falsch
- Kurzfristig ist noch der falsche Zeitpunkt

Kombinationen - Personen und Sonstiges:
- Bis zu 4 Intrigen / Lügen / Täuschungen / Betrügereien

Klee und Bär:

Kombinationen - für alle Bereiche:
- Freude an etwas Altem oder glückliche Vergangenheit
- Kurzfristig stark / mächtig / autoritär / durchsetzungsfähig
- Große Freude / Hoffnung
- Positive Kraft und Stärke und Durchsetzung haben

Kombinationen - Personen und Sonstiges:
- Bis zu 4 Anwälte / Makler / Chefs / Autoritätspersonen / Notare
- Kleines Glück / Freude / Spaß mit dem Opa
- Positiven Chef / Anwalt / Makler / Autoritätsperson / Notar haben

Klee und Sterne:

Kombinationen - für alle Bereiche:
- Glückliche Eingebung oder kurzfristig Klarheit bekommen
- Sehr glücklich oder viel Freude
- Freude über Klarheit oder Spiritualität

Kombinationen - Personen und Sonstiges:
- Bis zu 4 Eingebungen oder Glücksfälle

Klee und Störche:

Kombinationen - für alle Bereiche:
- Freude an Veränderung oder Flexibilität
- Kurzfristig Veränderungen oder seine Meinung ändern
- Es ist positiv flexibel zu sein oder die Meinung zu ändern
- Hoffnung auf Veränderung

Kombinationen - Personen und Sonstiges:
- Bis zu 4 Veränderungen
- Hoffnung / kleines Glück / Freude / Spaß mit der Geliebten oder einer ca. gleich alten Frau oder einer herzlichen Frau

Klee und Hund:

Kombinationen - für alle Bereiche:
- Hilfsbereitschaft / Freundschaft die glücklich macht
- Glücklich über Treue oder langfristig treu sein
- Hoffnung auf Hilfe und Förderung

Kombinationen - Personen und Sonstiges:
- Bis zu 4 Freunde oder Förderer oder Hunde
- Kleines Glück / Freude / Spaß mit Freunden oder dem Hund

Klee und Turm:

Kombinationen - für alle Bereiche:
- Glück bei behördlichen Angelegenheiten
- Kurzfristig Trennung oder Einsamkeit oder sich zurück ziehen
- Alleine glücklich oder sich allein freuen

Kombinationen - Personen und Sonstiges:
- Bis zu 4 Behörden / Firmen

Klee und Park:

Kombinationen - für alle Bereiche:
- In der Öffentlichkeit Freude / Spaß / Glück haben
- Kurzfristig mit Öffentlichkeit zu tun haben
- Positive Versammlungen / Meinungen

Kombinationen - Personen und Sonstiges:
- Bis zu 4 Gesellschaften
- In Gesellschaft Freude / Spaß / Glück haben
- Viele positive / glückliche Leute
- Hoffnung auf Kundschaft
- Positive Kundschaft / Publikum

Klee und Berg:

Kombinationen - für alle Bereiche:
- Kurzfristige Blockade / Frust / Schwierigkeiten
- Hoffnung / Freude / Glück ist blockiert
- Zur Freude / Spaß / Glück ist es noch ein weiter Weg

Kombinationen - Personen und Sonstiges:
- Bis zu 4 Hindernisse / Schwierigkeiten

Klee und Wege:

Kombinationen - für alle Bereiche:
- Positive (gute, richtige) Entscheidung
- Kurzer Weg oder Glück auf (neuen) Wegen
- Glück bzw. Freude durch eine Entscheidung
- Glück auf der Suche nach Lösungen oder Alternativen

Kombinationen - Personen und Sonstiges:
- Bis zu 4 mögliche Alternativen oder Lösungen kann man suchen
- Bis zu 4 Entscheidungen
- Hoffnung / kleines Glück / Freude / Spaß mit der Schwester oder einer jüngeren Frau

Klee und Mäuse:

Kombinationen - für alle Bereiche:
- Kein oder vermindertes Glück / Hoffnung / Freude
- Kurzfristige Sorgen / Ängste / Zweifel / Unzufriedenheit

Kombinationen - Personen und Sonstiges:
- Bis zu 4 Verluste oder bis zu 4 Verzögerungen

Klee und Herz:

Kombinationen - für alle Bereiche:
- Liebe ist oder macht glücklich bzw. Freude
- Kurzfristig Hilfe bekommen
- Kurzfristig Liebe bzw. verliebt
- Hoffnung auf Liebe oder Hilfe

Kombinationen - Personen und Sonstiges:
- Bis zu 4 „Lieben" haben
- Hoffnung / kleines Glück / Freude / Spaß mit dem 2. Sohn oder der 2. Tochter

Klee und Ring:

Kombinationen - für alle Bereiche:
- Glückliche Verbindung
- Vertrag bringt Glück / Freude
- Freude / Glück / Spaß in der Beziehung
- Sich kurzfristig im Kreis drehen
- Positive Verpflichtungen haben
- Hoffnung auf Vertrag haben

Kombinationen - Personen und Sonstiges:
- Bis zu 4 Verträge / Verpflichtungen / Bindungen

Klee und Buch:

Kombinationen - für alle Bereiche:
- Kurzfristiges Geheimnis
- Studium / Schule bereitet Freude
- Glück bzw. Freude ist noch nicht spruchreif
- Positive Zeit zum Lernen bzw. sich Wissen anzueignen

Kombinationen - Personen und Sonstiges:
- Bis zu 4 Lernbereiche / Studium
- Bis zu 4 Geheimnisse

Klee und Brief:

Kombinationen - für alle Bereiche:
- Sehr kurzfristig
- Kurzfristig eine Nachricht / SMS / E-Mail / Brief erhalten
- Nur oberflächliche Freude
- Hoffnung auf eine Nachricht / Brief / SMS / E-Mail haben

Kombinationen - Personen und Sonstiges:
- Bis zu 4 Nachrichten / Briefe / SMS / E-Mails

Klee und Herr:

Hinweis:
Er ist eine männliche Hauptperson, der feste Partner, Ehemann, die fragende Person selbst oder aber einfach nur irgendein Mann.

Kombinationen - für alle Bereiche:
- Er ist freundlich oder optimistisch oder jünger
- Er sieht immer das Positive oder hat Hoffnung
- Er ist glücklich / er hat Freude bzw. Glück

Kombinationen - Personen und Sonstiges:
- Bis zu 4 Männer oder sogar bis zu 4 Hauptpersonen
- Freude / Glück / Spaß mit diesem Mann / Partner

Klee und Dame:

Hinweis:
Sie ist eine weibliche Hauptperson, die feste Partnerin, Ehefrau, die fragende Person selbst oder aber einfach nur irgendeine Frau.

Kombinationen - für alle Bereiche:
- Sie ist freundlich oder optimistisch oder jünger
- Sie sieht immer das Positive oder hat Hoffnung
- Sie ist glücklich / sie hat Freude bzw. Glück

Kombinationen - Personen und Sonstiges:
- Bis zu 4 Frauen oder sogar bis zu 4 Hauptpersonen
- Freude / Glück / Spaß mit dieser Frau / Partnerin

Klee und Lilie:

Kombinationen - für alle Bereiche:
- Kurzfristig Harmonie und Ruhe bekommen
- Kurzen Sex (One-Night-Stand) oder Sex macht Freude
- Hoffnung auf Sex / Harmonie / Ruhe / Frieden

Kombinationen - Personen und Sonstiges:
- Bis zu 4 Familienmitglieder
- Glückliche Familie / mit der Familie Freude haben
- Kleines Glück / Freude / Spaß mit der Familie oder dem Vater
- Kleines Glück / Freude / Spaß mit einem älteren Mann
- Anfang Winter oder Freude im Winter oder im Winter glücklich

Klee und Sonne:

Kombinationen - für alle Bereiche:
- Positive glückliche Zeit
- Sehr viel Kraft und Energie
- Kleines Glück / Freude / Spaß in der Sonne haben

Kombinationen - Personen und Sonstiges:
- Im Süden glücklich oder Anfang Sommer
- Im Sommer glücklich / Freude im Sommer

Klee und Mond:

Kombinationen - für alle Bereiche:
- Kurzfristig oder Hoffnung auf Erfolg / Anerkennung / Gefühle
- Günstige Zeit für Erfolg oder mediale Fähigkeiten bzw. Intuition
- Gefühle der Freude / glücklich durch Gefühle oder Erfolg

Kombinationen - Personen und Sonstiges:
- Bis zu 4 Erfolge oder Anerkennung
- Im Norden glücklich

Klee und Schlüssel:

Kombinationen - für alle Bereiche:
- Mit Sicherheit Glück / Freude / Spaß / Hoffnung
- Kurzfristig zuversichtlich / Erfolg / Stabilität

Kombinationen - Personen und Sonstiges:
- Bis zu 4 Erfolge

Klee und Fische:

Kombinationen - für alle Bereiche:
- Glück in Geldangelegenheiten
- Kurzfristig oder Hoffnung auf Geld / Besitz
- Glück / Freude / Spaß vertieft sich

Kombinationen - Personen und Sonstiges:
- Bis zu 4 Brüder / jüngere Männer
- Kleines Glück / Freude / Spaß mit einem jüngeren Mann oder dem Bruder

Klee und Anker:

Kombinationen - für alle Bereiche:
- Arbeit die Spaß macht / Freude an der Arbeit oder dem Hobby
- Glücklich mit der Arbeit oder Hoffnung auf eine Arbeit haben
- Kurzfristig Arbeit bzw. Beschäftigung bekommen oder haben
- Glücklich im Ausland

Kombinationen - Personen und Sonstiges:
- Bis zu 4 Arbeitsstellen / Hobbys / Beschäftigungen

Klee und Kreuz:

Kombinationen - für alle Bereiche:
- Glück und Hoffnung sind wichtig oder Glück ist karmisch

Kreuz vor Klee:
- Sehr viel Glück und Freude, es vertieft bzw. verstärkt sich noch

Kreuz hinter Klee:
- Freude verringert sich oder das Glück wird weniger

Kreuz über Klee:
- Das Thema „Freude / Glück / Spaß / Hoffnung" ist eine Lernaufgabe und Herausforderung. Wird oft als Krise erlebt und belastet bzw. bedrückt einen

Kombinationen - Personen und Sonstiges: /

Die Kombinationen mit dem Schiff:

Schiff und Haus:

Kombinationen - für alle Bereiche:
- Zu Hause zu passiv sein oder Haus ist weiter weg
- Hoffnung / Wunsch / Sehnsucht nach einem Haus

Kombinationen - Personen und Sonstiges:
- Wunsch / Sehnsucht nach einer Familie oder dem Geliebten oder einen ca. gleich alten Mann oder einem herzlichen Mann
- Reise oder Geduld mit der Familie oder dem Geliebten oder einen ca. gleich alten Mann oder einem herzlichen Mann
- Familie oder Geliebter ist weiter weg = Entfernung

Schiff und Baum:

Kombinationen - für alle Bereiche:
- Reise wegen der Gesundheit machen oder Lebensreise
- Langweilige oder sehr lange Reise
- Sehnsucht im Leben oder nach Gesundheit

Kombinationen - Personen und Sonstiges: /

Schiff und Wolken:

Kombinationen - für alle Bereiche:
- Reise ist noch unklar oder Unklarheiten auf einer Reise
- Unklare Wünsche
- Wegen Unsicherheit zu passiv sein

Kombinationen - Personen und Sonstiges:
- Der Exmann / schwieriger Mann / ca. gleich alter Mann ist von weiter weg oder mit ihm eine Reise machen oder Geduld mit ihm haben oder Hoffnung auf ihn haben oder Sehnsucht nach ihm haben
- Reise im Herbst oder Geduld bis zum Herbst

Schiff und Schlange:

Kombinationen - für alle Bereiche:
- Reise mit Verzögerungen oder mit Umwegen
- Komplikationen auf einer Reise
- Geduld haben, es verzögert sich
- Verzögerungen, weil man zu passiv ist
- Wünsche / Sehnsüchte sind zu kompliziert

Kombinationen - Personen und Sonstiges:
- Die Exfrau / schwierige Frau / ca. gleich alte Frau ist von weiter weg oder mit ihr eine Reise machen oder Geduld mit ihr haben oder Hoffnung auf sie haben oder Sehnsucht nach ihr haben

Schiff und Sarg:

Kombinationen - für alle Bereiche:
- Reise findet erst später statt, ruht noch
- Auf einer Reise krank werden bzw. etwas ist da nicht in Ordnung
- Vor Sehnsucht krank / traurig sein
- Sich von bestimmten Wünschen trennen = Abschied nehmen

Kombinationen - Personen und Sonstiges: /

Schiff und Blumenstrauß:

Kombinationen - für alle Bereiche:
- Zufriedenheit und Freude bei einer Reise oder Reisefreude
- Reise geschenkt bekommen
- Wunsch / Sehnsucht nach Freude und Zufriedenheit

Kombinationen - Personen und Sonstiges:
- Die Mutter / eine ältere Frau ist von weiter weg oder mit ihr eine Reise machen oder Geduld mit ihr haben oder Hoffnung auf sie haben oder Sehnsucht nach ihr haben
- Sehnsucht bis zum Frühling
- Reise oder Geduld bis zum Frühling

Schiff und Sense:

Kombinationen - für alle Bereiche (auch vor, hinter und über):
- Warnung / Vorsicht bei einer Reise

Sense vor Schiff:
- Auf einer Reise verletzt werden
- Wünsche / Sehnsüchte verletzen einen
- Gereizt / genervt / wie an gepikst sein wegen einer Reise

Sense hinter Schiff:
- Plötzlich oder überraschend eine Reise
- Plötzlich Sehnsucht / Wünsche haben

Sense über Schiff:
- Reise oder Wünsche oder Sehnsüchte oder Geduld oder Passivität ist belastend und bedrückend

Kombinationen - Personen und Sonstiges:
Allgemein (auch bei Karte vor, hinter, über):
- Reise mit dem 1. Sohn oder der 3. Tochter
- Wunsch nach einem Sohn oder einer 3. Tochter
- Sehnsucht nach dem 1. Sohn oder der 3. Tochter
- Geduld mit dem 1. Sohn oder der 3. Tochter

Schiff und Ruten:

Kombinationen - für alle Bereiche:
- Gespräche über Reise
- Wunsch / Sehnsucht nach Kommunikation (z. B. einen Anruf)
- Kommunikation über Entfernung z. B. über E-Mail oder Telefon
- 2 Reisen
- Bei Gesprächen zu passiv sein

Kombinationen - Personen und Sonstiges:
- Reise mit der 1. Tochter oder dem 3. Sohn
- Wunsch nach einer Tochter oder einem 3. Sohn
- Sehnsucht nach der 1. Tochter oder dem 3. Sohn
- Geduld mit der 1. Tochter oder dem 3. Sohn

Schiff und Vögel:

Kombinationen - für alle Bereiche:
- Sehnsucht nach Aufregungen
- Stress / Sorgen wegen oder auf einer Reise
- 2 Reisen

Kombinationen - Personen und Sonstiges:
- Reise mit der Oma
- Geduld mit der Oma
- Sehnsucht nach der Oma

Schiff und Kind:

Kombinationen - für alle Bereiche:
- Sehnsucht nach Kinderwunsch
- Neuanfang auf einer Reise oder Reise bringt Neuanfang
- Wunsch nach einem Neuanfang

- Neuanfang dauert noch, Geduld haben
- Passiv auf den Neuanfang warten

Kombinationen - Personen und Sonstiges:
- Reise mit Kleinkind oder Enkelkind
- Geduld mit dem Kleinkind oder Enkelkind
- Sehnsucht nach dem jüngsten Kind / Enkelkind

Schiff und Fuchs:

Kombinationen - für alle Bereiche:
- Wünsche und Sehnsüchte sind falsch (die Falschen haben)
- Reise wäre falsch bzw. nicht der richtige Zeitpunkt dafür
- Auf einer Reise mit Falschheit zu tun bekommen
- Passiv und geduldig zu sein ist falsch
- Sich täuschen, was die Reise betrifft

Kombinationen - Personen und Sonstiges: /

Schiff und Bär:

Kombinationen - für alle Bereiche:
- (Gedankliche) Reise in die Vergangenheit
- Reise mit etwas oder jemand Alten oder eine große Reise
- Große Sehnsucht / Wünsche bzw. starken Wunsch o. Sehnsucht
- Geduld mit der Kraft / Stärke / Durchsetzung

Kombinationen - Personen und Sonstiges:
- Geduld mit dem Anwalt / Makler / Notar / Chef / Autoritätsperson / Opa haben
- Reise mit dem Chef / Autoritätsperson / Opa
- Sehnsucht nach dem Opa

Schiff und Sterne:

Kombinationen - für alle Bereiche:
- Reise bringt Klarheit oder spirituelle Reise
- Erwartest zuviel = viele Wünsche
- Erfüllung läßt noch auf sich warten, Geduld haben
- Geduld mit Spiritualität / Klarheit / Glück

- Wunsch bzw. Sehnsucht nach Klarheit / Glück / Erfüllung / Spiritualität
- Viele Reisen

Kombinationen - Personen und Sonstiges: /

Schiff und Störche:

Kombinationen - für alle Bereiche:
- Veränderungen bei oder durch Reise
- Wünsche und Sehnsüchte verändern sich

Kombinationen - Personen und Sonstiges:
- Wunsch / Sehnsucht nach der Geliebten oder einer ca. gleich alten Frau oder einer herzlichen Frau
- Reise oder Geduld mit der Geliebten oder einer ca. gleich alten Frau oder einer herzlichen Frau
- Geliebte ist weiter weg = Entfernung

Schiff und Hund:

Kombinationen - für alle Bereiche:
- Wunsch und Sehnsucht nach Hilfe oder Treue
- Hilfe / Förderung von weiter weg

Kombinationen - Personen und Sonstiges:
- Freundschaften, die weiter weg sind
- Mit Freundschaften Geduld haben
- Im Freundeskreis passiv sein, sich treiben lassen
- Reise zum Freund/in machen oder Reise mit Freunden
- Wunsch und Sehnsucht nach Freundschaft

Schiff und Turm:

Kombinationen - für alle Bereiche:
- Reise über die Grenze
- Einsame Reise bzw. allein verreisen
- Trennung auf Reise
- Sehnsucht nach Trennung / Rückzug / allein sein
- Geduld mit einer Behörde oder bei einer Trennung (Scheidung)

Kombinationen - Personen und Sonstiges: /

Schiff und Park:

Kombinationen - für alle Bereiche:
- Sehnsucht nach Öffentlichkeit
- Geduld mit der Öffentlichkeit

Kombinationen - Personen und Sonstiges:
- Gruppenreise bzw. mit vielen Leuten verreisen
- Geduld mit Kundschaft
- Sehnsucht bzw. Wunsch nach Kundschaft oder Gesellschaft

Schiff und Berg:

Kombinationen - für alle Bereiche:
- Reise wird verhindert oder ist schwierig oder ist weiter weg
- Es ist sehr weit weg (wegen der beiden Entfernungskarten)
- Frust, weil man Geduld haben muss
- Wegen Hindernissen / Schwierigkeiten muss man Geduld haben
- Blockierte Wünsche

Kombinationen - Personen und Sonstiges:
- Reise in die Berge

Schiff und Wege:

Kombinationen - für alle Bereiche:
- Entscheidung dauert noch, Geduld haben
- Bei Entscheidungen oder der Suche nach Lösungen und Alternativen zu passiv sein
- Wunsch bzw. Sehnsucht nach einer Entscheidung bzw. Lösung oder neuen Wegen oder Alternativen
- Reise bringt Entscheidung oder durch die Reise sich entscheiden können bzw. eine Lösung suchen oder Wege gehen

Kombinationen - Personen und Sonstiges:
- Sehnsucht nach der Schwester oder einer jüngeren Frau
- Reise oder Geduld mit der Schwester oder einer jüngeren Frau
- Schwester ist weiter weg = Entfernung

Schiff und Mäuse:

Kombinationen - für alle Bereiche:
- An seinen Wünschen und Sehnsüchten zweifeln
- Passivität oder Geduld wird aufgefressen, verschwindet also und man muss es dann weniger haben oder es löst sich auf
- Sorgen / Unzufriedenheit / Zweifel / Ängste wegen Reise
- Reise findet nicht statt oder verzögert sich

Kombinationen - Personen und Sonstiges: /

Schiff und Herz:

Kombinationen - für alle Bereiche:
- Liebesreise
- Sehnsucht nach Liebe bzw. verliebt sein
- Wunsch / Sehnsucht nach Hilfe oder Herzlichkeit
- In der Liebe passiv sein oder Geduld haben

Kombinationen - Personen und Sonstiges:
- Sehnsucht nach dem 2. Sohn oder der 2. Tochter
- Reise oder Geduld mit dem 2. Sohn oder der 2. Tochter
- 2. Sohn oder 2. Tochter ist weiter weg = Entfernung

Schiff und Ring:

Kombinationen - für alle Bereiche:
- Rundreise oder Hochzeitsreise
- Verbindung kommt auf einen zu
- Wunsch / Sehnsucht nach Vertrag oder Beziehung
- Geduld oder zu passiv in der Beziehung / Ehe / Verbindung

Kombinationen - Personen und Sonstiges: /

Schiff und Buch:

Kombinationen - für alle Bereiche:
- Die Reise ist noch nicht spruchreif oder noch geheim
- Geheimnisvolle Wünsche / Sehnsüchte
- Sehnsucht nach Wissen

- Geduld haben beim Lernen / Schule / Studium / Weiterbildung
- Passiv sein beim Lernen / Schule / Studium / Weiterbildung

Kombinationen - Personen und Sonstiges: /

Schiff und Brief

Kombinationen - für alle Bereiche:
- Nachricht ist unterwegs oder aus der Ferne
- Nachricht / SMS / E-Mail / Brief über eine Reise
- Sehnsucht nach einer Nachricht / SMS / E-Mail / Brief / Kontakt
- Nachricht auf sich zukommen lassen (selber passiv sein)
- Kurze Reise oder Ausflug
- Reiseunterlagen

Kombinationen - Personen und Sonstiges: /

Schiff und Herr:

Hinweis:
Er ist eine männliche Hauptperson, der feste Partner, Ehemann, die fragende Person selbst oder aber einfach nur irgendein Mann.

Kombinationen - für alle Bereiche:
- Er lebt weit weg oder ist Ausländer
- Er ist auf Reise oder er hat Sehnsucht

Kombinationen - Personen und Sonstiges:
- Wunsch oder Sehnsucht nach einem Mann / Partner
- Geduld oder Reise mit einem Mann / Partner
- Passiver Mann / Partner, läßt lieber alles auf sich zukommen

Schiff und Dame:

Hinweis:
Sie ist eine weibliche Hauptperson, die feste Partnerin, Ehefrau, die fragende Person selbst oder aber einfach nur irgendeine Frau.

Kombinationen - für alle Bereiche:
- Sie lebt weit weg oder ist Ausländerin
- Sie ist auf Reise oder sie hat Sehnsucht

Kombinationen - Personen und Sonstiges:
- Wunsch oder Sehnsucht nach einer Frau / Partnerin
- Geduld oder Reise mit einer Frau / Partnerin
- Passive Frau / Partnerin, läßt lieber alles auf sich zukommen

Schiff und Lilie:

Kombinationen - für alle Bereiche:
- Reise ist schön und harmonisch
- Wunsch oder Sehnsucht nach Ruhe / Frieden / Harmonie / Sex
- Passiv und ruhig bleiben, sich treiben lassen
- Geduld oder passiv sein beim Sex

Kombinationen - Personen und Sonstiges:
- Sehnsucht oder Geduld mit oder nach der Familie oder nach dem Vater oder nach einem älteren Mann
- Familie / Vater / älterer Mann ist weiter weg = Entfernung
- Reise zur oder mit Familie / dem Vater / einem älteren Mann
- Reise im Winter

Schiff und Sonne:

Kombinationen - für alle Bereiche:
- Positive Reise oder Reise gibt neue Kraft und Energie
- Wunsch nach Kraft und Energie

Kombinationen - Personen und Sonstiges: /
- Reise in den Süden oder im Sommer
- Sehnsucht nach dem Süden oder Sommer

Schiff und Mond:

Kombinationen - für alle Bereiche:
- Sehnsucht und Wünsche nach Erfolg und Anerkennung
- Sehnsucht und Wünsche nach tiefen Gefühlen
- Sehr gefühlvolle Reise oder erfolgreiche Reise

Kombinationen - Personen und Sonstiges:
- Reise in den Norden

Schiff und Schlüssel:

Kombinationen - für alle Bereiche:
- Mit Sicherheit eine Reise oder Sicherheit auf einer Reise
- Sicherlich Wünsche und Sehnsüchte
- Zuversichtlich sein, was eine Reise betrifft
- Erfolg auf einer Reise

Kombinationen - Personen und Sonstiges: /

Schiff und Fische:

Kombinationen - für alle Bereiche:
- Teure Reise oder Reise bringt Geld
- Reise geht über Ozeane (Wasser)
- Geld kommt auf einen zu
- Wunsch / Sehnsucht nach Geld oder Besitz
- Geduld in den Finanzen

Kombinationen - Personen und Sonstiges:
- Sehnsucht / Geduld / Reise mit dem Bruder oder einem jüngeren Mann

Schiff und Anker:

Kombinationen - für alle Bereiche:
- Geschäftsreise
- Reise ins Ausland
- Wunsch und Sehnsucht nach Arbeit oder einem Hobby oder danach etwas festzumachen, es zu verankern
- Eher passiv bei der Arbeit sein
- Geduld mit Arbeit haben

Kombinationen - Personen und Sonstiges: /

Schiff und Kreuz:

Kombinationen - für alle Bereiche:
- Schicksalhafte Reise oder wichtige Reise
- Geduld zu haben ist wichtig oder auch schicksalhaft

Kreuz vor Schiff:
- Reise wird an Wichtigkeit zunehmen
- Geduld / Passivität wird verstärkt und muss intensiver da sein
- Noch mehr Wünsche und Sehnsüchte haben bzw. sollten die Wünsche nun wichtiger genommen werden

Kreuz hinter Schiff:
- Reise wird unwichtiger oder löst sich sogar auf, findet nicht statt
- Geduld oder Passivität wird unwichtig und kann verschwinden
- Wünsche und Sehnsüchte sollten in den Hintergrund treten, sie sind jetzt nicht so wichtig

Kreuz über Schiff:
- Das Thema „Reise / Wünsche / Sehnsüchte / Geduld / Passivität" ist eine Lernaufgabe und Herausforderung. Wird oft als Krise erlebt und belastet bzw. bedrückt einen
- Geduld wird auf die Probe gestellt

Kombinationen - Personen und Sonstiges: /

Die Kombinationen mit dem Haus:

Haus und Baum:

Kombinationen - für alle Bereiche:
- Häuschen im Grünen
- Im Zuhause wird man lange bleiben
- Haus ist Lebensinhalt
- Haus der Gesundheit = Sanatorium / Kur

Kombinationen - Personen und Sonstiges:
- Familie wächst
- Familie / Geliebter / ca. gleich alter Mann / herzlicher Mann ist Lebensinhalt bzw. Mann fürs Leben
- Herzlicher Mann / ca. gleich alter Mann aus dem Bereich Gesundheit z. B. Arzt, Apotheker, Masseur o. Ä.

Haus und Wolken:

Kombinationen - für alle Bereiche:
- Unklarheiten / Schwierigkeiten im Zuhause
- Undurchsichtiges oder nicht sicheres Zuhause

Kombinationen - Personen und Sonstiges:
- Familie / Geliebter / ca. gleich alter Mann / herzlicher Mann ist undurchsichtig oder unsicher oder schwierig
- Exmann / ca. gleich alter Mann / schwieriger Mann ist häuslich oder familiär oder wird zum Geliebten
- Exmann / ca. gleich alter Mann / schwieriger Mann ist im Haus bzw. der Wohnung bzw. dem Zuhause
- Haus / Wohnung im Herbst
- Unklarheiten oder Unsicherheiten in der Familie / mit dem Geliebten / ca. gleich alten Mann / schwierigen Mann
- Familienmitglied = Schwieriger Mann innerhalb der Familie
- Ein herzlicher Mann und ein schwieriger Mann
- Geliebter / ca. gleich alter Mann / herzlicher Mann wird zum Expartner

Haus und Schlange:

Kombinationen - für alle Bereiche:
- Komplikationen mit dem Zuhause
- Ein Haus / Wohnung auf Umwegen bzw. mit Verzögerungen
- Schwierigkeiten im Zuhause

Kombinationen - Personen und Sonstiges:
- Familie / Geliebter / ca. gleich alter Mann / herzlicher Mann ist schwierig oder kompliziert
- Exfrau / ca. gleich alte Frau / schwierige Frau ist häuslich oder familiär oder wird zur Geliebten
- Exfrau / ca. gleich alte Frau / schwierige Frau ist im Haus bzw. der Wohnung bzw. dem Zuhause
- Schwierigkeiten / Komplikationen in der Familie oder mit dem Geliebten / ca. gleich alten Mann / herzlichen Mann
- Familienmitglied = Schwierige Frau innerhalb der Familie
- Ein herzlicher Mann und eine schwierige Frau

Haus und Sarg:

Kombinationen - für alle Bereiche:
- Mit dem Zuhause ist etwas nicht in Ordnung und darüber nachdenken, es zu beenden, damit was Neues kommen kann
- Zuhause krank oder traurig sein
- Haus der Krankheit = Krankenhaus

Kombinationen - Personen und Sonstiges:
- Krankheit in der Familie oder der Geliebte / ca. gleich alter Mann / herzlicher Mann ist krank
- Traurig wegen der Familie / Geliebten / ca. gleich alten Mann / herzlichen Mann
- Die Situation mit der Familie / Geliebten / ca. gleich alten Mann / herzlichen Mann ist gestört und man sollte darüber nachdenken, dass zu beenden, was einem da traurig oder krankmacht
- Stillstand / Ruhephase mit dem Geliebten oder ca. gleich alten Mann oder herzlichen Mann oder der Familie

Haus und Blumenstrauß:

Kombinationen - für alle Bereiche:
- Gemütliches Zuhause oder freundliches Haus
- Haus / Wohnung mit Blumen und evtl. Garten
- Zufriedenheit und Freude im Zuhause
- Besuch / Überraschungen / Geschenke ins Haus
- Einladung / Feier im Haus

Kombinationen - Personen und Sonstiges:
- Zufriedenheit in der Familie / Geliebter / ca. gleich alter Mann / herzlicher Mann
- Freundliche Familie / Geliebter / ca. gleich alter Mann / herzlicher Mann
- Mutter / ältere Frau im Haus bzw. dem Zuhause
- Familienmitglied = die Mutter oder eine ältere Frau innerhalb der Familie
- Ein herzlicher Mann und eine ältere Frau

Haus und Sense:

Kombinationen - für alle Bereiche (auch vor, hinter und über):
- Warnung bzw. Vorsicht vor dem Haus

Sense vor Haus:
- Verletzungsgefahr im Haus

Sense hinter Haus:
- Plötzlich oder überraschend ein Haus

Sense über Haus:
- Haus ist belastet = Hypotheken bzw. Kredit

Kombinationen - Personen und Sonstiges:
Allgemein (und auch noch bei Karte vor, hinter, über):
- Warnung bzw. Vorsicht vor der Familie
- 1. Sohn oder 3. Tochter ist Zuhause bzw. im Haus

Sense vor Haus:
- Verletzung durch die Familie
- Ein Familienmitglied könnte sich verletzen

Sense hinter Haus:
- Plötzlich oder überraschend eine Familie / Geliebten / herzlichen Mann / ca. gleich alten Mann

Sense über Haus:
- Familie / Geliebter / ca. gleich alter Mann / herzlicher Mann ist belastet bzw. bedrückt

Haus und Ruten:

Kombinationen - für alle Bereiche:
- Gespräche im Haus
- Sehr kommunikatives Haus

Kombinationen - Personen und Sonstiges:
- Gespräche mit Familie / Geliebten / ca. gleich alten Mann / herzlichen Mann

- Sehr kommunikative Familie / Geliebter / ca. gleich alter Mann / herzlicher Mann
- 2 Geliebte oder 2 herzliche Männer oder 2 ca. gleich alte Männer
- 1. Tochter oder 3. Sohn ist Zuhause bzw. im Haus

Haus und Vögel:

Kombinationen - für alle Bereiche:
- Sorgen im oder ums Haus
- Aufregungen oder Stress im Zuhause
- 2 Zuhause bzw. 2 Häuser bzw. 2 Wohnungen

Kombinationen - Personen und Sonstiges:
- 2 Geliebte oder 2 herzliche Männer oder 2 ca. gleich alte Männer
- Sorgen oder Aufregungen oder Stress mit der Familie / dem Geliebten / ca. gleich alten Mann / herzlichen Mann

Haus und Kind:

Kombinationen - für alle Bereiche:
- Neuanfang mit dem Zuhause
- Kinderwunsch im Haus
- Kleines Haus oder Neubau (neues Haus)

Kombinationen - Personen und Sonstiges:
- Familienzuwachs - kleines Kind kommt
- Neuanfang mit der Familie / dem Geliebten / ca. gleich alten Mann / herzlichen Mann
- Eine kleine Familie
- Kleiner oder jüngerer Mann / Geliebter
- Kleinkind oder Enkelkind im Haus

Haus und Fuchs:

Kombinationen - für alle Bereiche:
- Falsches Haus oder sich mit dem Haus täuschen
- Im Zuhause läuft etwas falsch
- Falscher Zeitpunkt für ein Haus oder Betrug mit dem Haus

Kombinationen - Personen und Sonstiges:
- Lügen in der Familie oder der Geliebte / ca. gleich alte Mann / herzliche Mann lügt
- Sich in der Familie / dem Geliebten / ca. gleich alten Mann / herzlichen Mann täuschen

Haus und Bär:

Kombinationen - für alle Bereiche:
- Großes Haus bzw. starkes = stabiles Haus
- Altes Haus (Altbau)
- Haus aus der Vergangenheit, schon bekannt
- Sich Zuhause durchsetzen

Kombinationen - Personen und Sonstiges:
- Große Familie
- Anwalt / Autoritätsperson im Haus
- Makler / Notar wegen dem Haus
- Geliebten oder ca. gleich alten Mann oder herzlichen Mann, den man schon länger bzw. aus der Vergangenheit kennt
- Großer oder starker herzlicher Mann / ca. gleich alter Mann
- Familienmitglied = der Opa

Haus und Sterne:

Kombinationen - für alle Bereiche:
- Erfüllung und Glück im Zuhause
- Spirituelles Haus
- Klarheit über das Zuhause bekommen
- Viele Zuhause haben

Kombinationen - Personen und Sonstiges:
- Erfüllung und Glück in der Familie / mit dem Geliebten / ca. gleich alten Mann / herzlichen Mann
- Spiritualität in der Familie
- Spiritueller ca. gleich alter Mann / herzlicher Mann / Geliebter
- Klarheit mit der Familie / dem Geliebten / ca. gleich alten Mann / herzlichen Mann bekommen

Haus und Störche:

Kombinationen - für alle Bereiche:
- Veränderung im Haus z. B. Renovierung oder Umzug
- Seine Meinung über das Zuhause ändern

Kombinationen - Personen und Sonstiges:
- Veränderungen innerhalb der Familie
- Familienmitglied = eine ca. gleich alte Frau innerhalb der Familie
- Geliebte oder ca. gleich alte Frau im Haus
- Veränderungen mit dem Geliebten / ca. gleich alten Mann / herzlichen Mann
- Seine Meinung über den Geliebten / ca. gleich alten Mann / herzlichen Mann ändern
- Eine herzliche Frau und ein herzlicher Mann

Haus und Hund:

Kombinationen - für alle Bereiche:
- Treue zum Haus
- Hilfsbereitschaft im Haus

Kombinationen - Personen und Sonstiges:
- Freunde im Haus bzw. kommen ins Haus
- Ein bestimmter Freund (herzlicher oder ca. gleich alter Mann)
- Hilfsbereitschaft / Förderung in der oder durch die Familie
- Hilfsbereitschaft / Förderung durch den Geliebten oder ca. gleich alten Mann oder herzlichen Mann
- Der Geliebte / ca. gleich alter Mann / herzlicher Mann ist treu

Haus und Turm:

Kombinationen - für alle Bereiche:
- Alleinstehendes (freistehendes) Haus
- Hohes Haus = Hochhaus (wenn Turm über dem Haus liegt)
- Zurückgezogen wohnen
- Trennung vom Haus
- Haus hinter einer Grenze, dadurch evtl. Haus im Ausland
- Stabilität oder Schutz durch eine Behörde

Kombinationen - Personen und Sonstiges:
- Keine Familie = allein
- Trennung von der Familie / dem Geliebten / ca. gleich alten Mann / herzlichen Mann
- Ein herzlicher Mann / ca. gleich alter Mann von einer Behörde

Haus und Park:

Kombinationen - für alle Bereiche:
- Wohnanlage oder Haus im Grünen
- Öffentliches Haus
- Sehr lebhaftes Haus

Kombinationen - Personen und Sonstiges:
- Viele Personen in der Familie oder im Haus
- Ein herzlicher Mann / ca. gleich alter Mann aus der Öffentlichkeit
- Familie ist in der Öffentlichkeit, viel draußen
- Der Geliebte im Park oder der Öffentlichkeit

Haus und Berg:

Kombinationen - für alle Bereiche:
- Haus mit Hindernissen / Schwierigkeiten
- Zu Hause blockiert oder Frust
- Entferntes Zuhause

Kombinationen - Personen und Sonstiges:
- Schwierige / frustrierte / blockierte Familie
- Schwieriger / frustrierter / blockierter Geliebter / ca. gleich alter Mann / herzlicher Mann
- Der Geliebte ist weiter weg (Entfernung)
- Herzlicher Mann oder ca. gleich alter Mann von weiter weg

Haus und Wege:

Kombinationen - für alle Bereiche:
- Entscheidung steht ins Haus
- Alternatives zu Hause suchen
- 2 Zuhause oder 2 Häuser oder 2 Wohnungen
- Die Wahl mit dem Zuhause / Haus haben

Kombinationen - Personen und Sonstiges:
- Entscheidungen in der Familie
- Entscheidung wegen dem Geliebten / ca. gleich alten Mann / herzlichen Mann
- 2 Geliebte / ca. gleich alte Männer / herzliche Männer
- Schwester oder jüngere Frau im Haus
- Eine jüngere Frau mit einem herzlichen Mann
- Ein Familienmitglied = Die Schwester oder eine jüngere Frau aus der Familie

Haus und Mäuse:

Kombinationen - für alle Bereiche:
- Haus- oder Wohnungsverlust
- Man muß Zuhause oder aus dem Haus ausziehen
- Unzufriedenheit / Sorgen / Zweifel / Ängste wegen dem Haus

Kombinationen - Personen und Sonstiges:
- Unzufriedenheit / Sorgen / Zweifel / Ängste wegen der Familie oder dem Geliebten oder einem ca. gleich alten Mann oder einem herzlichen Mann
- Die Familie / der Geliebte / herzliche Mann / ca. gleich alte Mann ist unzufrieden oder sorgt sich oder zweifelt oder hat Ängste
- Der Geliebte / herzliche Mann / ca. gleich alte Mann geht in den Verlust, also verschwindet

Haus und Herz:

Kombinationen - für alle Bereiche:
- Liebt das Zuhause oder das Haus
- Hilfe Zuhause oder Hilfsbereitschaft im Haus

Kombinationen - Personen und Sonstiges:
- Liebevolle oder hilfsbereite Familie / Geliebter / herzlicher Mann / ca. gleich alter Mann
- Geliebter / herzlicher Mann / ca. gleich alter Mann ist verliebt
- 2. Sohn oder 2. Tochter im Haus

Haus und Ring:

Kombinationen - für alle Bereiche:
- Vertrag für Immobilie / Haus oder ein Mietvertrag
- Verpflichtungen wegen dem Haus / Wohnung
- Stabile Bindung
- Bindung an ein Haus / Wohnung

Kombinationen - Personen und Sonstiges:
- Bindung an eine Familie / Geliebten / ca. gleich alten Mann / herzlichen Mann
- Der Geliebte / ca. gleich alte Mann / herzliche Mann ist gebunden oder verheiratet
- Vertrag mit einem ca. gleich alten oder herzlichen Mann

Haus und Buch:

Kombinationen - für alle Bereiche:
- Geheimnisse im Haus
- Haus des Wissens oder Lernens z. B. eine Bücherei, Schule u. Ä.
- Das Haus ist noch nicht spruchreif
- Unbekanntes Haus / Wohnung

Kombinationen - Personen und Sonstiges:
- Familie hat Geheimnis
- Geliebter im Geheimen bzw. Geliebten geheim halten
- Unbekannter ca. gleich alter oder herzlicher Mann
- Intelligenter Geliebter / ca. gleich alter Mann / herzlicher Mann
- Lehrer oder Ausbilder oder Professor

Haus und Brief:

Kombinationen - für alle Bereiche:
- Nachricht kommt ins Haus
- Sehr oberflächliches oder nur vorübergehendes Haus

Kombinationen - Personen und Sonstiges:
- Nachricht betrifft oder kommt von der Familie / dem Geliebten / ca. gleich alten Mann / herzlichen Mann

- Oberflächliche Familie / Geliebter / ca. gleich alter Mann / herzlicher Mann
- Nur vorübergehend Geliebter
- Kontakt mit dem Geliebten / ca. gleich alten Mann / herzlichen Mann

Haus und Herr:

Hinweis:
Er ist eine männliche Hauptperson, der feste Partner, Ehemann, die fragende Person selbst oder aber einfach nur irgendein Mann.

Kombinationen - für alle Bereiche:
- Er ist häuslich oder Zuhause
- Er ist ein Familienmensch

Kombinationen - Personen und Sonstiges:
- Ein Mann ist oder kommt ins Haus
- Geliebter wird zur Hauptperson (der richtige Mann)
- Der Fragesteller / Mann / Partner mit seiner Familie

Haus und Dame:

Hinweis:
Sie ist eine weibliche Hauptperson, die feste Partnerin, Ehefrau, die fragende Person selbst oder aber einfach nur irgendeine Frau.

Kombinationen - für alle Bereiche:
- Sie ist häuslich oder Zuhause
- Sie ist ein Familienmensch

Kombinationen - Personen und Sonstiges:
- Eine Frau ist oder kommt ins Haus
- Die Fragestellerin / Frau / Partnerin und Ihr Geliebter oder mit einem ca. gleich alten oder herzlichen Mann
- Die Fragestellerin / Frau / Partnerin mit Ihrer Familie

Haus und Lilie:

Kombinationen - für alle Bereiche:
- Friedliches Haus
- Ruhe / Harmonie im Haus
- Sex im Zuhause, privaten Sex

Kombinationen - Personen und Sonstiges:
- Harmonisches Familienleben
- Sex mit dem Geliebten / ca. gleich alten Mann / herzlichen Mann
- Zufriedenheit / Ruhe / Harmonie / Frieden mit der Familie oder dem Geliebten oder ca. gleich alten Mann oder herzlichen Mann
- Familie / Vater / älterer Mann ist oder kommt ins Haus
- Familie / Vater / älterer Mann und ein herzlicher Mann
- Älterer Mann wird zum Geliebten
- Ein Familienmitglied = Der Vater oder ein herzlicher Mann aus der Familie oder ein älterer Mann aus der Familie
- 2 Familien (Haus und Lilie sind beides Familienkarten)

Haus und Sonne:

Kombinationen - für alle Bereiche:
- Man fühlt sich wohl in diesem Haus
- Positives Zuhause oder ein Energiehaus
- Warmes freundliches zu Hause

Kombinationen - Personen und Sonstiges:
- Freundliche bzw. positive Familie / Geliebter / ca. gleich alter Mann / herzlicher Mann
- Haus im Süden oder ein Sommerhaus

Haus und Mond:

Kombinationen - für alle Bereiche:
- Erfolg und Anerkennung im Haus
- Stabile Gefühlslage

Kombinationen - Personen und Sonstiges:
- Erfolg und Anerkennung in der Familie
- Sehr gefühlvolle Familie

- Anerkennung vom oder Gefühle für den Geliebten / ca. gleich alten Mann / herzlichen Mann

Haus und Schlüssel:

Kombinationen - für alle Bereiche:
- Gut gebautes bzw. sicheres Haus oder Haus gibt Sicherheit
- Erfolgreiches oder stabiles Haus oder der Hausschlüssel

Kombinationen - Personen und Sonstiges:
- Sich in der Familie oder beim Geliebten sicher und geborgen fühlen
- Zuversichtliche oder zuverlässige Familie / Geliebter
- Mit Sicherheit ein herzlicher oder ca. gleich alter Mann
- Erfolg mit einem herzlichen oder ca. gleich alten Mann
- Erfolgreiche Familie oder Geliebter

Haus und Fische:

Kombinationen - für alle Bereiche:
- Bank (Haus der Finanzen) oder Baufinanzierung
- Teures Haus bzw. Haus kostet Geld
- Haus über den Ozean (Wasser) und dadurch evtl. im Ausland

Kombinationen - Personen und Sonstiges:
- Familie / Geliebter / ca. gleich alter Mann / herzlicher Mann mit Geld oder Besitz
- Dass mit dem Geliebten vertieft sich
- Bruder / jüngerer Mann ist oder kommt ins Haus
- Ein jüngerer Mann wird zum Geliebten
- Ein jüngerer Mann und ein herzlicher Mann
- Ein Familienmitglied = Der Bruder oder ein jüngerer Mann aus der Familie

Haus und Anker:

Kombinationen - für alle Bereiche:
- Zuhause arbeiten
- Mit Haus verankert sein oder da etwas festmachen, absichern
- Abhängig vom Haus / Wohnung
- Treue zum Haus / Wohnung
- Stabile bzw. sichere Arbeit
- Ein Haus im Ausland

Kombinationen - Personen und Sonstiges:
- Abhängigkeiten in der Familie / vom Geliebten / ca. gleich alten Mann / herzlichen Mann
- Geliebter / ca. gleich alter Mann / herzlicher Mann ist treu
- Herzlicher oder ca. gleich alter Mann auf der Arbeit = Arbeitskollege
- Mit dem Geliebten / ca. gleich alten Mann / herzlichen Mann etwas festmachen und verankern
- Familienbetrieb oder Arbeit / Beschäftigung mit der Familie

Haus und Kreuz:

Kombinationen - für alle Bereiche:
- Schicksalhaftes Haus oder Haus ist wichtig

Kreuz vor dem Haus:
- Haus ist wichtig bzw. nimmt an Wichtigkeit zu

Kreuz hinter dem Haus:
- Haus ist nicht mehr wichtig bzw. löst sich auf, verschwindet

Kreuz über dem Haus:
- Haus ist belastet = Hypotheken

Kombinationen - Personen und Sonstiges:
- Karmische oder schicksalhafte Familie / Geliebter / ca. gleich alter Mann / herzlicher Mann
- Familie ist wichtig

Kreuz vor dem Haus:
- Familie / Geliebter / ca. gleich alter Mann / herzlicher Mann ist besonders wichtig oder tritt in den Vordergrund

Kreuz hinter dem Haus:
- Familie löst sich auf - geht auseinander
- Familie / Geliebter / ca. gleich alter Mann / herzlicher Mann nimmt an Wichtigkeit ab oder verschwindet

Kreuz über dem Haus:
- Das Thema „Familie / Geliebter / ca. gleich alter Mann / herzlicher Mann" ist eine Lernaufgabe und Herausforderung. Wird oft als Krise erlebt und belastet bzw. bedrückt einen

Die Kombinationen mit dem Baum:

Baum und Wolken:

Kombinationen - für alle Bereiche:
- Unklarheiten oder Schwierigkeiten mit der Gesundheit
- Undurchsichtiges oder schwieriges Leben
- Unklarheiten wachsen noch

Kombinationen - Personen und Sonstiges:
- Exmann / schwieriger Mann / ca. gleich alter Mann ist ruhig oder langweilig
- Schwieriger Mann / ca. gleich alter Mann aus dem Bereich Gesundheit z. B. Arzt, Apotheker, Masseur u. Ä.
- Gesundheit im Herbst
- Wachstum bzw. gesunde Entwicklung (einer Sache) im Herbst

Baum und Schlange:

Kombinationen - für alle Bereiche:
- Komplikationen im Leben oder mit der Gesundheit
- Zögerliche Entwicklung bzw. Wachstum mit Verzögerung

Kombinationen - Personen und Sonstiges:
- Exfrau / schwierige Frau / ca. gleich alte Frau ist ruhig oder langweilig
- Schwierige Frau / ca. gleich alte Frau aus dem Bereich Gesundheit z. B. Ärztin, Apothekerin, Masseurin u. Ä.

Baum und Sarg:

Kombinationen - für alle Bereiche:
- Krankheit bzw. sich schlapp fühlen
- Im Leben ist etwas nicht in Ordnung und sollte beende werden
- Stillstand im Leben, es geht gerade nichts vorwärts
- Stagnation im Wachstum, es geht gerade nicht vorwärts
- Trauriges Leben

Kombinationen - Personen und Sonstiges: /

Baum und Blumenstrauß:

Kombinationen - für alle Bereiche:
- Fröhliches Leben
- Gesundheit zur Zufriedenheit
- Die Zufriedenheit oder Freude wächst
- Das Leben als Geschenk betrachten

Kombinationen - Personen und Sonstiges:
- Ältere Frau aus dem Bereich Gesundheit z. B. Ärztin u. Ä.
- Mutter / ältere Frau ist gesund oder ruhig oder langweilig
- Ältere Frau fürs Leben

Baum und Sense:

Kombinationen - für alle Bereiche (auch vor, hinter und über):
- Warnung oder Vorsicht mit der Gesundheit - nichts übertreiben

Sense vor Baum:
- Verletzungsgefahr

Sense hinter Baum:
- Plötzlich gesund
- Plötzlich Wachstum

Sense über Baum:
- Belastungen im Leben
- Gesundheit ist angegriffen

Kombinationen - Personen und Sonstiges:
Allgemein (auch bei Karte vor, hinter, über):
- 1. Sohn oder 3. Tochter ist gesund oder ruhig oder langweilig

Baum und Ruten:

Kombinationen - für alle Bereiche:
- Gespräche über Gesundheit oder das Leben
- Längere Gespräche
- Eine steigende (immer öfter und mehr) Kommunikation

Kombinationen - Personen und Sonstiges:
- 1. Tochter oder 3. Sohn ist gesund oder ruhig oder langweilig

Baum und Vögel:

Kombinationen - für alle Bereiche:
- Unruhiges bzw. sorgenvolles Leben
- Stress / Aufregungen um die Gesundheit
- Stress / Aufregungen wachsen noch

Kombinationen - Personen und Sonstiges:
- Die Oma ist gesund oder ruhig oder langweilig

Baum und Kind:

Kombinationen - für alle Bereiche:
- Etwas neues im Leben beginnt
- Neues Leben oder der Kinderwunsch wächst

Kombinationen - Personen und Sonstiges:
- Kleinkind oder Enkelkind ist gesund oder ruhig oder langweilig
- Kleinkind oder Enkelkind wächst

Baum und Fuchs:

Kombinationen - für alle Bereiche:
- Falsche Lebensweise
- Mit der Gesundheit läuft etwas falsch
- Sich im Leben was vor machen, sich täuschen

Kombinationen - Personen und Sonstiges: /

Baum und Bär:

Kombinationen - für alle Bereiche:
- Gesundheit stabil und kräftig
- Hohes Alter (altes Leben)
- Durchsetzung und Kraft wachsen

Kombinationen - Personen und Sonstiges:
- Autoritätsperson / Chef / Anwalt / Notar / Opa ist gesund oder ruhig oder langweilig
- Arzt (Autoritätsperson aus Bereich Gesundheit)

Baum und Sterne:

Kombinationen - für alle Bereiche:
- Das Leben der Esoterik geweiht
- Klarheit in der Gesundheit bekommen
- Erfülltes bzw. glückliches Leben
- Viel Wachstum oder viel Gesundheit

Kombinationen - Personen und Sonstiges: /

Baum und Störche:

Kombinationen - für alle Bereiche:
- Das Leben verändern oder im Leben mehr flexibel sein
- Dauert noch bis zur Veränderung
- Veränderung in der Gesundheit bzw. da sein Verhalten ändern z. B. Rauchen aufhören, mehr Bewegung, gesündere Ernährung

Kombinationen - Personen und Sonstiges:
- Geliebte / ca. gleich alte Frau / herzliche Frau ist gesund oder ruhig oder langweilig

Baum und Hund:

Kombinationen - für alle Bereiche:
- Treue fürs Leben
- Langfristig gesund
- Hilfe / Förderung im Leben oder Hilfe / Förderung wächst

Kombinationen - Personen und Sonstiges:
- Freundschaft fürs Leben oder der Freundeskreis wächst

Baum und Turm:

Kombinationen - für alle Bereiche:
- Man fühlt sich einsam im Leben
- Rückzug aus dem Leben - sich isolieren
- Isolation in der Gesundheit
- Gesundheitsbehörde

Kombinationen - Personen und Sonstiges: /

Baum und Park:

Kombinationen - für alle Bereiche:
- Öffentliche Gesundheit = Sanatorium oder Kur
- Leben in der Öffentlichkeit
- Stadtpark
- In der Gesellschaft wachsen, aufsteigen
- Draußen sein bzw. frische Luft macht gesund

Kombinationen - Personen und Sonstiges: /

Baum und Berg:

Kombinationen - für alle Bereiche:
- Hindernisreiches Leben
- Wachsende Blockaden / Frust / Schwierigkeiten
- Hemmungen im Leben
- Schwierigkeiten mit der Gesundheit

Kombinationen - Personen und Sonstiges: /

Baum und Wege:

Kombinationen - für alle Bereiche:
- Lebensentscheidung
- Noch ein langer Weg
- Gesundheitlich nach Alternativen oder Lösungen suchen

Kombinationen - Personen und Sonstiges:
- Schwester / jüngere Frau ist gesund oder ruhig oder langweilig

Baum und Mäuse:

Kombinationen - für alle Bereiche:
- Unzufriedenheit im Leben
- Ängste und Zweifel wachsen
- Gesundheit wird angefressen - zum Arzt gehen

Kombinationen - Personen und Sonstiges: /

Baum und Herz:

Kombinationen - für alle Bereiche:
- Liebe fürs Leben
- Hilfe oder Hilfsbereitschaft in der Gesundheit oder im Leben
- Die Liebe wächst

Kombinationen - Personen und Sonstiges:
- 2 Sohn oder 2. Tochter ist gesund oder ruhig oder langweilig

Baum und Ring:

Kombinationen - für alle Bereiche:
- Lebensbindung oder Partnerschaft fürs Leben
- Ehe hält lebenslang
- Vertrag fürs Leben oder langfristiger Vertrag

Kombinationen - Personen und Sonstiges: /

Baum und Buch:

Kombinationen - für alle Bereiche:
- Das Wissen wächst oder Wissen über Gesundheit
- Etwas im Leben oder mit der Gesundheit ist noch nicht spruchreif oder noch unbekannt

Kombinationen - Personen und Sonstiges: /

Baum und Brief:

Kombinationen - für alle Bereiche:
- Nachricht betrifft Gesundheit
- Nachricht des Lebens bekommen

Kombinationen - Personen und Sonstiges: /

Baum und Herr:

Hinweis:
Er ist eine männliche Hauptperson, der feste Partner, Ehemann, die fragende Person selbst oder aber einfach nur irgendein Mann.

Kombinationen - für alle Bereiche:
- Er ist naturverbunden oder langweilig oder träge oder ruhig

Kombinationen - Personen und Sonstiges:
- Mann fürs Leben = Lebenspartner

Baum und Dame:

Hinweis:
Sie ist eine weibliche Hauptperson, die feste Partnerin, Ehefrau, die fragende Person selbst oder aber einfach nur irgendeine Frau.

Kombinationen - für alle Bereiche:
- Sie ist naturverbunden oder langweilig oder träge oder ruhig

Kombinationen - Personen und Sonstiges:
- Frau fürs Leben = Lebenspartnerin

Baum und Lilie:

Kombinationen - für alle Bereiche:
- Sex des Lebens
- Harmonisches und ruhiges Leben
- Sexualität wächst = oft Sex haben
- Zufriedenheit wächst

Kombinationen - Personen und Sonstiges:
- Familie / Vater / älterer Mann ist Lebensinhalt
- Familie / Vater / älterer Mann ist gesund oder ruhig oder langweilig

Baum und Sonne:

Kombinationen - für alle Bereiche:
- Lebensenergie
- Energie wächst
- Gute Kondition = gute Gesundheit
- Positives und schönes Leben

Kombinationen - Personen und Sonstiges: /

Baum und Mond:

Kombinationen - für alle Bereiche:
- Erfolgreiches / Gefühlvolles Leben
- Anerkennung im Leben
- Erfolg / Anerkennung / Gefühle wachsen

Kombinationen - Personen und Sonstiges: /

Baum und Schlüssel:

Kombinationen - für alle Bereiche:
- Mit Sicherheit gesund oder Wachstum
- Sicherheiten im Leben oder erfolgreiches Leben
- Stabile Gesundheit

Kombinationen - Personen und Sonstiges: /

Baum und Fische:

Kombinationen - für alle Bereiche:
- Finanzen wachsen
- Sucht im Leben (Alkohol u. a.)
- Gesundheit kommt ins Fließen oder vertieft sich

Kombinationen - Personen und Sonstiges:
- Bruder / jüngerer Mann ist gesund oder ruhig oder langweilig

Baum und Anker:

Kombinationen - für alle Bereiche:
- Lebensstellung z. B. Beamter u. a.
- Fest verankert im Leben
- Arbeit bzw. Beschäftigung wächst - viel zu tun haben
- Dem Leben treu
- Mit der Gesundheit beschäftigen oder sie festigen
- Im Ausland leben

Kombinationen - Personen und Sonstiges: /

Baum und Kreuz:

Kombinationen - für alle Bereiche:
- Schicksalhaftes Leben
- Schicksalhafte Gesundheit
- Gesundheit ist wichtig - mehr darauf achten

Kreuz vor Baum:
- Gesundheit ist wichtig / Gesundheit wird noch verstärkt
- Intensiver Leben
- Wachstum steigt = noch mehr Wachstum

Kreuz hinter Baum:
- Gesundheit wird schlechter oder nicht wichtig genug nehmen
- Leben schleifen lassen oder nicht wichtig genug nehmen
- Wachstum nimmt ab oder wird unwichtig

Kreuz über Baum:
- Gesundheit ist belastet – angegriffen
- Das Leben als Belastung empfinden
- Das Thema „Gesundheit / Leben / Wachstum" ist eine Lernaufgabe und Herausforderung. Wird oft als Krise erlebt und belastet bzw. bedrückt einen

Kombinationen - Personen und Sonstiges: /

Die Kombinationen mit den Wolken:

Wolken und Schlange:

Kombinationen - für alle Bereiche:
- Durch Probleme den Überblick verlieren
- Unklarheiten sorgen für Umwege
- Alles schwierig und kompliziert

Kombinationen - Personen und Sonstiges:
- Komplikationen im Herbst
- Exmann / schwieriger Mann / ca. gleich alter Mann ist kompliziert
- Exfrau / schwierige Frau / ca. gleich alte Frau ist unberechenbar oder launisch oder schwierig oder nicht durchschaubar
- Exmann oder schwieriger oder ca. gleich alter Mann mit einer schwierigen oder ca. gleich alten Frau oder der Exfrau

Wolken und Sarg:

Kombinationen - für alle Bereiche:
- Probleme wegen Krankheit
- Erkrankung oder der Krankheitsverlauf ist noch unklar
- Unklarheiten sollten beendet werden
- Schwierige bzw. undurchsichtige Krankheit
- Schwierigkeiten oder Unklarheiten machen traurig oder krank

Kombinationen - Personen und Sonstiges:
- Exmann / schwieriger Mann / ca. gleich alter Mann mit ihm ist etwas nicht in Ordnung und sollte beendet werden oder es liegt mit ihm im Stillstand oder er ist krank oder traurig bzw. macht einen traurig oder krank
- Stillstand / Krankheit / Traurigkeit im Herbst
- Im Herbst etwas beenden, damit was Neues kommen kann

Wolken und Blumenstrauß:

Kombinationen - für alle Bereiche:
- Freude / Zufriedenheit liegt noch im Nebel - noch nicht da
- Einladungen oder Geschenke sind noch unklar

Kombinationen - Personen und Sonstiges:
- Unklarheiten im Frühling
- Freude / Zufriedenheit / Geschenk / Einladung im Herbst
- Exmann / schwieriger Mann / ca. gleich alter Mann ist freundlich oder charmant oder zufrieden oder eine Einladung von ihm
- Mutter / ältere Frau ist unberechenbar oder launisch oder schwierig oder nicht durchschaubar
- Exmann oder schwieriger oder ca. gleich alter Mann mit einer älteren Frau oder der Mutter

Wolken und Sense:

Kombinationen - für alle Bereiche (auch vor, hinter und über):
- Warnung bzw. Vorsicht bei Mißverständnissen oder Schwierigkeiten oder weil etwas noch nicht erkennbar ist, unklar ist

Sense vor Wolken:
- Unklarheiten tun weh

Sense hinter Wolken:
- Plötzliche Schwierigkeiten oder plötzlich ist alles unklar

Sense über Wolken:
- Unklarheiten / Mißverständnisse / Schwierigkeiten belasten

Kombinationen - Personen und Sonstiges:
Allgemein (und auch noch bei Karte vor, hinter, über):
- Im Herbst vorsichtig sein
- Schwierigkeiten mit 1. Sohn oder 3. Tochter haben
- 1. Sohn oder 3. Tochter ist unberechenbar oder launisch oder schwierig oder nicht durchschaubar
- Exmann oder schwieriger oder ca. gleich alter Mann mit dem 1. Sohn oder der 3. Tochter

Sense vor Wolken:
- Im Herbst vorsichtig sein evtl. Verletzungsgefahr
- Exmann / schwieriger Mann / ca. gleich alter Mann ist verletzt oder verletzt einen

Sense hinter Wolken:
- Plötzlich ist der Exmann / schwieriger Mann / ca. gleich alter Mann da

Sense über Wolken:
- Im Herbst Belastungen
- Exmann / schwieriger Mann / ca. gleich alter Mann ist belastet bzw. bedrückt

Wolken und Ruten:

Kombinationen - für alle Bereiche:
- Unklare Gespräche oder Gespräche verwirren
- Kommunikation ist schwierig
- Ärger / Streit durch Mißverständnisse

Kombinationen - Personen und Sonstiges:
- Gespräche im Herbst
- 2 schwierige Männer oder 2 ca. gleich alte Männer
- Exmann / schwieriger Mann / ca. gleich alter Mann ist kommunikativ oder Gespräche mit ihm führen
- Schwierigkeiten mit der 1. Tochter oder 3. Sohn haben
- 1. Tochter oder 3. Sohn ist unberechenbar oder launisch oder schwierig oder nicht durchschaubar
- Exmann oder schwieriger oder ca. gleich alter Mann mit der 1. Tochter oder dem 3. Sohn

Wolken und Vögel:

Kombinationen - für alle Bereiche:
- Aufregung wegen Unklarheiten / Mißverständnissen
- Schwierigkeiten sorgen für Stress

Kombinationen - Personen und Sonstiges:
- Die Oma ist unberechenbar oder launisch oder schwierig oder nicht durchschaubar
- Schwierigkeiten mit der Oma haben
- 2 schwierige Männer oder 2 ca. gleich alte Männer
- Exmann / schwieriger Mann / ca. gleich alter Mann ist aufgeregt oder besorgt oder gestresst
- Mit Exmann / schwieriger Mann / ca. gleich alter Mann Aufregungen oder Stress oder Sorgen haben
- Aufregungen / Stress / Sorgen im Herbst

Wolken und Kind:

Kombinationen - für alle Bereiche:
- Neuanfang ist noch unklar bzw. nicht erkennbar
- Kinderwunsch ist noch unklar bzw. ist man da unsicher
- Nur kleine Schwierigkeiten / Mißverständnisse / Unklarheiten
- Kleine bzw. noch ein wenig Unsicherheit

Kombinationen - Personen und Sonstiges:
- Neuanfang im Herbst
- Kleinkind / Enkelkind ist unberechenbar oder launisch oder schwierig oder nicht durchschaubar
- Schwierigkeiten mit dem Kleinkind / Enkelkind haben
- Exmann / schwieriger Mann / ca. gleich alter Mann ist klein oder jünger oder naiv oder hat ein Kind

Wolken und Fuchs:

Kombinationen - für alle Bereiche:
- Intrigen / Falschheit nicht erkennen
- Mit Schwierigkeiten und Falschheit zu tun haben
- Unklarheiten / Mißverständnisse wegen Lügen

Kombinationen - Personen und Sonstiges:
- Im Herbst läuft etwas falsch oder Lügen im Herbst
- Im Herbst ist der falsche Zeitpunkt
- Sich täuschen, was den Exmann / schwieriger Mann / ca. gleich alter Mann betrifft
- Exmann / schwieriger Mann / ca. gleich alter Mann ist falsch oder verlogen oder aber in seinem Leben läuft gerade was falsch oder auch der falsche Zeitpunkt für oder mit diesen Mann

Wolken und Bär:

Kombinationen - für alle Bereiche:
- Unklarheiten noch aus der Vergangenheit
- Alte bzw. bereits bekannte Schwierigkeiten
- Große Mißverständnisse / Schwierigkeiten / Unklarheiten
- Kraft / Stärke / Durchsetzung bei Schwierigkeiten

Kombinationen - Personen und Sonstiges:
- Kraft und Stärke im Herbst
- Schwieriger Mann / ca. gleich alter Mann den man von früher kennt oder er ist kräftig oder groß oder autoritär
- Anwalt / Notar / Makler / Chef / Autoritätsperson / Opa ist unberechenbar oder launisch oder schwierig oder nicht durchschaubar

Wolken und Sterne:

Kombinationen - für alle Bereiche:
- Spiritualität ist noch unbewußt, ist noch unklar
- Glück und Erfüllung sind noch im Nebel, noch nicht erkennbar
- Viel Unsicherheit / Unklarheiten / Mißverständnisse / Schwierigkeiten
- Unsicherheit / Schwierigkeiten im Spirituellen

Kombinationen - Personen und Sonstiges:
- Erfüllung / Glück / Klarheit im Herbst
- Exmann / schwieriger Mann / ca. gleich alter Mann ist spirituell oder offen oder sensibel oder mit ihm gibt es Klarheit oder Erfüllung bzw. Glück

Wolken und Störche:

Kombinationen - für alle Bereiche:
- Veränderung ist noch unklar
- Schwierigkeiten bei der Veränderung

Kombinationen - Personen und Sonstiges:
- Exmann / schwieriger Mann / ca. gleich alter Mann ist flexibel oder er hat Veränderungen bzw. gibt es mit ihm Veränderungen
- Schwieriger oder ca. gleich alter Mann mit einer ca. gleich alten oder herzlichen Frau
- Geliebte / herzliche Frau / ca. gleich alte Frau ist unberechenbar oder launisch oder schwierig oder nicht durchschaubar oder mit ihr ist es schwierig oder unsicher
- Veränderung im Herbst

Wolken und Hund:

Kombinationen - für alle Bereiche:
- Treue ist nicht erkennbar oder unsicher
- Hilfsbereitschaft ist nicht zu erkennen
- Hilfe / Förderung bei Mißverständnissen / Schwierigkeiten / Unklarheiten

Kombinationen - Personen und Sonstiges:
- Exmann / schwieriger Mann / ca. gleich alter Mann ist im Freundeskreis bzw. man ist mit ihm befreundet
- Schwierige oder unsichere Freundschaft
- Freundschaft oder Hilfe im Herbst
- Mißverständnisse / Schwierigkeiten / Unklarheiten im Freundeskreis
- Ein bestimmter Freund (schwieriger oder ca. gleich alter Mann)

Wolken und Turm:

Kombinationen - für alle Bereiche:
- Mißverständnisse / Schwierigkeiten / Unklarheiten mit einer Behörde
- Rückzug wegen Unklarheiten
- Mißverständnisse / Schwierigkeiten / Unklarheiten / Unsicher bei einer Trennung

- Mit Schwierigkeiten allein da stehen
- Schwierigkeiten mit der Einsamkeit, dem Alleinsein

Kombinationen - Personen und Sonstiges:
- Exmann / schwieriger Mann / ca. gleich alter Mann ist bei einer Behörde oder einsam oder man trennt sich von ihm
- Einsamkeit / Trennung im Herbst
- Im Herbst mit Behörden zu tun haben

Wolken und Park:

Kombinationen - für alle Bereiche:
- Unsicherheit in der Öffentlichkeit oder Gesellschaft
- Mißverständnisse / Schwierigkeiten / Unklarheiten in der Öffentlichkeit

Kombinationen - Personen und Sonstiges:
- Exmann / schwieriger Mann / ca. gleich alter Mann ist in der Öffentlichkeit
- Im Herbst in die Öffentlichkeit gehen
- Unklarheiten mit vielen Leuten

Wolken und Berg:

Kombinationen - für alle Bereiche:
- Große Schwierigkeiten / Blockaden / Frust
- Undurchschaubare und vorher nicht erkennbare Schwierigkeiten

Kombinationen - Personen und Sonstiges:
- Blockaden / Frust / Schwierigkeiten im Herbst
- Exmann / schwieriger Mann / ca. gleich alter Mann ist schwierig oder hat Blockaden oder ist frustriert oder von weiter weg
- Blockaden / Frust / Schwierigkeiten mit dem Exmann / schwierigen Mann / ca. gleich altern Mann oder es ist auch noch ein weiter Weg zu ihm

Wolken und Wege:

Kombinationen - für alle Bereiche:
- Entscheidung noch nicht getroffen, alles noch unklar
- Lösungen und Alternativen nicht zu erkennen
- Es ist schwierig sich zu entscheiden
- Unsicher bei Entscheidungen

Kombinationen - Personen und Sonstiges:
- Sich entscheiden wegen Exmann / schwierigen Mann / ca. gleich alten Mann
- 2 schwierige Männer oder 2 ca. gleich alte Männer
- Schwester / jüngere Frau ist unberechenbar oder launisch oder schwierig oder nicht durchschaubar
- Mißverständnisse / Schwierigkeiten / Unklarheiten mit der Schwester oder einer jüngere Frau
- Exmann oder schwieriger oder ca. gleich alter Mann mit einer jüngeren Frau oder der Schwester

Wolken und Mäuse:

Kombinationen - für alle Bereiche:
- Unklarheiten verschwinden oder reduzieren sich
- Verzögerungen wegen Mißverständnisse / Unklarheiten / Schwierigkeiten
- Ängste / Zweifel / Sorgen / Unzufriedenheit wegen Mißverständnisse / Unklarheiten / Schwierigkeiten

Kombinationen - Personen und Sonstiges:
- Ängste / Zweifel / Sorgen / Unzufriedenheit / Verlust im Herbst
- Exmann oder schwieriger oder ca. gleich alter Mann ist unzufrieden oder ängstlich oder man zweifelt wegen ihm oder er verschwindet

Wolken und Herz:

Kombinationen - für alle Bereiche:
- Mißverständnisse / Unklarheiten / Schwierigkeiten / Unsicherheiten in der Liebe
- Hilfsbereitschaft ist nicht zu erkennen
- Liebe ist noch nicht zu erkennen, alles noch unklar

Kombinationen - Personen und Sonstiges:
- Liebe im Herbst
- Exmann oder schwieriger oder ca. gleich alter Mann ist verliebt oder hilfsbereit oder man verliebt sich in diesen Mann
- 2. Sohn oder 2. Tochter ist unberechenbar oder launisch oder schwierig oder nicht durchschaubar
- Mißverständnisse / Schwierigkeiten / Unklarheiten mit dem 2. Sohn oder der 2. Tochter

Wolken und Ring:

Kombinationen - für alle Bereiche:
- Verbindung ist noch unklar
- Vertrag ist undurchschaubar, aufpassen
- Mißverständnisse / Unklarheiten / Schwierigkeiten / Unsicherheiten in der Beziehung oder bei Verträgen
- Wegen Mißverständnisse / Unklarheiten / Schwierigkeiten / Unsicherheiten sich im Kreis drehen
- Wiederholte Mißverständnisse / Unklarheiten / Schwierigkeiten / Unsicherheiten

Kombinationen - Personen und Sonstiges:
- Vertrag oder Beziehung im Herbst
- Exmann oder schwieriger oder ca. gleich alter Mann ist gebunden oder verheiratet oder hat Verpflichtungen bzw. Bindungen an irgendjemand oder irgendetwas
- Vertrag mit einem schwierigen oder ca. gleich alten Mann

Wolken und Buch:

Kombinationen - für alle Bereiche:
- Mißverständnisse / Unklarheiten / Schwierigkeiten / Unsicherheiten sind noch nicht spruchreif
- Mißverständnisse / Unklarheiten / Schwierigkeiten / Unsicherheiten beim Lernen = Unkonzentriert oder in der Schule
- Geheimnis sorgt für Mißverständnisse / Unklarheiten / Schwierigkeiten / Unsicherheiten

Kombinationen - Personen und Sonstiges:
- Lernen im Herbst oder ein Geheimnis im Herbst
- Exmann oder schwieriger oder ca. gleich alter Mann ist gebildet (belesen) oder hat ein Geheimnis
- Unbekannter schwieriger Mann / ca. gleich alter Mann (er ist noch nicht spruchreif – noch nicht da oder man kennt ihn eben noch nicht)
- Geheimnis um einen schwierigen oder ca. gleich alten Mann oder um den Expartner machen

Wolken und Brief:

Kombinationen - für alle Bereiche:
- Absage oder Rückschlag oder schlechte Nachrichten
- Undurchsichtige Nachricht oder Dokumente (Vorsicht)
- Nur vorübergehende oder oberflächliche Mißverständnisse / Unklarheiten / Schwierigkeiten / Unsicherheiten
- Mißverständnisse / Unklarheiten / Schwierigkeiten / Unsicherheiten bei Nachricht / Brief / SMS / E-Mail oder bei einem Kontakt

Kombinationen - Personen und Sonstiges:
- Nachricht / Brief / SMS / E-Mail / Kontakt im Herbst
- Exmann oder einem schwierigen oder ca. gleich alten Mann ist kontaktfreudig oder oberflächlich oder nur vorübergehend da oder kommunikativ
- Nachricht / Brief / SMS / E-Mail / Kontakt von einem schwierigen oder ca. gleich alten Mann oder dem Exmann

Wolken und Herr:

Hinweis:
Er ist eine männliche Hauptperson, der feste Partner, Ehemann, die fragende Person selbst oder aber einfach nur irgendein Mann.

Kombinationen - für alle Bereiche:
- Er kann nichts Negatives vertragen
- Er ist schlecht zu durchschauen / unzuverlässig / schwierig

Kombinationen - Personen und Sonstiges:
- Mißverständnisse / Unklarheiten / Schwierigkeiten / Unsicherheiten mit diesem Mann / Partner
- Ein Mann / Fragesteller / Partner mit einem schwierigen oder ca. gleich alten Mann oder dem Exmann
- Diese männliche Hauptperson wird zum Expartner
- Exmann oder ein schwieriger oder ca. gleich alten Mann wird zur männlichen Hauptperson (zum festen Partner)

Wolken und Dame:

Hinweis:
Sie ist eine weibliche Hauptperson, die feste Partnerin, Ehefrau, die fragende Person selbst oder aber einfach nur irgendeine Frau.

Kombinationen - für alle Bereiche:
- Sie kann nichts Negatives vertragen
- Sie ist schlecht zu durchschauen / unzuverlässig / schwierig

Kombinationen - Personen und Sonstiges:
- Mißverständnisse / Unklarheiten / Schwierigkeiten / Unsicherheiten mit dieser Frau / Partnerin
- Eine Frau / Fragestellerin / Partnerin mit einem schwierigen oder ca. gleich alten Mann oder dem Exmann
- Die weibliche Hauptperson ist unberechenbar oder launisch oder schwierig oder nicht durchschaubar

Wolken und Lilie:

Kombinationen - für alle Bereiche:
- Mißverständnisse / Unklarheiten / Schwierigkeiten / Unsicherheiten beim Sex
- Ruhe / Frieden / Zufriedenheit / Harmonie ist getrübt wegen Mißverständnisse / Unklarheiten / Schwierigkeiten / Unsicherheiten

Kombinationen - Personen und Sonstiges:
- Familie / Vater / älterer Mann ist unberechenbar oder launisch oder schwierig oder nicht durchschaubar
- Mißverständnisse / Unklarheiten / Schwierigkeiten / Unsicherheiten mit der Familie oder dem Vater oder einem älteren Mann

- Exmann oder ein schwieriger oder ca. gleich alten Mann ist friedlich oder sexuell interessiert oder Familienmensch
- Harmonie / Familie / Ruhe / Frieden / Zufriedenheit / Sex mit dem Exmann oder einem schwierigen oder ca. gleich alten Mann
- Mißverständnisse / Unklarheiten / Schwierigkeiten / Unsicherheiten im Winter
- Älterer Mann wird zum Expartner

Wolken und Sonne:

Kombinationen - für alle Bereiche:
- Probleme kosten Kraft und Energie
- Mißverständnisse / Unklarheiten / Schwierigkeiten / Unsicherheiten im kreativen Bereich oder der Energie
- Mißverständnisse / Unklarheiten / Schwierigkeiten / Unsicherheiten gehen gut aus

Kombinationen - Personen und Sonstiges:
- Mißverständnisse / Unklarheiten / Schwierigkeiten / Unsicherheiten im Sommer
- Energie oder Positives im Herbst
- Mit dem Exmann oder ein schwieriger oder ca. gleich alten Mann geht es gut aus
- Der Exmann oder ein schwieriger oder ca. gleich alten Mann ist positiv bzw. sonnig bzw. strahlt eine gewisse Wärme und Anziehungskraft aus

Wolken und Mond:

Kombinationen - für alle Bereiche:
- Melancholie oder Depressionen
- Gefühle sind unklar
- Erfolg ist noch unklar oder noch nicht erkennbar
- Mißverständnisse / Unklarheiten / Schwierigkeiten / Unsicherheiten verhindern die Anerkennung

Kombinationen - Personen und Sonstiges:
- Gefühle / Erfolg / Anerkennung im Herbst
- Gefühle für den Exmann oder einen schwierigen oder ca. gleich alten Mann

- Erfolg / Anerkennung mit bzw. vom Exmann oder einem schwierigen oder ca. gleich alten Mann
- Exmann oder ein schwieriger oder ca. gleich alten Mann ist gefühlvoll oder erfolgreich

Wolken und Schlüssel:

Kombinationen - für alle Bereiche:
- Einem Problem kann nicht ausgewichen werden
- Mit Sicherheit Mißverständnisse / Unklarheiten / Schwierigkeiten / Unsicherheiten
- Sich nicht sicher fühlen
- Erfolg ist noch unklar oder noch nicht erkennbar
- Unsicher sein

Kombinationen - Personen und Sonstiges:
- Exmann oder ein schwieriger oder ca. gleich alten Mann ist zuversichtlich oder verschlossen oder erfolgreich
- Erfolg / zuversichtlich sein mit dem Exmann oder einem schwierigen oder ca. gleich alten Mann
- Mit Sicherheit der Exmann oder ein schwieriger oder ca. gleich alter Mann

Wolken und Fische:

Kombinationen - für alle Bereiche:
- Mißverständnisse / Unklarheiten / Schwierigkeiten / Unsicherheiten bei den Finanzen oder dem Besitz
- Mißverständnisse / Unklarheiten / Schwierigkeiten / Unsicherheiten vertiefen sich
- Undurchschaubare Seele
- Die Seele vernebeln z. B. mit Drogen (Suchtgefahr)

Kombinationen - Personen und Sonstiges:
- Exmann oder ein schwieriger oder ca. gleich alter Mann mit Bruder oder einem jüngeren Mann
- Bruder / jüngerer Mann ist unberechenbar oder launisch oder schwierig oder nicht durchschaubar
- Exmann oder ein schwieriger oder ca. gleich alter Mann ist gut für die Seele oder mit ihm vertieft es sich, wird inniger

- Exmann oder ein schwieriger oder ca. gleich alter Mann ist süchtig (trinkt z. B. Alkohol) oder er ist materiell eingestellt
- Ein jüngerer Mann wird zum Expartner
- Geld / Besitz im Herbst

Wolken und Anker:

Kombinationen - für alle Bereiche:
- Mißverständnisse / Unklarheiten / Schwierigkeiten / Unsicherheiten auf der Arbeit
- Schwierige Arbeit oder Arbeit ist undurchschaubar
- Schlechtes Betriebsklima
- Mißverständnisse / Unklarheiten / Schwierigkeiten / Unsicherheiten im Ausland oder wo man etwas festmachen will bzw. verankern oder in der Treue

Kombinationen - Personen und Sonstiges:
- Arbeit / Beschäftigung / Hobby im Herbst
- Im Herbst im Ausland
- Exmann oder ein schwieriger oder ca. gleich alter Mann ist Ausländer oder treu oder fleißig oder er hat Arbeit
- Exmann oder ein schwieriger oder ca. gleich alter Mann ist abhängig oder kann nicht loslassen bzw. ist man von ihm noch abhängig und kann nicht loslassen = noch verankert sein

Wolken und Kreuz:

Kombinationen - für alle Bereiche:
- Mißverständnisse / Unklarheiten / Schwierigkeiten / Unsicherheiten sind karmisch bestimmt bzw. schicksalhaft oder auch wichtig

Kreuz vor Wolken:
- Intensive Schwierigkeiten bzw. noch mehr Unklarheiten

Kreuz hinter Wolken:
- Schwierigkeiten lösen sich auf
- Unklarheiten werden weniger - verschwinden

Kreuz über Wolken:
- Das Thema „Mißverständnisse / Unklarheiten / Schwierigkeiten / Unsicherheiten" ist eine Lernaufgabe und Herausforderung. Wird oft als Krise erlebt und belastet bzw. bedrückt einen

Kombinationen - Personen und Sonstiges:
- Etwas Schicksalhaftes oder wichtiges im Herbst
- Der Exmann / ein schwieriger Mann / ca. gleich alter Mann ist schicksalhaft oder wichtig

Kreuz vor Wolken:
- Wichtige Zeit im Herbst
- Der Exmann / ein schwieriger Mann / ca. gleich alter Mann wird für einen wichtiger werden bzw. in den Vordergrund treten
- Der Exmann / schwieriger Mann / ca. gleich alter Mann nimmt sich wichtig oder drängt sich in den Vordergrund

Kreuz hinter Wolken:
- Im Herbst sind Dinge nicht so wichtig oder lösen sich auf, verschwinden
- Exmann / schwieriger Mann / ca. gleich alter Mann nimmt sich nicht wichtig genug
- Exmann / schwieriger Mann / ca. gleich alter Mann ist nicht mehr wichtig und wird evtl. auch verschwinden

Kreuz über Wolken:
- Belastung / Bedrückung oder die Lernaufgabe / Herausforderung im Herbst bekommen
- Das Thema „Exmann / schwieriger Mann / ca. gleich alter Mann" ist eine Lernaufgabe und Herausforderung. Wird oft als Krise erlebt und belastet bzw. bedrückt einen
- Exmann / schwieriger Mann / ca. gleich alter Mann ist belastet oder bedrückt

Die Kombinationen mit der Schlange:

Schlange und Sarg:

Kombinationen - für alle Bereiche:
- Spiritualität auf Umwegen oder mit Verzögerung
- Komplikationen ruhen zurzeit
- Komplikationen machen krank oder traurig
- Krankheit verzögert sich noch, Komplikationen treten auf
- Umwege / Komplikationen sollten beendet werden, eine andere Richtung versuchen

Kombinationen - Personen und Sonstiges:
- Exfrau / schwierige Frau / ca. gleich alte Frau mit ihr ist etwas nicht in Ordnung und sollte beendet werden oder es liegt mit ihr im Stillstand
- Exfrau / schwierige Frau / ca. gleich alte Frau ist krank oder traurig bzw. macht einen traurig oder krank

Schlange und Blumenstrauß:

Kombinationen - für alle Bereiche:
- Es ist schwierig sich zu freuen oder zufrieden zu sein
- Ein Geschenk / Einladung / Freude / Zufriedenheit / Überraschung auf Umwegen oder mit Verzögerung

Kombinationen - Personen und Sonstiges:
- Exfrau / schwierige Frau / ca. gleich alte Frau ist freundlich oder charmant oder zufrieden
- Einladung von der Exfrau / schwierigen Frau / ca. gleich alten Frau bekommen
- Mutter / ältere Frau ist kompliziert oder schwierig
- Exfrau oder schwierige oder ca. gleich alte Frau mit einer älteren Frau oder der Mutter
- Komplikationen / Verzögerungen / Schwierigkeiten im Frühling
- Ältere Frau wird zur Expartnerin

Schlange und Sense:

Kombinationen - für alle Bereiche (auch vor, hinter und über):
- Warnung bzw. Vorsichtig sein auf Umwegen oder vor Verwicklungen

Sense vor Schlange:
- Verletzungsgefahr durch Verwicklungen oder auf Umwegen

Sense hinter Schlange:
- Plötzlich Komplikationen oder Verzögerungen

Sense über Schlange:
- Durch Komplikationen oder Schwierigkeiten oder Verwicklungen oder Verzögerungen belastet sein

Kombinationen - Personen und Sonstiges:
Allgemein (und auch noch bei Karte vor, hinter, über):
- Schwierigkeiten / Komplikationen mit 1. Sohn oder 3. Tochter haben
- 1. Sohn oder 3. Tochter ist kompliziert oder schwierig
- Exfrau / schwierige Frau / ca. gleich alte Frau mit dem 1. Sohn oder der 3. Tochter

Sense vor Schlange:
- Exfrau / schwierige Frau / ca. gleich alte Frau ist verletzt oder verletzt einen

Sense hinter Schlange:
- Plötzlich ist die Exfrau / schwierige Frau / ca. gleich alte Frau da

Sense über Schlange:
- Exfrau / schwierige Frau / ca. gleich alte Frau ist belastet bzw. bedrückt

Schlange und Ruten:

Kombinationen - für alle Bereiche:
- Gespräche gestalten sich kompliziert evtl. Streit
- Komplikationen bei der Kommunikation
- Gespräch ist nur mit Verzögerung oder auf Umwegen möglich

Kombinationen - Personen und Sonstiges:
- 2 schwierige Frauen oder 2 ca. gleich alte Frauen
- Exfrau / schwierige Frau / ca. gleich alte Frau ist kommunikativ oder Gespräche mit ihr führen
- Schwierigkeiten mit der 1. Tochter oder 3. Sohn haben
- 1. Tochter oder 3. Sohn ist kompliziert oder schwierig
- Exfrau / schwierige Frau / ca. gleich alte Frau mit der 1. Tochter oder dem 3. Sohn

Schlange und Vögel:

Kombinationen - für alle Bereiche:
- Sorgen und Aufregungen wegen Umwege oder Verzögerungen
- Komplikationen sorgen zusätzlich noch für Stress oder Aufregungen oder Sorgen

Kombinationen - Personen und Sonstiges:
- Die Oma ist kompliziert oder schwierig
- Schwierigkeiten / Komplikationen mit der Oma haben
- 2 schwierige Frauen oder 2 ca. gleich alte Frauen
- Exfrau / schwierige Frau / ca. gleich alte Frau ist aufgeregt oder besorgt oder gestresst
- Mit Exfrau / schwierige Frau / ca. gleich alte Frau Aufregungen oder Stress oder Sorgen haben

Schlange und Kind:

Kombinationen - für alle Bereiche:
- Neubeginn mit Umwegen oder mit Verzögerungen
- Neuanfang gestaltet sich kompliziert
- Nur kleine Verwicklungen / Komplikationen / Umwege / Verzögerungen

Kombinationen - Personen und Sonstiges:
- Kleinkind / Enkelkind ist kompliziert oder schwierig
- Schwierigkeiten / Komplikationen mit dem Kleinkind / Enkelkind haben
- Exfrau / schwierige Frau / ca. gleich alte Frau ist klein oder jünger oder naiv oder hat ein Kind

Schlange und Fuchs:

Kombinationen - für alle Bereiche:
- Umwege zu gehen oder etwas zu verzögern ist falsch
- Komplikationen, weil jemand falsch ist und lügt
- Intrigen / Verwicklungen
- Sich täuschen, was Komplikationen / Schwierigkeiten betrifft

Kombinationen - Personen und Sonstiges:
- Sich täuschen, was die Exfrau / schwierige Frau / ca. gleich alte Frau betrifft
- Exfrau / schwierige Frau / ca. gleich alte Frau ist falsch oder verlogen oder aber in ihrem Leben läuft gerade was falsch oder auch der falsche Zeitpunkt für oder mit dieser Frau

Schlange und Bär:

Kombinationen - für alle Bereiche:
- Umwege kosten Kraft und Stärke
- Komplikationen / Schwierigkeiten / Verwicklungen / Verzögerungen wegen etwas Altem oder wegen der Vergangenheit
- Große Komplikationen / Verwicklungen / Verzögerungen / Schwierigkeiten
- Durchhalten oder sich durchsetzten trotz Schwierigkeiten oder bei Verwicklungen / Komplikationen / Verzögerungen

Kombinationen - Personen und Sonstiges:
- Schwierige Frau / ca. gleich alte Frau die man von früher kennt
- Exfrau / schwierige Frau / ca. gleich alte Frau ist kräftig oder groß oder autoritär
- Anwalt / Notar / Makler / Chef / Autoritätsperson / Opa ist kompliziert oder schwierig

Schlange und Sterne:

Kombinationen - für alle Bereiche:
- Auf Umwegen oder mit Verzögerung zur Erfüllung und Glück oder zur Klarheit kommen
- Spiritualität auf Umwegen oder mit Verzögerungen
- Klarheit in Verwicklungen bekommen

- Viele Komplikationen / Schwierigkeiten / Verwicklungen / Verzögerungen

Kombinationen - Personen und Sonstiges:
- Exfrau / schwierige Frau / ca. gleich alte Frau ist spirituell oder offen oder sensibel oder mit ihr gibt es Klarheit oder Erfüllung bzw. Glück

Schlange und Störche:

Kombinationen - für alle Bereiche:
- Veränderung kommt auf Umwegen oder mit Verzögerung
- Komplikationen / Schwierigkeiten / Verwicklungen / Verzögerungen bei Veränderungen
- Es ist schwierig flexibel zu sein oder seine Meinung zu ändern

Kombinationen - Personen und Sonstiges:
- Exfrau / schwierige Frau / ca. gleich alte Frau ist flexibel oder sie hat Veränderungen bzw. gibt es mit ihr Veränderungen
- Exfrau / schwierige oder ca. gleich alte Frau mit einer ca. gleich alten oder herzlichen Frau
- Geliebte / herzliche Frau / ca. gleich alte Frau ist kompliziert oder schwierig oder mit ihr ist es schwierig oder kompliziert oder verzögert sich
- Geliebte / herzliche Frau / ca. gleich alte Frau wird zur Expartnerin

Schlange und Hund:

Kombinationen - für alle Bereiche:
- Hilfsbereitschaft bzw. Förderung bei Komplikationen / Verwicklungen / Verzögerungen / Schwierigkeiten
- Die Treue gestaltet sich kompliziert oder schwierig
- Langfristige Komplikationen / Verwicklungen / Verzögerungen / Schwierigkeiten

Kombinationen - Personen und Sonstiges:
- Komplikationen / Verwicklungen / Verzögerungen / Schwierigkeiten in der Freundschaft bzw. im Freundeskreis
- Auf Umwegen zu Freunden finden

- Exfrau / schwierige Frau / ca. gleich alte Frau ist im Freundeskreis bzw. man ist mit ihr befreundet
- Eine bestimmte Freundin (schwierige oder ca. gleich alte Frau)

Schlange und Turm:

Kombinationen - für alle Bereiche:
- Durch Komplikationen / Verwicklungen / Verzögerungen / Schwierigkeiten sich zurück ziehen, sich isolieren
- Allein dar stehen mit seinen Komplikationen / Verwicklungen / Verzögerungen / Schwierigkeiten
- Mit Behörden läuft es kompliziert / schwierig / mit Verzögerung
- Komplikationen / Verwicklungen / Verzögerungen / Schwierigkeiten bei einer Trennung

Kombinationen - Personen und Sonstiges:
- Exfrau / schwierige Frau / ca. gleich alte Frau ist bei einer Behörde oder einsam oder man trennt sich von ihr

Schlange und Park:

Kombinationen - für alle Bereiche:
- In der Öffentlichkeit mit Komplikationen / Verwicklungen / Verzögerungen / Schwierigkeiten rechnen

Kombinationen - Personen und Sonstiges:
- Exfrau / schwierige Frau / ca. gleich alte Frau ist in der Öffentlichkeit
- Komplikationen / Verwicklungen / Verzögerungen / Schwierigkeiten mit vielen Leuten oder mit Kundschaft
- Durch viele Menschen kommt es zu Umwegen / Verzögerungen
- Komplizierte Gesellschaft

Schlange und Berg:

Kombinationen - für alle Bereiche:
- Blockaden - nur auf Umwegen gelangst Du schneller ans Ziel
- Große Komplikationen / Verwicklungen / Verzögerungen / Schwierigkeiten

- Komplikationen / Verwicklungen / Verzögerungen / Schwierigkeiten sorgen für Frust
- Es ist ein sehr weiter Weg (=Entfernung mit Umweg)

Kombinationen - Personen und Sonstiges:
- Exfrau / schwierige Frau / ca. gleich alte Frau ist schwierig oder hat Blockaden oder ist frustriert oder ist von weiter weg
- Blockaden / Frust / Schwierigkeiten mit der Exfrau / schwierigen Frau / ca. gleich alten Frau oder auch noch ein weiter Weg mit ihr

Schlange und Wege:

Kombinationen - für alle Bereiche:
- Es ist schwer den Weg zu finden
- Komplizierte Entscheidung treffen
- Komplikationen / Verwicklungen / Verzögerungen / Schwierigkeiten bei Entscheidungen oder Alternativen bzw. Lösungen suchen

Kombinationen - Personen und Sonstiges:
- Sich entscheiden wegen Exfrau / schwierige Frau / ca. gleich alte Frau
- 2 schwierige Frauen oder 2 ca. gleich alte Frauen
- Schwester / jüngere Frau ist kompliziert oder schwierig
- Komplikationen / Verwicklungen / Verzögerungen / Schwierigkeiten mit der Schwester oder einer jüngere Frau
- Exfrau / schwierige Frau / ca. gleich alte Frau mit einer jüngeren Frau oder der Schwester
- Eine jüngere Frau wird zur Expartnerin

Schlange und Mäuse:

Kombinationen - für alle Bereiche:
- Die Komplikationen / Verwicklungen / Verzögerungen / Schwierigkeiten verschwinden oder werden zumindest weniger
- Umwege machen unzufrieden
- Sorgen / Ängste / Zweifel / Unzufriedenheit / Verluste / Verminderungen wegen Komplikationen oder Verwicklungen oder Verzögerungen oder Schwierigkeiten

Kombinationen - Personen und Sonstiges:
- Exfrau / schwierige Frau / ca. gleich alte Frau ist unzufrieden oder ängstlich oder man zweifelt wegen ihr oder sie verschwindet

Schlange und Herz:

Kombinationen - für alle Bereiche:
- Liebe gestaltet sich kompliziert
- Mit Umwegen in der Liebe rechnen
- Komplikationen / Verwicklungen / Verzögerungen / Schwierigkeiten beim Verlieben oder in der Liebe oder bei der Hilfe geben oder auch bekommen

Kombinationen - Personen und Sonstiges:
- Exfrau / schwierige Frau / ca. gleich alte Frau ist verliebt oder hilfsbereit oder man verliebt sich in diese Frau
- 2. Sohn oder 2. Tochter ist kompliziert oder schwierig
- Komplikationen / Verwicklungen / Verzögerungen / Schwierigkeiten mit dem 2. Sohn oder der 2. Tochter

Schlange und Ring:

Kombinationen - für alle Bereiche:
- Vertrag / Beziehung nur auf Umwegen
- Komplikationen / Verwicklungen / Verzögerungen / Schwierigkeiten in der Beziehung oder Verpflichtungen oder bei Verträgen
- Sich wegen Komplikationen / Verwicklungen / Verzögerungen / Schwierigkeiten im Kreis drehen
- Komplikationen / Verwicklungen / Verzögerungen / Schwierigkeiten wiederholen sich

Kombinationen - Personen und Sonstiges:
- Exfrau / schwierige Frau / ca. gleich alte Frau ist gebunden oder verheiratet oder hat Verpflichtungen bzw. Bindungen an irgendjemand oder irgendetwas
- Vertrag mit einer schwierigen oder ca. gleich alten Frau

Schlange und Buch:

Kombinationen - für alle Bereiche:
- Ein Geheimnis sorgt für Komplikationen / Verwicklungen / Verzögerungen / Schwierigkeiten
- Durch Wissen oder beim Lernen oder in der Schule mit Komplikationen / Verwicklungen / Verzögerungen / Schwierigkeiten rechnen
- Lernen auf Umwegen, nicht gleich ans Ziel
- Komplikationen / Verwicklungen / Verzögerungen / Schwierigkeiten sind noch nicht spruchreif, sie kommen noch

Kombinationen - Personen und Sonstiges:
- Exfrau / schwierige Frau / ca. gleich alte Frau ist gebildet (belesen) oder hat ein Geheimnis
- Unbekannte schwierige Frau / ca. gleich alte Frau (sie ist noch nicht spruchreif, noch nicht da oder man kennt sie eben noch nicht)
- Geheimnis um eine schwierige oder ca. gleich alte Frau machen

Schlange und Brief:

Kombinationen - für alle Bereiche:
- Nachricht / Brief / SMS / E-Mail / Kontakt kommt auf Umwegen oder mit Verzögerung
- Nur vorübergehende oder oberflächliche Komplikationen / Verwicklungen / Verzögerungen / Schwierigkeiten
- Komplikationen / Verwicklungen / Schwierigkeiten bei einer Nachricht / Brief / SMS / E-Mail oder bei einem Kontakt

Kombinationen - Personen und Sonstiges:
- Exfrau / schwierige Frau / ca. gleich alte Frau ist kontaktfreudig oder oberflächlich oder nur vorübergehend da oder kommunikativ
- Nachricht / Brief / SMS / E-Mail / Kontakt von einer schwierigen oder ca. gleich alten Frau oder der Exfrau

Schlange und Herr:

Hinweis:
Er ist eine männliche Hauptperson, der feste Partner, Ehemann, die fragende Person selbst oder aber einfach nur irgendein Mann.

Kombinationen - für alle Bereiche:
- Er ist kompliziert oder raffiniert oder erfahren oder intelligent

Kombinationen - Personen und Sonstiges:
- Komplikationen / Schwierigkeiten mit diesem Mann / Partner
- Ein Mann / Fragesteller / Partner mit einer schwierigen oder ca. gleich alten Frau oder der Exfrau

Schlange und Dame:

Hinweis:
Sie ist eine weibliche Hauptperson, die feste Partnerin, Ehefrau, die fragende Person selbst oder aber einfach nur irgendeine Frau.

Kombinationen - für alle Bereiche:
- Sie ist kompliziert oder raffiniert oder erfahren oder intelligent

Kombinationen - Personen und Sonstiges:
- Komplikationen / Schwierigkeiten mit dieser Frau
- Eine Frau / Fragestellerin / Partnerin mit einer schwierigen oder ca. gleich alten Frau oder der Exfrau
- Diese weibliche Hauptperson wird zur Expartnerin
- Exfrau / schwierige Frau / ca. gleich alte Frau wird zur weiblichen Hauptperson (zur festen Partnerin)

Schlange und Lilie:

Kombinationen - für alle Bereiche:
- Komplikationen / Verwicklungen / Verzögerungen / Schwierigkeiten beim Sex
- Ruhe / Frieden / Zufriedenheit / Harmonie ist nur auf Umwegen oder mit Verzögerung möglich

Kombinationen - Personen und Sonstiges:
- Familie / Vater / älterer Mann ist kompliziert oder schwierig

- Komplikationen / Verwicklungen / Verzögerungen / Schwierigkeiten mit der Familie / dem Vater / einem älteren Mann
- Exfrau / schwierige Frau / ca. gleich alte Frau ist friedlich oder sexuell interessiert oder Familienmensch
- Harmonie / Familie / Ruhe / Frieden / Zufriedenheit / Sex mit der Exfrau / schwierigen Frau / ca. gleich alten Frau
- Komplikationen / Verwicklungen / Verzögerungen / Schwierigkeiten im Winter

Schlange und Sonne:

Kombinationen - für alle Bereiche:
- Umwege / Verzögerungen kosten Kraft und Energie
- Positives trotz Komplikationen oder Umwegen
- Komplikationen / Verwicklungen / Verzögerungen / Schwierigkeiten gehen gut aus

Kombinationen - Personen und Sonstiges:
- Komplikationen / Verwicklungen / Verzögerungen / Schwierigkeiten im Sommer
- Mit der Exfrau / schwierigen Frau / ca. gleich alten Frau geht es gut aus
- Die Exfrau / schwierige Frau / ca. gleich alte Frau ist positiv bzw. sonnig bzw. strahlt eine gewisse Wärme und Anziehungskraft aus

Schlange und Mond:

Kombinationen - für alle Bereiche:
- Erfolg / Anerkennung nur auf Umwegen oder mit Verzögerung
- Kompliziertes Gefühlsleben
- Komplikationen / Verwicklungen / Verzögerungen / Schwierigkeiten beim Erfolg oder der Anerkennung

Kombinationen - Personen und Sonstiges:
- Gefühle für die Exfrau / schwierige Frau / ca. gleich alte Frau
- Erfolg / Anerkennung mit bzw. von der Exfrau / schwierigen Frau / ca. gleich alten Frau
- Exfrau / schwierige Frau / ca. gleich alte Frau ist gefühlvoll oder erfolgreich

Schlange und Schlüssel:

Kombinationen - für alle Bereiche:
- Mit Sicherheit Komplikationen / Verwicklungen / Verzögerungen / Schwierigkeiten
- Mit Umwegen und Verzögerungen rechnen
- Erfolg nur auf Umwegen oder mit Verzögerung
- Trotz Komplikationen / Verwicklungen / Verzögerungen / Schwierigkeiten zuversichtlich sein

Kombinationen - Personen und Sonstiges:
- Exfrau / schwierige Frau / ca. gleich alte Frau ist zuversichtlich oder verschlossen oder erfolgreich
- Erfolg / zuversichtlich sein mit der Exfrau / schwierigen Frau / ca. gleich alten Frau
- Mit Sicherheit die Exfrau / schwierige Frau / ca. gleich alte Frau

Schlange und Fische:

Kombinationen - für alle Bereiche:
- Komplikationen / Verwicklungen / Verzögerungen / Schwierigkeiten bei den Finanzen oder dem Besitz
- Komplizierte Seele
- Komplikationen / Verwicklungen / Verzögerungen / Schwierigkeiten vertiefen sich noch

Kombinationen - Personen und Sonstiges:
- Exfrau / schwierige Frau / ca. gleich alte Frau mit dem Bruder oder einem jüngeren Mann
- Bruder / jüngerer Mann ist kompliziert oder schwierig
- Exfrau / schwierige Frau / ca. gleich alte Frau ist gut für die Seele oder mit ihr vertieft es sich, wird inniger
- Exfrau / schwierige Frau / ca. gleich alte Frau ist süchtig (trinkt z. B. Alkohol) oder sie ist materiell eingestellt

Schlange und Anker:

Kombinationen - für alle Bereiche:
- Arbeit nur auf Umwegen oder mit Verzögerung
- Arbeit / Hobby gestaltet sich kompliziert
- Komplikationen / Verwicklungen / Verzögerungen / Schwierigkeiten auf der Arbeit oder beim Hobby

- Es ist schwierig treu zu sein
- Komplikationen / Verwicklungen / Verzögerungen / Schwierigkeiten im Ausland oder beim festmachen, etwas verankern

Kombinationen - Personen und Sonstiges:
- Exfrau / schwierige Frau / ca. gleich alte Frau ist Ausländerin oder treu oder fleißig oder sie hat Arbeit
- Exfrau / schwierige Frau / ca. gleich alte Frau ist abhängig oder kann nicht loslassen bzw. ist man von ihr noch abhängig und kann nicht loslassen = noch verankert sein

Schlange und Kreuz:

Kombinationen - für alle Bereiche:
- Umwege / Komplikationen / Verwicklungen / Verzögerungen / Schwierigkeiten sind schicksalhaft oder auch wichtig

Kreuz vor Schlange:
- Noch mehr Umwege
- Komplikationen / Verwicklungen / Verzögerungen / Schwierigkeiten werden mehr oder intensiver wahrgenommen

Kreuz hinter Schlange:
- Komplikationen / Verwicklungen / Schwierigkeiten nehmen ab oder sind nicht mehr im Vordergrund, nicht mehr so wichtig
- Umwege und Verzögerungen verschwinden

Kreuz über Schlange:
- Das Thema „Umwege / Komplikationen / Verwicklungen / Verzögerungen / Schwierigkeiten" ist eine Lernaufgabe und Herausforderung. Wird oft als Krise erlebt und belastet bzw. bedrückt einen

Kombinationen - Personen und Sonstiges:
- Exfrau / schwierige Frau / ca. gleich alte Frau ist schicksalhaft oder wichtig

Kreuz vor Schlange:
- Exfrau / schwierige Frau / ca. gleich alte Frau ist wird für einen wichtiger werden bzw. in den Vordergrund treten
- Die Exfrau / schwierige Frau / ca. gleich alte Frau nimmt sich wichtig oder drängt sich in den Vordergrund

Kreuz hinter Schlange:
- Die Exfrau / schwierige Frau / ca. gleich alte Frau nimmt sich nicht wichtig genug
- Exfrau / schwierige Frau / ca. gleich alte Frau ist nicht mehr wichtig und wird evtl. auch verschwinden

Kreuz über Schlange:
- Das Thema „Exfrau / schwierige Frau / ca. gleich alte Frau" ist eine Lernaufgabe und Herausforderung. Wird oft als Krise erlebt und belastet bzw. bedrückt einen
- Exfrau / schwierige Frau / ca. gleich alte Frau ist belastet oder bedrückt

Die Kombinationen mit dem Sarg:

Sarg und Blumenstrauß:

Kombinationen - für alle Bereiche:
- Einladung wird abgesagt
- Zurzeit keine Freude und keine Zufriedenheit
- Bei einer Einladung / Feier / Besuch krank oder traurig sein

Kombinationen - Personen und Sonstiges:
- Stillstand bis zum Frühling oder Stillstand im Frühling
- Etwas im Frühling beenden
- Im Frühling traurig oder krank sein
- Mutter / ältere Frau ist krank oder traurig oder man sollte mit ihr etwas beenden, was so nicht in Ordnung ist
- Stillstand mit der Mutter oder älteren Frau

Sarg und Sense:

Kombinationen - für alle Bereiche (auch vor, hinter und über):
- Warnung vor Krankheit, besser mal zum Arzt gehen

Sense vor Sarg:
- Verletzung und dadurch krank
- Ein Stillstand oder eine Situation, die so nicht in Ordnung ist und lieber beendet werden sollte, verletzt einen

Sense hinter Sarg:
- Plötzliche Erkrankung / Stillstand / Traurigkeit
- Plötzlich ist etwas nicht in Ordnung

Sense über Sarg:
- Ein Stillstand oder einer Krankheit belastet
- Etwas ist nicht in Ordnung und das belastet einen
- Belastung macht krank

Kombinationen - Personen und Sonstiges:
Allgemein (und auch noch bei Karte vor, hinter, über):
- 1. Sohn oder 3. Tochter ist krank oder traurig oder einen Stillstand mit ihm / ihr haben

Sarg und Ruten:

Kombinationen - für alle Bereiche:
- Keine Gespräche führen, die Kommunikation im Stillstand
- Gespräche machen traurig oder krank
- Durch Gespräche etwas beenden, was so nicht in Ordnung ist
- 2 Krankheiten

Kombinationen - Personen und Sonstiges:
- 1. Tochter oder 3. Sohn ist krank oder traurig oder einen Stillstand mit ihr / ihm haben

Sarg und Vögel:

Kombinationen - für alle Bereiche:
- Nervliche Überbelastung
- Sorgen / Stress / Aufregungen, weil etwas beendet werden sollte
- Sorgen / Stress / Aufregungen machen krank oder traurig
- 2 Krankheiten

Kombinationen - Personen und Sonstiges:
- Die Oma ist krank oder traurig oder einen Stillstand mit ihr haben

Sarg und Kind:

Kombinationen - für alle Bereiche:
- Kein Neuanfang, liegt zurzeit im Stillstand
- Kinderkrankheiten oder nur eine kleine Krankheit
- Kleinigkeiten machen schon traurig oder krank
- Kinderwunsch liegt zurzeit auf Eis (im Stillstand)

Kombinationen - Personen und Sonstiges:
- Kleinkind / Enkelkind ist krank oder traurig oder einen Stillstand mit ihm haben

Sarg und Fuchs:

Kombinationen - für alle Bereiche:
- Mit der Krankheit läuft was falsch, besser mal zum Arzt gehen
- Sich täuschen, was die Krankheit betrifft
- Etwas zu beenden wäre falsch oder jetzt ist dafür der falsche Zeitpunkt
- Verrat / Intrigen / Lügen machen traurig oder krank

Kombinationen - Personen und Sonstiges: /

Sarg und Bär:

Kombinationen - für alle Bereiche:
- Etwas zu beenden fordert Kraft oder etwas Altes beenden
- Die Vergangenheit ruhen lassen
- Durchsetzung / Durchhalten bei einem Stillstand oder trotz Traurigkeit oder Krankheit
- Eine größere Krankheit
- Krankheit kostet Kraft und Stärke

Kombinationen - Personen und Sonstiges:
- Ältere kranke Person
- Chef / Anwalt / Notar / Makler / Autoritätsperson / Opa ist krank oder etwas liegt im Stillstand mit ihm
- Mit dem Chef / Anwalt / Notar / Makler / Autoritätsperson etwas beenden, was so nicht in Ordnung ist
- Arzt (Autoritätsperson aus Bereich Krankheit)

Sarg und Sterne:

Kombinationen - für alle Bereiche:
- Medial sehr begabt
- Spiritualität liegt im Stillstand oder macht traurig oder krank
- Etwas beenden, damit das Glück kommen kann
- Glück / Erfüllung / Klarheit ist im Stillstand
- Durch Klarheit etwas beenden, was so nicht in Ordnung ist
- Klarheit bei einer Krankheit oder einem Stillstand bekommen
- Viele Krankheiten

Kombinationen - Personen und Sonstiges: /

Sarg und Störche:

Kombinationen - für alle Bereiche:
- Zurzeit keine Veränderung, ein Stillstand
- Etwas ist so nicht in Ordnung, bitte verändern
- Traurig oder krank und man sollte da flexibler sein oder seine Meinung ändern

Kombinationen - Personen und Sonstiges:
- Geliebte / herzliche Frau / ca. gleich alte Frau ist krank oder traurig oder mit ihr liegt was im Stillstand
- Mit der Geliebten / herzlichen Frau / ca. gleich alten Frau etwas beenden, was so nicht in Ordnung ist

Sarg und Hund:

Kombinationen - für alle Bereiche:
- Krankheit ist dir treu oder langfristig krank
- Hilfe / Förderung / Beistand bei einer Krankheit oder Traurigkeit oder einem Stillstand
- Es ist schon länger etwas nicht in Ordnung und sollte beendet werden, damit was Neues kommen kann

Kombinationen - Personen und Sonstiges:
- Eine Freundschaft ruht zurzeit oder ist nicht in Ordnung und sollte beendet werden
- Stillstand im Freundeskreis
- Ein Freund ist krank oder traurig

Sarg und Turm:

Kombinationen - für alle Bereiche:
- Anstalt z. B. Krankenhaus oder auch Beerdigungsinstitut
- Sich verlassen fühlen = einsam
- Mit Behörden geht es nicht vorwärts, die Angelegenheit ruht noch, ist im Stillstand
- Alleinsein macht traurig oder krank
- Wegen Krankheit isoliert werden = Ansteckungsgefahr
- Krankheit / Traurigkeit zieht sich zurück

Kombinationen - Personen und Sonstiges: /

Sarg und Park:

Kombinationen - für alle Bereiche:
- Krankenhaus oder Kur oder Sanatorium
- In der Öffentlichkeit etwas beenden, was so nicht in Ordnung ist
- In der oder durch die Öffentlichkeit krank oder traurig werden

Kombinationen - Personen und Sonstiges:
- Viele Leute sind krank oder traurig oder durch sie krank oder traurig werden
- Kundschaft liegt im Stillstand
- In der Gesellschaft etwas beenden, was so nicht in Ordnung ist

Sarg und Berg:

Kombinationen - für alle Bereiche:
- Blockaden bleiben = sie ruhen, ein Stillstand
- Frust / Hindernisse wegen Krankheit
- Schwierigkeiten machen krank oder traurig

Kombinationen - Personen und Sonstiges: /

Sarg und Wege:

Kombinationen - für alle Bereiche:
- Keine Entscheidung, durch Stillstand gerade nicht möglich
- Entscheidung macht traurig oder krank
- 2 Krankheiten

Kombinationen - Personen und Sonstiges:
- Schwester / jüngere Frau ist krank oder traurig oder mit ihr ist etwas im Stillstand
- Mit der jüngeren Frau sollte etwas beendet werden, weil etwas so nicht in Ordnung ist

Sarg und Mäuse:

Kombinationen - für alle Bereiche:
- Der Stillstand löst sich auf - es geht weiter
- Sorgen / Zweifel / Ängste etwas zu beenden
- Unzufrieden / Sorgen wegen Krankheit
- Die Krankheit löst sich auf, sie verschwindet
- Krank vor Sorge, etwas nagt an Dir

Kombinationen - Personen und Sonstiges: /

Sarg und Herz:

Kombinationen - für alle Bereiche:
- Herzkrank
- Vor Liebe krank oder traurig = Liebeskummer
- In der Liebe etwas beenden, was so nicht in Ordnung ist
- In der Liebe geht es zurzeit nicht weiter, ein Stillstand
- Hilfe geben oder bekommen liegt im Stillstand

Kombinationen - Personen und Sonstiges:
- Der 2. Sohn oder die 2. Tochter ist krank oder traurig oder etwas ist mit ihm / ihr nicht in Ordnung oder liegt im Stillstand

Sarg und Ring:

Kombinationen - für alle Bereiche:
- Witwenschaft
- Beziehung / Verbindung / Verpflichtungen / Ehe macht krank oder traurig und sollte evtl. lieber beendet werden
- Kein Vertrag oder keine Beziehung, da es im Stillstand liegt
- Chronische Krankheit

Kombinationen - Personen und Sonstiges: /

Sarg und Buch:

Kombinationen - für alle Bereiche:
- Geheimnis ruht - wird bewahrt
- Stillstand beim Lernen / in der Schule / beim Studium
- Unbekannte Krankheit

Kombinationen - Personen und Sonstiges: /

Sarg und Brief:

Kombinationen - für alle Bereiche:
- Befund oder Krankschreibung
- Nachricht / Brief / SMS / E-Mail / Kontakt liegt im Stillstand oder macht traurig oder krank
- Nur vorübergehende Krankheit / Stillstand / Traurigkeit
- Nur oberflächliche Krankheit / Stillstand / Traurigkeit

Kombinationen - Personen und Sonstiges: /

Sarg und Herr:

Hinweis:
Er ist eine männliche Hauptperson, der feste Partner, Ehemann, die fragende Person selbst oder aber einfach nur irgendein Mann.

Kombinationen - für alle Bereiche:
- Er ist kränklich oder traurig oder medial

Kombinationen - Personen und Sonstiges:
- Mit diesem Mann / Partner etwas beenden, was so nicht in Ordnung ist
- Stillstand mit diesem Mann / Partner
- Wegen diesem Mann / Partner traurig oder krank sein

Sarg und Dame:

Hinweis:
Sie ist eine weibliche Hauptperson, die feste Partnerin, Ehefrau, die fragende Person selbst oder aber einfach nur irgendeine Frau.

Kombinationen - für alle Bereiche:
- Sie ist kränklich oder traurig oder medial

Kombinationen - Personen und Sonstiges:
- Mit dieser Frau / Partnerin etwas beenden, was so nicht in Ordnung ist
- Stillstand mit dieser Frau / Partnerin
- Wegen dieser Frau / Partnerin traurig oder krank sein

Sarg und Lilie:

Kombinationen - für alle Bereiche:
- Stillstand im Sexualleben
- Zurzeit keine Harmonie oder Zufriedenheit (ruht noch)
- Wegen Krankheit braucht man Ruhe / Frieden / Harmonie
- Durch Sex krank werden
- Sex lieber beenden, wenn da was nicht in Ordnung ist

Kombinationen - Personen und Sonstiges:
- Familie / Vater / älterer Mann ist krank oder traurig oder etwas liegt mit ihm im Stillstand
- Mit der Familie / Vater / älteren Mann etwas beenden, was so nicht in Ordnung ist
- Wegen der Familie / Vater / älteren Mann traurig sein oder krank werden
- Im Winter ein Stillstand oder etwas nicht in Ordnung oder traurig oder krank
- Wegen Krankheit braucht man die Familie / Vater / älteren Mann

Sarg und Sonne:

Kombinationen - für alle Bereiche:
- Geschwächte Energie
- Krankheit geht gut aus, es verläuft positiv
- Kreativität liegt im Stillstand (ruht noch)

Kombinationen - Personen und Sonstiges:
- Im Sommer krank oder traurig oder einen Stillstand haben

Sarg und Mond:

Kombinationen - für alle Bereiche:
- Tiefe Depressionen
- Gefühle sind krank oder machen krank oder traurig
- Kein Erfolg oder Anerkennung zurzeit, das liegt noch im Stillstand

Kombinationen - Personen und Sonstiges: /

Sarg und Schlüssel:

Kombinationen - für alle Bereiche:
- Mit Sicherheit kommt eine Krankheit oder bereits krank oder traurig
- Zuversichtlich etwas beenden, was so nicht in Ordnung ist
- Mit Sicherheit etwas beenden, was so nicht in Ordnung ist
- Erfolg ruht noch
- Zurzeit noch keine Sicherheit oder Zuversicht (ruht noch)
- Sich wegen Traurigkeit oder Krankheit verschließen
- Bei einer Krankheit zuversichtlich sein

Kombinationen - Personen und Sonstiges: /

Sarg und Fische:

Kombinationen - für alle Bereiche:
- Finanziell oder mit dem Besitz ist etwas nicht in Ordnung und sollte beendet werden
- Stillstand in den Finanzen
- Finanzen kränkeln oder machen krank oder traurig
- Seele ist krank (Sucht / Depressionen)
- Eine Krankheit vertieft sich (wird mehr)

Kombinationen - Personen und Sonstiges: /

Sarg und Anker:

Kombinationen - für alle Bereiche:
- Auf der Arbeit etwas beenden, was so nicht in Ordnung ist (innerliche Kündigung)
- In Ruhestand gehen (Rente)
- Selber kündigen, weil was nicht in Ordnung ist
- Arbeitssituation macht krank oder traurig
- Arbeitslos = keine Arbeit zurzeit (ruht noch)
- Medizinischer Beruf (mit Kranken zu tun haben)
- Krankhaft an jemanden klammern, nicht loslassen können bzw. abhängig sein
- Im Ausland etwas beenden oder im Ausland krank sein

Kombinationen - Personen und Sonstiges: /

Sarg und Kreuz:

Kombinationen - für alle Bereiche:
- Schicksalhafte oder wichtige Krankheit

Kreuz vor Sarg:
- Krankheit wird schlimmer, verstärkt sich noch oder nimmt an Wichtigkeit zu
- Absoluter Stillstand, es geht nicht weiter oder der Stillstand wird intensiver erlebt

Kreuz hinter Sarg:
- Krankheit löst sich auf, es wird besser
- Stillstand löst sich auf oder nimmt an Wichtigkeit ab

Kreuz über Sarg:
- Das Thema „Krankheit / etwas zu beenden / Stillstand / Traurigkeit" ist eine Lernaufgabe und Herausforderung. Wird oft als Krise erlebt und belastet bzw. bedrückt einen

Kombinationen - Personen und Sonstiges: /

Die Kombinationen mit dem Blumenstrauß:

Blumenstrauß und Sense:

Kombinationen - für alle Bereiche (auch vor, hinter und über):
- Warnung bzw. Vorsicht bei Einladungen / Überraschungen / Geschenken / Feier / Besuch

Sense vor Blumenstrauß:
- Verletzendes Geschenk / Überraschung
- Bei einem Besuch / Feier / Einladung verletzt werden

Sense hinter Blumenstrauß:
- Plötzlich Freude und Zufriedenheit
- Plötzlich Geschenke / Überraschungen / Einladung / Besuch

Sense über Blumenstrauß:
- Ein Geschenk / Einladung / Feier / Besuch belastet
- Die Freude / Zufriedenheit ist belastet

Kombinationen - Personen und Sonstiges:
Allgemein (und auch noch bei Karte vor, hinter, über):
- Im Frühling vorsichtig sein
- Warnung bzw. Vorsicht vor der Mutter oder einer älteren Frau
- 1. Sohn oder 3. Tochter macht Freude oder Zufriedenheit oder man bekommt von ihnen eine Einladung oder Besuch
- 1. Sohn oder 3. Tochter ist freundlich / zufrieden / höflich / charmant
- 1. Sohn oder 3. Tochter mit der Mutter (also für ihn bzw. sie dann so gesehen die Oma)
- 1. Sohn oder 3. Tochter mit einer älteren Frau

Sense vor Blumenstrauß:
- Die Mutter / ältere Frau könnte einen verletzen oder sie ist verletzt

Sense hinter Blumenstrauß:
- Plötzlich ist die Mutter / ältere Frau da

Sense über Blumenstrauß:
- Im Frühling Belastungen
- Belastungen wegen der Mutter / älteren Frau oder sie ist belastet

Blumenstrauß und Ruten:

Kombinationen - für alle Bereiche:
- Nette Gespräche oder Gratulation
- Freude an der Kommunikation
- 2 oder doppelte Einladungen / Geschenke / Überraschungen / Feiern / Besuche

Kombinationen - Personen und Sonstiges:
- Gespräche mit der Mutter / älteren Frau
- Die 1. Tochter oder der 3. Sohn macht Freude oder Zufriedenheit oder man bekommt von ihnen eine Einladung oder Besuch
- Die 1. Tochter oder der 3. Sohn ist freundlich / zufrieden / höflich / charmant
- Kommunikation im Frühling

Blumenstrauß und Vögel:

Kombinationen - für alle Bereiche:
- 2 oder doppelte Einladungen / Geschenke / Überraschungen / Feiern / Besuche
- Freudige Aufregungen
- Angenehmer positiver Stress

Kombinationen - Personen und Sonstiges:
- Stress / Aufregungen / Sorgen im Frühling
- Sorgen / Stress / Aufregungen mit der Mutter oder älteren Frau
- Mutter / ältere Frau ist aufgeregt / gestresst / sorgenvoll
- Freude / Zufriedenheit / Einladung / Besuch von oder mit der Oma

Blumenstrauß und Kind:

Kombinationen - für alle Bereiche:
- Kleines Geschenk / Überraschung / Feier
- Positiver schöner Neuanfang oder Neuanfang macht Freude
- Kleine Freude / Zufriedenheit
- Sich wegen Kinderwunsch freuen oder zufrieden sein

Kombinationen - Personen und Sonstiges:
- Freude / Zufriedenheit mit dem Kleinkind oder Enkelkind
- Kleinkind oder Enkelkind ist freundlich / fröhlich / höflich
- Das Kleinkind oder Enkelkind besuchen / überraschen / ein Geschenk geben
- Neuanfang im Frühling
- Mutter / ältere Frau sieht jünger aus oder ist klein oder naiv oder hat ein Kind
- Mutter / ältere Frau hat einen Neuanfang
- Kinderwunsch im Frühling

Blumenstrauß und Fuchs:

Kombinationen - für alle Bereiche:
- Falsche (unehrliche) Freundlichkeit oder Geschenke
- Hinterhältige Einladung
- Falsche oder vorgetäuschte Freude und Zufriedenheit
- Sich wegen einer Einladung / Feier / Besuch täuschen

Kombinationen - Personen und Sonstiges:
- Im Frühling läuft was falsch oder ist der falsche Zeitpunkt
- Mit der Mutter / älteren Frau läuft was falsch
- Mutter / ältere Frau lügt oder es läuft was falsch oder in ihrem Leben läuft was falsch

Blumenstrauß und Bär:

Kombinationen - für alle Bereiche:
- Alte (antike oder gebrauchte) Geschenke
- Freude an etwas Altem oder aus der Vergangenheit
- Positive Kraft und Stärke
- Sich über seine Durchsetzungsfähigkeit oder das Durchhalten oder die eigene Kraft und Stärke freuen

Kombinationen - Personen und Sonstiges:
- Stärke und Kraft im Frühling
- Durchhalten bis zum Frühling
- Mutter / ältere Frau sieht älter aus oder kennt man schon länger oder ist groß oder dick oder stark oder autoritär
- Sich gegen die Mutter / ältere Frau durchsetzen
- Anwalt / Notar / Chef / Makler / Autoritätsperson / Opa lädt ein oder macht Freude und Zufriedenheit

Blumenstrauß und Sterne:

Kombinationen - für alle Bereiche:
- Viel Freude und Zufriedenheit
- Freude an Esoterik
- Spirituelle Einladung / Besuch / Geschenk
- Einladung / Besuch / Feier / Geschenk macht glücklich

Kombinationen - Personen und Sonstiges:
- Glück / Erfüllung / Klarheit im Frühling
- Mutter / ältere Frau ist oder macht glücklich oder wegen ihr Klarheit bekommen
- Spirituelle Mutter / ältere Frau

Blumenstrauß und Störche:

Kombinationen - für alle Bereiche:
- Veränderung bringt Freude und Zufriedenheit
- Positive Veränderung
- Veränderung auf einer Feier / Besuch

Kombinationen - Personen und Sonstiges:
- Veränderung im Frühling
- Im Frühling flexibler sein oder seine Meinung ändern
- Mutter / ältere Frau ist flexibel oder ändert ihre Meinung oder hat Veränderungen
- Geliebte / herzliche Frau / ca. gleich alte Frau ist freundlich oder höflich oder charmant
- Geliebte / herzliche Frau / ca. gleich alte Frau macht Freude und Zufriedenheit oder eine Einladung oder einen Besuch von ihr bekommen
- Geliebte / herzliche Frau / ca. gleich alte Frau mit der Mutter / älteren Frau

Blumenstrauß und Hund:

Kombinationen - für alle Bereiche:
- Gerne Hilfe geben
- Freude und Zufriedenheit über die Hilfe und Förderung
- Langfristige Freude und Zufriedenheit

Kombinationen - Personen und Sonstiges:
- Nette Freundschaft
- Eine bestimmte Freundin (ältere Frau)
- Einladung / Besuch / Feier / Geschenk von Freunden
- Freundschaft oder Hilfe im Frühling
- Mutter / ältere Frau ist treu oder hilfsbereit

Blumenstrauß und Turm:

Kombinationen - für alle Bereiche:
- Behörde macht ein Geschenk
- Freude und Zufriedenheit durch eine Behörde
- Einladung einer Behörde
- Freude und Zufriedenheit durch eine Trennung
- Zufrieden mit dem Alleinsein (als Single)
- Sich von Einladungen / Feiern / Besuchen zurück ziehen

Kombinationen - Personen und Sonstiges:
- Einsam oder Trennung im Frühling
- Trennung von der Mutter / älteren Frau
- Mutter / ältere Frau ist einsam oder allein oder zurück gezogen bzw. isoliert sich
- Ältere Frau von einer Behörde

Blumenstrauß und Park:

Kombinationen - für alle Bereiche:
- Ausstellung oder Messe
- Gesellschaftliches Ereignis
- Freude / Feier in der Öffentlichkeit
- Geschenk / Einladung aus der Öffentlichkeit

Kombinationen - Personen und Sonstiges:
- Im Frühling mit vielen Leuten zu tun haben
- Freude / Geschenk / Einladung / Feier / Besuch von vielen Leuten
- Mutter / ältere Frau aus bzw. in der Öffentlichkeit
- Mutter / ältere Frau ist gesellig oder viel draußen

Blumenstrauß und Berg:

Kombinationen - für alle Bereiche:
- Mußt noch auf Freude warten, zurzeit ist sie blockiert
- Schwierigkeiten / Frust / Blockaden / Hindernisse bei einer Einladung oder Feier oder Besuch

Kombinationen - Personen und Sonstiges:
- Blockaden / Frust / Schwierigkeiten im Frühling
- Ein weiter Weg zur Freude und Zufriedenheit
- Mutter / ältere Frau ist weiter weg (Entfernung)
- Mutter / ältere Frau ist frustriert / blockiert / gehemmt
- Schwierigkeiten / Frust / Blockaden / Hindernisse mit bzw. wegen der Mutter oder älteren Frau

Blumenstrauß und Wege:

Kombinationen - für alle Bereiche:
- Entscheidung bringt Freude / Zufriedenheit
- Lösung wird gefunden, da man zufrieden ist und sich freut
- Bei Einladung / Besuch / Geschenk / Feier die Wahl haben und sich entscheiden müssen
- 2 Einladungen / Geschenke / Besuche / Feiern

Kombinationen - Personen und Sonstiges:
- Mutter / ältere Frau muß sich entscheiden oder die Entscheidung betrifft sie
- Wegen der Mutter / älteren Frau nach Alternativen und Lösungen suchen oder die Wahl haben
- Schwester / jüngere Frau ist freundlich oder fröhlich oder höflich oder charmant
- Freude und Zufriedenheit wegen der Schwester / jüngeren Frau
- Einladung / Feier / Besuch / Geschenk von der Schwester / jüngeren Frau
- Im Frühling nach Alternativen oder Lösungen suchen
- Im Frühling die Wahl haben oder sich entscheiden müssen
- Schwester / jüngere Frau mit der Mutter oder älteren Frau

Blumenstrauß und Mäuse:

Kombinationen - für alle Bereiche:
- Verlust / Sorgen / Unzufriedenheit / Zweifel / Ängste und dadurch ist keine Freude möglich oder reduziert die Freude
- Keine Einladung / Feier / Geschenk / Besuch
- Weniger oder keine Zufriedenheit, denn man ist unzufrieden

Kombinationen - Personen und Sonstiges:
- Mutter oder ältere Frau ist unzufrieden / sorgenvoll / ängstlich / zweifelt
- Verlust / Sorgen / Unzufriedenheit / Zweifel / Ängste wegen der Mutter oder älteren Frau
- Verlust / Sorgen / Unzufriedenheit / Zweifel / Ängste im Frühling

Blumenstrauß und Herz:

Kombinationen - für alle Bereiche:
- Sich verlieben
- Herzliches Geschenk / Einladung / Besuch / Feier
- Freude / Zufriedenheit, weil man verliebt ist oder Hilfe bekommt

Kombinationen - Personen und Sonstiges:
- Liebe / Hilfe im Frühling
- Mutter / ältere Frau ist verliebt oder herzlich oder hilfsbereit oder braucht Hilfe
- Verliebt in eine ältere Frau
- Hilfe / Herzlichkeit / Liebe von einer älteren Frau oder der Mutter bekommen
- 2. Sohn oder 2. Tochter ist freundlich oder höflich oder charmant
- Freude / Zufriedenheit mit dem 2. Sohn oder der 2. Tochter

Blumenstrauß und Ring:

Kombinationen - für alle Bereiche:
- Wertvolles Geschenk evtl. Ring oder Schmuck
- Immer wiederkehrende Freude (wiederholt sich)
- Schöne / positive / freudige Verbindung oder Verpflichtung oder Beziehung oder Ehe oder Vertrag
- Vertrag / Beziehung / Verpflichtung / Verbindung macht Freude oder zur Zufriedenheit

Kombinationen - Personen und Sonstiges:
- Beziehung / Verpflichtungen / Verbindungen / Vertrag im Frühling
- Mutter / ältere Frau ist gebunden oder verheiratet oder hat Verpflichtungen oder dreht sich im Kreis
- Verpflichtung / Verbindung an bzw. mit der Mutter oder älteren Frau

Blumenstrauß und Buch:

Kombinationen - für alle Bereiche:
- Überraschung / Geschenk / Freude / Einladung / Feier / Besuch liegt noch im Verborgenen bzw. noch nicht spruchreif
- Freude am Lernen / Lesen / in der Schule / im Studium
- Ein schönes Geheimnis haben

Kombinationen - Personen und Sonstiges:
- Lernen im Frühling oder Geheimnis im Frühling
- Mutter / ältere Frau ist belesen bzw. intelligent oder hat ein Geheimnis
- Unbekannte ältere Frau
- Geheimnis wegen oder vor der Mutter / älteren Frau haben
- Eine ältere Frau als Lehrerin

Blumenstrauß und Brief:

Kombinationen - für alle Bereiche:
- Meist schriftliche Einladung
- Positive oder schöne Nachricht / Brief / SMS / E-Mail / Kontakt
- Nur vorübergehende oder oberflächliche Freude / Zufriedenheit
- Kurzfristiges Geschenk / Einladung / Besuch / Feier

Kombinationen - Personen und Sonstiges:
- Nachricht / Brief / SMS / E-Mail / Kontakt im Frühling
- Nachricht / Brief / SMS / E-Mail / Kontakt von oder mit der Mutter oder einer älteren Frau
- Kontaktfreudige / oberflächliche / kommunikative Mutter oder ältere Frau
- Nur vorübergehend eine ältere Frau da

Blumenstrauß und Herr:

Hinweis:
Er ist eine männliche Hauptperson, der feste Partner, Ehemann, die fragende Person selbst oder aber einfach nur irgendein Mann.

Kombinationen - für alle Bereiche:
- Er ist charmant oder fröhlich oder freundlich oder beliebt

Kombinationen - Personen und Sonstiges:
- Einladung / Besuch / Feier / Geschenk / Überraschung von oder für diesen Mann oder dem Partner
- Freude / Zufriedenheit wegen diesem Mann oder dem Partner
- Ein Mann / Fragesteller / Partner mit einer älteren Frau oder der Mutter

Blumenstrauß und Dame:

Hinweis:
Sie ist eine weibliche Hauptperson, die feste Partnerin, Ehefrau, die fragende Person selbst oder aber einfach nur irgendeine Frau.

Kombinationen - für alle Bereiche:
- Sie ist charmant oder fröhlich oder freundlich oder beliebt

Kombinationen - Personen und Sonstiges:
- Einladung / Besuch / Feier / Geschenk / Überraschung von oder für diese Frau oder der Partnerin
- Freude / Zufriedenheit wegen dieser Frau oder der Partnerin
- Eine Frau / Fragestellerin / Partnerin mit einer älteren Frau oder der Mutter

Blumenstrauß und Lilie:

Kombinationen - für alle Bereiche:
- Freude am Sex oder Zufriedenheit beim Sex
- Es ist schön, dass man Ruhe / Frieden / Harmonie hat
- Geschenk / Einladung / Besuch / Feier zur Zufriedenheit oder es ist schön

Kombinationen - Personen und Sonstiges:
- Familientreffen bzw. Besuch oder Familienfeier
- Mutter / ältere Frau mit der Familie oder dem Vater oder einem älteren Mann
- Ältere Frau aus der Familie (Familienmitglied)
- Mutter / ältere Frau ist sexuell interessiert oder ruhig oder Familienmensch
- Sex mit einer älteren Frau
- Familie / Vater / älterer Mann ist freundlich oder höflich oder charmant
- Freude und Zufriedenheit mit der Familie / dem Vater / einem älterer Mann
- Geschenk / Einladung / Besuch / Feier von der Familie oder dem Vater oder einem älteren Mann
- Geschenk / Einladung / Besuch / Feier im Winter
- Freude / Zufriedenheit im Winter
- Sex / Harmonie / Ruhe / Frieden im Frühling

Blumenstrauß und Sonne:

Kombinationen - für alle Bereiche:
- Kreativität oder Tatendrang oder Stimmungshoch
- Einladung / Geschenk / Feier / Besuch ist schön und angenehm

Kombinationen - Personen und Sonstiges:
- Freude / Zufriedenheit / Feier / Besuch / Einladung / Geschenk im Sommer
- Im Frühling viel Energie
- Positives im Frühling
- Mutter / ältere Frau ist positiv oder schön oder kreativ oder hat viel Energie oder ist sonnig oder strahlt Wärme und Anziehungskraft aus
- Schönes und positives mit der Mutter oder älteren Frau
- Freude / Zufriedenheit im Süden

Blumenstrauß und Mond:

Kombinationen - für alle Bereiche:
- Schöne und freundliche Gefühle
- Freude / Zufriedenheit über Erfolg
- Zufriedenheit durch Anerkennung
- Erfolgreiche Einladung / Besuch / Feier / Geschenk

Kombinationen - Personen und Sonstiges:
- Im Frühling viel Erfolg / Anerkennung / Gefühle
- Mutter / ältere Frau ist erfolgreich oder gefühlvoll
- Gefühle / Anerkennung / Erfolg mit oder von der Mutter oder älteren Frau
- Freude / Zufriedenheit im Norden

Blumenstrauß und Schlüssel:

Kombinationen - für alle Bereiche:
- Mit Sicherheit eine schöne Zeit
- Einladung / Besuch / Feier / Geschenk kommt bestimmt
- Erfolgreiche Einladung / Besuch / Feier / Geschenk
- Mit Sicherheit Freude / Zufriedenheit

Kombinationen - Personen und Sonstiges:
- Stabilität im Frühling
- Im Frühling kommt etwas ganz sicher
- Im Frühling zuversichtlich oder erfolgreich sein
- Mutter / ältere Frau ist zuversichtlich oder zuverlässig oder mit Sicherheit da
- Zuversichtlich sein, was eine ältere Frau oder die Mutter betrifft

Blumenstrauß und Fische:

Kombinationen - für alle Bereiche:
- Wertvolles Geschenk oder Geldgeschenk
- Fröhliche Seele
- Finanzen / Besitz macht zufrieden
- Freude / Zufriedenheit vertieft sich noch

Kombinationen - Personen und Sonstiges:
- Geld / Besitz im Frühling
- Mutter / ältere Frau ist materiell eingestellt oder süchtig (z. B. Alkohol)
- Geld / Besitz von der Mutter oder älteren Frau
- Mit der Mutter / älteren Frau vertieft sich was, es wird inniger
- Bruder / jüngerer Mann ist freundlich oder höflich oder charmant
- Freude / Zufriedenheit wegen oder mit dem Bruder oder jüngeren Mann
- Mutter / ältere Frau mit dem Bruder oder einem jüngeren Mann

Blumenstrauß und Anker:

Kombinationen - für alle Bereiche:
- Gutes Arbeitsklima
- Schöne Arbeit oder Arbeit macht Freude
- Kreative Arbeit / Hobby / Beschäftigung
- Freude / Zufriedenheit / Einladung / Besuch im Ausland

Kombinationen - Personen und Sonstiges:
- Arbeit im Frühling
- Mutter / ältere Frau ist treu oder fleißig oder klammert oder abhängig oder will was festmachen = verankern
- Mit der Mutter / älteren Frau was festmachen = verankern oder ihr treu sein
- An der Mutter / älteren Frau klammern, nicht loslassen können, von ihr abhängig sein
- Ältere Frau von der Arbeit = Arbeitskollegin oder mit der Mutter Arbeit haben oder sich mit ihr beschäftigen

Blumenstrauß und Kreuz:

Kombinationen - für alle Bereiche:
- Schicksalhaftes oder wichtiges Geschenk / Einladung / Feier / Besuch / Freude / Zufriedenheit

Kreuz vor Blumenstrauß:
- Freude / Zufriedenheit / Einladungen / Feier / Besuch / Geschenke werden mehr oder an Wichtigkeit zunehmen

Kreuz hinter Blumenstrauß:
- Freude / Zufriedenheit / Einladungen / Feier / Besuch / Geschenke sind nicht so wichtig und werden weniger

Kreuz über Blumenstrauß:
- Das Thema „Freude / Zufriedenheit / Einladungen / Feier / Besuch / Geschenke" ist eine Lernaufgabe und Herausforderung. Wird oft als Krise erlebt und belastet bzw. bedrückt einen

Kombinationen - Personen und Sonstiges:
- Etwas Schicksalhaftes oder Wichtiges im Frühling
- Mutter / ältere Frau ist schicksalhaft oder wichtig

Kreuz vor Blumenstrauß:
- Wichtige Zeit im Frühling
- Mutter / ältere Frau nimmt sich wichtig oder wird wichtiger werden bzw. in den Vordergrund treten

Kreuz hinter Blumenstrauß:
- Unwichtige Zeit im Frühling oder im Frühling löst sich was auf
- Mutter / ältere Frau nimmt sich nicht wichtig genug oder wird unwichtiger werden bzw. verschwinden

Kreuz über Blumenstrauß:
- Das Thema „Mutter / ältere Frau" ist eine Lernaufgabe und Herausforderung. Wird oft als Krise erlebt und belastet bzw. bedrückt einen

Die Kombinationen mit der Sense:

Sense und Ruten:

Kombinationen - für alle Bereiche (auch vor, hinter und über):
- Warnung oder Vorsicht bei Gesprächen

Sense vor Ruten:
- Verletzende Gespräche = Streit

Sense hinter Ruten:
- Plötzlich Kommunikation / Gespräche

Sense über Ruten:
- Gespräche eventuell Streit belasten

Kombinationen - Personen und Sonstiges:
Allgemein (und auch noch bei Karte vor, hinter, über):
- Kommunikation mit dem 1. Sohn oder der 3. Tochter
- Warnung / Vorsicht vor der 1. Tochter oder dem 3. Sohn bzw. sollte sie / er vorsichtig sein
- 1. Sohn mit der 1. Tochter oder dem 3. Sohn
- 3. Tochter mit der 1. Tochter

Sense vor Ruten:
- 1. Tochter oder 3. Sohn ist verletzt oder man wird von ihr / ihm verletzt

Sense hinter Ruten:
- Plötzlich / Überraschend ist die 1. Tochter oder 3. Sohn da

Sense über Ruten:
- Die 1. Tochter oder 3. Sohn ist belastet oder bedrückt

Sense und Vögel:

Kombinationen - für alle Bereiche (auch vor, hinter und über):
- Warnung / Vorsicht vor Aufregung oder Sorgen
- Stressgefahr, vorsichtig sein

Sense vor Vögel:
- Verletzungsgefahr in der Hektik

Sense hinter Vögel:
- Plötzliche Aufregungen / Stress / Sorgen

Sense über Vögel:
- Aufregungen / Sorgen / Stress belastet

Kombinationen - Personen und Sonstiges:

Allgemein (und auch noch bei Karte vor, hinter, über):
- Aufregung / Stress / Sorgen mit dem 1. Sohn oder 3. Tochter
- Die Oma sollte vorsichtig sein

Sense vor Vögel:
- Die Oma sollte vorsichtig sein, sie könnte sich verletzen

Sense hinter Vögel:
- Plötzlich ist die Oma da

Sense über Vögel:
- Die Oma ist belastet oder bedrückt

Sense und Kind:

Kombinationen - für alle Bereiche (auch vor, hinter und über):
- Warnung / Vorsicht vor Neuanfang oder Kinderwunsch
- Vorsichtig sein und nur in kleinen Schritten vorwärtsgehen
- Auch bei Kleinigkeiten vorsichtig sein

Sense vor Kind:
- Verletzt über Kleinigkeiten oder dem Kinderwunsch
- Ein Neuanfang verletzt einen

Sense hinter Kind:
- Plötzlich ein Neuanfang oder Kinderwunsch

Sense über Kind:
- Belastungen beim Neuanfang oder durch Kinderwunsch

Kombinationen - Personen und Sonstiges:
Allgemein (und auch noch bei Karte vor, hinter, über):
- Vorsicht und aufpassen beim Kleinkind / Enkelkind
- 1. Sohn oder 3. Tochter ist noch klein oder jung oder naiv oder hat einen Neuanfang

Sense vor Kind:
- Kleinkind / Enkelkind könnte sich verletzen

Sense hinter Kind:
- Plötzlich ist das Kleinkind / Enkelkind da

Sense über Kind:
- Kleinkind / Enkelkind belastet einen

Sense und Fuchs:

Kombinationen - für alle Bereiche (auch vor, hinter und über):
- Warnung und Vorsicht, umgeben von Lügen und Intrigen

Sense vor Fuchs:
- Lügen / Intrigen / Verrat / Täuschungen verletzen
- Weil etwas falsch läuft, ist man verletzt oder Mobbing

Sense hinter Fuchs:
- Plötzlich läuft es falsch
- Plötzliche Lügen / Verrat / Intrigen / Täuschungen

Sense über Fuchs:
- Belastung durch Lügen oder Intrigen oder Verrat oder Betrug
- Es läuft falsch oder man täuscht sich und das belasten einen

Kombinationen - Personen und Sonstiges:
Allgemein (und auch noch bei Karte vor, hinter, über):
- 1. Sohn oder 3. Tochter ist falsch oder verlogen oder täuscht sich oder in seinem/ihrem Leben läuft gerade was falsch

Sense und Bär:

Kombinationen - für alle Bereiche (auch vor, hinter und über):
- Vorsicht mit den eigenen Kräften, nicht überschätzen
- Warnung vor alten Dingen

Sense vor Bär:
- Vergangenheit verletzt bzw. alte Dinge verletzen

Sense hinter Bär:
- Plötzlich mit was Altem oder Vergangenen zu tun
- Plötzlich muß man sich durchsetzen oder Stärke zeigen

Sense über Bär:
- Vergangenheit oder alte Dinge belasten
- Wenig Kraft durch Belastung

Kombinationen - Personen und Sonstiges:
Allgemein (und auch noch bei Karte vor, hinter, über):
- 1. Sohn oder 3. Tochter ist schon älter oder groß oder dick oder stark oder autoritär oder kann sich durchsetzen
- Warnung oder Vorsicht vor dem Anwalt / Notar / Makler / Chef / Autoritätsperson / Opa

Sense vor Bär:
- Verletzungen durch den Anwalt / Notar / Makler / Chef / Autoritätsperson / Opa

Sense hinter Bär:
- Plötzlich ist der Anwalt / Notar / Makler / Chef / Autoritätsperson / Opa da

Sense über Bär:
- Belastungen oder Bedrückung durch den Anwalt / Notar / Makler / Chef / Autoritätsperson / Opa

Sense und Sterne:

Kombinationen - für alle Bereiche (auch vor, hinter und über):
- Vorsichtig mit der Spiritualität
- Viel bzw. sehr vorsichtig sein

Sense vor Sterne:
- Verletzungsgefahr im Bereich der Esoterik
- Klarheit die einen verletzt

Sense hinter Sterne:
- Plötzlich Glück und Erfüllung oder plötzlich Klarheit

Sense über Sterne:
- Das Glück / Klarheit / Esoterik ist belastet
- Sich zuviel zumuten

Kombinationen - Personen und Sonstiges:
Allgemein (und auch noch bei Karte vor, hinter, über):
- 1. Sohn oder 3. Tochter ist spirituell oder glücklich oder man bekommt wegen ihm / ihr Klarheit

Sense und Störche:

Kombinationen - für alle Bereiche (auch vor, hinter und über):
- Veränderung birgt Gefahr
- Warnung / Vorsicht vor Veränderungen

Sense vor Störche:
- Verletzungsgefahr bei Veränderungen
- Eine Veränderung tut weh

Sense hinter Störche:
- Plötzliche Veränderung
- Plötzlich flexibel sein oder plötzlich seine Meinung ändern

Sense über Störche:
- Belastungen bei Veränderung oder Flexibilität

Kombinationen - Personen und Sonstiges:
Allgemein (und auch noch bei Karte vor, hinter, über):
- 1. Sohn oder 3. Tochter ist flexibel oder ändert oft die Meinung oder hat gerade Veränderungen
- Geliebte / herzliche Frau / ca. gleich alte Frau ist spontan oder gefährlich oder man sollte wegen ihr vorsichtig sein

Sense vor Störche:
- Geliebte / herzliche Frau / ca. gleich alte Frau ist verletzt oder gefährlich oder man sollte wegen ihr vorsichtig sein, denn sie könnte einen verletzen

Sense hinter Störche:
- Geliebte / herzliche Frau / ca. gleich alte Frau ist spontan oder plötzlich da

Sense über Störche:
- Geliebte / herzliche Frau / ca. gleich alte Frau ist belastet oder bedrückt

Sense und Hund:

Kombinationen - für alle Bereiche (auch vor, hinter und über):
- Warnung / Vorsicht beim Helfen oder Hilfe bekommen

Sense vor Hund:
- Verletzt werden bei Hilfe / Förderung
- Verletzung der Treue (also nicht treu)

Sense hinter Hund:
- Plötzliche Hilfe bekommen oder geben
- Plötzlich treu

Sense über Hund:
- Hilfe oder Treue ist belastet oder bedrückt einen

Kombinationen - Personen und Sonstiges:
Allgemein (und auch noch bei Karte vor, hinter, über):
- Warnung und Vorsicht im Freundeskreis
- 1. Sohn oder 3. Tochter ist freundschaftlich oder hilfsbereit oder treu oder bekommt Hilfe und Förderung

Sense vor Hund:
- Verletzungen im Freundeskreis

Sense hinter Hund:
- Plötzliche Freundschaft

Sense über Hund:
- Belastende Freundschaft

Sense und Turm:

Kombinationen - für alle Bereiche (auch vor, hinter und über):
- Warnung / Vorsicht mit Behörden oder bei Trennung
- Warnung vor Einsamkeit, nicht zurück ziehen

Sense vor Turm:
- Trennung oder Einsamkeit tut weh, sie verletzt
- Verletzungen durch Behörden
- Eine Trennung oder die Einsamkeit verletzt einen

Sense hinter Turm:
- Plötzlich Trennung oder mit Behörden zu tun
- Plötzlich allein sein oder sich einsam fühlen oder sich zurück ziehen

Sense über Turm:
- Trennung / Einsamkeit / Behörde belastet

Kombinationen - Personen und Sonstiges:
Allgemein (und auch noch bei Karte vor, hinter, über):
- 1. Sohn ist Einzelkind
- 1. Sohn oder 3. Tochter ist allein oder einsam oder grenzt sich ab oder getrennt

Sense und Park:

Kombinationen - für alle Bereiche (auch vor, hinter und über):
- Warnung und Vorsicht in der Öffentlichkeit, nicht alles zeigen

Sense vor Park:
- Verletzung durch viele Menschen oder Kundschaft
- Verletzungsgefahr in der Öffentlichkeit

Sense hinter Park:
- Plötzlich in der Öffentlichkeit oder Kundschaft haben
- Plötzlich mit vielen Leuten zu tun haben

Sense über Park:
- Öffentlichkeit / Gesellschaft / Kundschaft / das Umfeld / die Umwelt ist belastend

Kombinationen - Personen und Sonstiges:
Allgemein (und auch noch bei Karte vor, hinter, über):
- 1. Sohn oder 3. Tochter ist gesellig oder beliebt oder viel draußen an der frischen Luft

Sense und Berg:

Kombinationen - für alle Bereiche (auch vor, hinter und über):
- Warnung es kommen große Schwierigkeiten

Sense vor Berg:
- Blockaden tun weh (verletzen)

Sense hinter Berg:
- Plötzlich Blockaden / Hindernisse / Schwierigkeiten / Frust
- Plötzlich ist alles wie festgefahren

Sense über Berg:
- Blockaden belasten
- Schwierigkeiten / Hindernisse werden als Belastung empfunden

Kombinationen - Personen und Sonstiges:
Allgemein (und auch noch bei Karte vor, hinter, über):
- 1. Sohn oder 3. Tochter ist gehemmt / frustriert / blockiert / schwierig / ist von weiter weg = Entfernung

Sense und Wege:

Kombinationen - für alle Bereiche (auch vor, hinter und über):
- Warnung und Vorsicht bei Entscheidungen oder Wegen

Sense vor Wege:
- Schmerzhafte Entscheidung

Sense hinter Wege:
- Plötzlich Lösungen und Alternativen
- Plötzlich eine Entscheidung treffen

Sense über Wege:
- Eine belastende Entscheidung treffen
- Neue Wege zu gehen belastet
- Durch Belastung nach Lösungen suchen

Kombinationen - Personen und Sonstiges:
Allgemein (und auch noch bei Karte vor, hinter, über):
- 1. Sohn oder 3. Tochter muss sich entscheiden oder steht an einem Wendepunkt
- Entscheidung wegen oder für den 1. Sohn oder die 3. Tochter treffen
- Die Schwester oder eine jüngere Frau mit dem 1. Sohn oder der 3. Tochter

Sense vor Wege:
- Die Schwester oder eine jüngere Frau verletzt einen oder sie wird verletzt

Sense hinter Wege:
- Die Schwester oder eine jüngere Frau ist plötzlich da

Sense über Wege:
- Die Schwester oder eine jüngere Frau ist belastet oder bedrückt

Sense und Mäuse:

Kombinationen - für alle Bereiche (auch vor, hinter und über):
- Wegen Zweifel / Ängste ist man vorsichtig
- Warnung / Vorsicht vor Verlusten

Sense vor Mäuse:
- Ängste und Zweifel oder man fühlt sich verletzt

Sense hinter Mäuse:
- Plötzlich Sorgen / Zweifel / Ängste / Unzufriedenheit / Verluste

Sense über Mäuse:
- Sorgen / Zweifel / Ängste / Unzufriedenheit / Verluste belasten
- Belastung = Ängste und Zweifel

Kombinationen - Personen und Sonstiges:
Allgemein (und auch noch bei Karte vor, hinter, über):
- 1. Sohn oder 3. Tochter ist unzufrieden / ängstlich / zweifelt
- Man macht sich um den 1. Sohn oder die 3. Tochter Sorgen oder hat Angst um Sie

Sense und Herz:

Kombinationen - für alle Bereiche (auch vor, hinter und über):
- Warnung oder vorsichtig sein in der Liebe
- Vorsicht bei Hilfsbereitschaft

Sense vor Herz:
- Liebe verletzt / Eifersucht

Sense hinter Herz:
- Plötzlich Liebe / Liebe auf den ersten Blick

Sense über Herz:
- Belastungen in der Liebe

Kombinationen - Personen und Sonstiges:
Allgemein (und auch noch bei Karte vor, hinter, über):
- 1. Sohn oder 3. Tochter ist verliebt oder hilfsbereit
- Den 1. Sohn oder die 3. Tochter lieben oder ihm / ihr helfen
- 1. Sohn mit 2. Sohn oder 2. Tochter
- 3. Tochter mit 2. Tochter

Sense vor Herz:
- 2. Sohn oder 2. Tochter ist verletzt oder verletzt einen

Sense hinter Herz:
- 2. Sohn oder 2. Tochter ist plötzlich da

Sense über Herz:
- 2. Sohn oder 2. Tochter ist belastet oder bedrückt

Sense und Ring:

Kombinationen - für alle Bereiche (auch vor, hinter und über):
- Bei Vertrag und in der Beziehung vorsichtig sein
- Gefährdete Beziehung

Sense vor Ring:
- Verletzung innerhalb der Beziehung
- Schmerzhafter Vertrag

Sense hinter Ring:
- Plötzlich ein Vertrag oder eine Beziehung

Sense über Ring:
- Belastungen in der Beziehung
- Ein Vertrag belastet
- Sich im Kreis drehen

Kombinationen - Personen und Sonstiges:
Allgemein (und auch noch bei Karte vor, hinter, über):
- 1. Sohn oder 3. Tochter ist gebunden / verheiratet / dreht sich im Kreis
- Sich mit dem 1. Sohn oder der 3. Tochter verbunden oder ihm / ihr gegenüber verpflichtet fühlen

Sense und Buch:

Kombinationen - für alle Bereiche (auch vor, hinter und über):
- Geheimnis birgt Gefahren bzw. Warnung davor
- Vorsicht, etwas ist noch nicht spruchreif
- Warnung / Vorsicht bei Unbekanntem

Sense vor Buch:
- Verletzung ist noch nicht spruchreif oder durch Unbekanntes
- Verletzung beim Lernen bzw. in der Schule
- Schmerzhaftes Geheimnis

Sense hinter Buch:
- Plötzlich lernen und Wissen
- Plötzlich ein Geheimnis

Sense über Buch:
- Ein Geheimnis belastet
- Wissen / Lernen / Schule / Studium belastet
- Belastungen, weil etwas noch nicht spruchreif ist

Kombinationen - Personen und Sonstiges:
Allgemein (und auch noch bei Karte vor, hinter, über):
- 1. Sohn oder 3. Tochter lernt / in der Schule / im Studium / ist schweigsam / hat ein Geheimnis / ist etwas noch nicht spruchreif
- Geheimnisse mit dem 1. Sohn oder der 3. Tochter haben

Sense und Brief:

Kombinationen - für alle Bereiche (auch vor, hinter und über):
- Warnende Nachricht, vorsichtig sein
- Vorsicht bei Kontakten oder Schriftlichem
- Nur vorübergehend / kurzfristig vorsichtig sein

Sense vor Brief:
- Schmerzhafte Nachricht / Brief / SMS / E-Mail
- Verletzende Kommunikation / Kontakt
- Oberflächlichkeit verletzt einen

Sense hinter Brief:
- Plötzliche Nachricht / Kontakt / Oberflächlichkeit

Sense über Brief:
- Nachricht / Kontakt / Brief / SMS / E-Mail belastet
- Nur oberflächlich oder kurzfristig belastet

Kombinationen - Personen und Sonstiges:
Allgemein (und auch noch bei Karte vor, hinter, über):
- 1. Sohn oder 3. Tochter ist kommunikativ / oberflächlich
- Nachricht / Brief / SMS / E-Mail von oder an 1. Sohn oder 3. Tochter
- Kontakt mit dem 1. Sohn oder der 3. Tochter

Sense und Herr:

Hinweis:
Er ist eine männliche Hauptperson, der feste Partner, Ehemann, die fragende Person selbst oder aber einfach nur irgendein Mann.

Kombinationen - für alle Bereiche (auch vor, hinter und über):
- Er ist spontan
- Er ist jähzornig oder aggressiv oder brutal

Sense vor Herr:
- Er ist verletzend oder wird verletzt

Sense hinter Herr:
- Er ist spontan

Sense über Herr:
- Er ist belastet und bedrückt

Kombinationen - Personen und Sonstiges:
Allgemein (und auch noch bei Karte vor, hinter, über):
- 1. Sohn oder 3. Tochter mit dem Fragesteller / Partner der Mutter (die Fragestellerin) / einem Mann

Sense vor Herr:
- Fragesteller / Partner / ein Mann ist verletzt oder verletzt einen

Sense hinter Herr:
- Plötzlich ist der Partner oder ein Mann da

Sense über Herr:
- Fragesteller / Partner / ein Mann ist belastet bzw. bedrückt

Sense und Dame:

Hinweis:
Sie ist eine weibliche Hauptperson, die feste Partnerin, Ehefrau, die fragende Person selbst oder aber einfach nur irgendeine Frau.

Kombinationen - für alle Bereiche (auch vor, hinter und über):
- Sie ist spontan
- Sie ist jähzornig oder aggressiv oder brutal

Sense vor Dame:
- Sie ist verletzend oder wird verletzt

Sense hinter Dame:
- Sie ist spontan

Sense über Dame:
- Sie ist belastet und bedrückt

Kombinationen - Personen und Sonstiges:
Allgemein (und auch noch bei Karte vor, hinter, über):
- 1. Sohn oder 3. Tochter mit der Fragestellerin / Partnerin vom Vater (der Fragesteller) / einer Frau

Sense vor Dame:
- Fragestellerin / Partnerin / eine Frau ist verletzt oder verletzt einen

Sense hinter Dame:
- Plötzlich ist die Partnerin oder eine Frau da

Sense über Dame:
- Fragestellerin / Partnerin / eine Frau ist belastet bzw. bedrückt

Sense und Lilie:

Kombinationen - für alle Bereiche (auch vor, hinter und über):
- Warnung und Vorsicht beim Sex

Sense vor Lilie:
- Verletzender Sex = Vergewaltigung
- Die Harmonie / Ruhe / Frieden wird verletzt

Sense hinter Lilie:
- Spontaner Sex
- Plötzliche Harmonie / Frieden / Ruhe / Zufriedenheit

Sense über Lilie:
- Keine Harmonie / Ruhe (denn diese ist belastet)
- Sex wird als Belastung empfunden

Kombinationen - Personen und Sonstiges:
Allgemein (und auch noch bei Karte vor, hinter, über):
- Vorsichtig sein im Winter
- Warnung und Vorsicht innerhalb der Familie / vorm Vater / einem älteren Mann
- 1. Sohn oder 3. Tochter ist familiär / zufrieden / ruhig / friedlich / Harmonie bedürftig / sexuelle interessiert

Sense vor Lilie:
- Verletzung innerhalb der Familie
- Ein Familienmitglied / der Vater / ein älterer Mann verletzt sich

Sense hinter Lilie:
- Plötzlich eine Familie
- Plötzlich ist der Vater / ein älterer Mann / Familie da

Sense über Lilie:
- Familie / Vater / ein älterer Mann ist belastet oder wird als Belastung empfunden

Sense und Sonne:

Kombinationen - für alle Bereiche (auch vor, hinter und über):
- Warnung vor zu viel Kraft
- Vorsichtig sein mit den Energien

Sense vor Sonne:
- Verletzende Kraft = schlagen
- Verletzung durch Wärme oder Energie z. B. Explosionsgefahr oder Verbrennungsgefahr

Sense hinter Sonne:
- Plötzlich Energie / Kraft / Kreativität / Positiv

Sense über Sonne:
- Energie und Kraft werden belastet bzw. weniger Kraft haben

Kombinationen - Personen und Sonstiges:
Allgemein (und auch noch bei Karte vor, hinter, über):
- Vorsicht im Sommer
- 1. Sohn oder 3. Tochter ist positiv / sonniges Gemüt / hat Energie / kreativ
- Mit dem 1. Sohn oder der 3. Tochter geht es gut aus bzw. ist es positiv

Sense vor Sonne:
- Verletzungen im Sommer

Sense hinter Sonne:
- Plötzliche Ereignisse im Sommer

Sense über Sonne:
- Belastungen im Sommer

Sense und Mond:

Kombinationen - für alle Bereiche (auch vor, hinter und über):
- Suizidgefahr oder man fühlt sich nicht wohl
- Warnung Gefühlsausbrüche

Sense vor Mond:
- Verletzte Gefühle

Sense hinter Mond:
- Plötzlich Erfolg / Anerkennung / Gefühle

Sense über Mond:
- Belastungen durch Erfolg / Anerkennung
- Gefühle sind belastet

Kombinationen - Personen und Sonstiges:
Allgemein (und auch noch bei Karte vor, hinter, über):
- 1. Sohn oder 3. Tochter ist erfolgreich / gefühlvoll
- Von dem 1. Sohn oder der 3. Tochter Anerkennung bekommen oder tiefe Gefühle für ihn / sie haben

Sense und Schlüssel:

Kombinationen - für alle Bereiche (auch vor, hinter und über):
- Sicherheit ist in Gefahr
- Mit Sicherheit eine Warnung
- Vorsicht beim Erfolg bzw. Erfolg birgt auch Gefahren

Sense vor Schlüssel:
- Verletzung der Sicherheit oder Verletzung durch Erfolg

Sense hinter Schlüssel:
- Plötzliche Sicherheit / Erfolg

Sense über Schlüssel:
- Mit Sicherheit Belastungen
- Belastung durch Erfolg
- Das Thema "Sicherheit" oder "Zuversicht" ist belastet

Kombinationen - Personen und Sonstiges:
Allgemein (und auch noch bei Karte vor, hinter, über):
- 1. Sohn oder 3. Tochter ist zuversichtlich / erfolgreich
- Mit Sicherheit einen Sohn oder eine dritte Tochter haben

Sense und Fische:

Kombinationen - für alle Bereiche (auch vor, hinter und über):
- Vorsicht und Warnung vor Sucht oder dass sich etwas vertieft
- Vorsichtig mit dem Geld umgehen

Sense vor Fische:
- Verletzte Seele
- Geldsituation tut weh (verletzt einen)

Sense hinter Fische:
- Plötzliche Sucht oder plötzlich vertieft sich etwas
- Plötzlich Geld

Sense über Fische:
- Seele ist belastet = sehr bedrückt
- Belastungen durch Geld = Kredite bzw. Schulden
- Belastung durch eine Sucht

Kombinationen - Personen und Sonstiges:
Allgemein (und auch noch bei Karte vor, hinter, über):
- Warnung und Vorsicht vorm Bruder / einen jüngeren Mann
- Geld für den 1. Sohn oder die 3. Tochter
- Es vertieft sich etwas zum 1. Sohn oder der 3. Tochter
- Der 1. Sohn oder die 3. Tochter ist materiell eingestellt / sehr tiefgründig / seelisch / süchtig

Sense vor Fische:
- Der Bruder / ein jüngerer Mann verletzt sich oder verletzt einen

Sense hinter Fische:
- Plötzlich ist der Bruder / ein jüngerer Mann da

Sense über Fische:
- Der Bruder / ein jüngerer Mann ist belastet oder wird als Belastung empfunden

Sense und Anker:

Kombinationen - für alle Bereiche (auch vor, hinter und über):
- Gefahr bei der Arbeit / Beschäftigung / Hobby
- Auf der Arbeit / beim Hobby vorsichtig sein
- Warnung und Vorsicht im Ausland
- Warnung und Vorsicht beim Thema "Treue" oder "etwas festmachen = verankern" oder "vorm klammern" oder "sich nicht abhängig machen"

Sense vor Anker:
- Verletzungsgefahr auf der Arbeit / beim Hobby
- Verletzende Arbeit = Mobbing
- Die Treue wird verletzt = nicht treu
- Verletzung durch klammern oder Abhängigkeiten
- Verletzungsgefahr im Ausland

Sense hinter Anker:
- Plötzlich Arbeit bekommen
- Plötzliche Ereignisse auf der Arbeit
- Plötzlich treu oder etwas festmachen = verankern
- Plötzlich / spontan / überraschend ins Ausland

Sense über Anker:
- Belastungen durch die Arbeit
- Ausland belastet einen

Kombinationen - Personen und Sonstiges:
Allgemein (und auch noch bei Karte vor, hinter, über):
- Der 1. Sohn oder die 3. Tochter ist fleißig / hat Arbeit / ist treu / klammert / ist abhängig
- Abhängig sein oder klammern an den 1. Sohn oder die 3. Tochter
- Arbeit / Beschäftigung mit dem 1. Sohn oder der 3. Tochter haben

Sense und Kreuz:

Kombinationen - für alle Bereiche (auch vor, hinter und über):
- Gefahren sind karmisch bestimmt
- Es ist wichtig vorsichtig zu sein

Kreuz vor Sense bzw. Sense hinter Kreuz:
- Plötzliche wichtige Ereignisse
- Plötzliche Prüfungen / Krisen / Herausforderungen
- Noch intensiver vorsichtig sein, ist jetzt besonders wichtig

Kreuz hinter Sense bzw. Sense vor Kreuz:
- Warnung und Vorsicht nehmen langsam an Wichtigkeit ab und lösen sich auf
- Verletzung ist schicksalhaft

Kreuz über Sense:
- Verletzungen belasten einen
- Warnung / Vorsicht / Gefahr ist bedrückend
- Das Thema „Warnung / Vorsicht / Gefahr" ist eine Lernaufgabe und Herausforderung. Wird oft als Krise erlebt und belastet bzw. bedrückt einen

Sense über Kreuz:
- Das Schicksal belastet einen oder schweres Karma

Kombinationen - Personen und Sonstiges:
Allgemein (und auch noch bei Karte vor, hinter, über):
- Der 1. Sohn oder die 3. Tochter ist schicksalhaft oder wichtig

Kreuz vor Sense:
- Der 1. Sohn oder die 3. Tochter nimmt sich sehr wichtig
- Den 1. Sohn oder die 3. Tochter sollte man wichtiger nehmen

Kreuz hinter Sense:
- Der 1. Sohn oder die 3. Tochter nimmt sich nicht wichtig genug
- Den 1. Sohn oder die 3. Tochter nicht mehr als das Wichtigste ansehen und sie weniger wichtig nehmen

Kreuz über Sense:
- Der 1. Sohn oder die 3. Tochter ist belastet bzw. bedrückt
- Das Thema „1. Sohn oder 3. Tochter" ist eine Lernaufgabe und Herausforderung. Wird oft als Krise erlebt und belastet bzw. bedrückt einen

Die Kombinationen mit den Ruten:

Ruten und Vögel:

Kombinationen - für alle Bereiche:
- Gespräch über Sorgen
- Hektische Gespräche
- Gespräch sorgt für Aufregungen
- 2 Gespräche

Kombinationen - Personen und Sonstiges:
- Gespräche mit der Oma oder 2 Omas
- Die Oma ist sehr kommunikativ oder streitsüchtig
- Die 1. Tochter oder der 3. Sohn ist nervös / hektisch / aufgeregt
- Stress / Sorgen / Aufregungen mit der 1. Tochter oder dem 3. Sohn haben

Ruten und Kind:

Kombinationen - für alle Bereiche:
- Kindliche oder naive Gespräche
- Gespräche über Neuanfang oder Kinderwunsch

Kombinationen - Personen und Sonstiges:
- Gespräche über ein Kleinkind
- 2 Kleinkinder oder 2 Enkelkinder
- Die 1. Tochter oder der 3. Sohn hat ein Kind / Kinderwunsch / Neuanfang
- Einen Neuanfang mit der 1. Tochter oder dem 3. Sohn machen

Ruten und Fuchs:

Kombinationen - für alle Bereiche:
- Falscher Ansprechpartner
- Falsche Gespräche / Lügen
- 2 Täuschungen oder zweifacher Betrug

Kombinationen - Personen und Sonstiges:
- Die 1. Tochter oder der 3. Sohn ist falsch / verlogen / täuscht sich oder in ihrem bzw. seinen Leben läuft gerade was falsch
- Man täuscht sich in der 1. Tochter oder dem 3. Sohn oder mit ihnen läuft es falsch, ist gerade nicht der richtige Zeitpunkt

Ruten und Bär:

Kombinationen - für alle Bereiche:
- Gespräche über Vergangenheit oder etwas Altes
- Sich in Gesprächen durchsetzten oder autoritär sein

Kombinationen - Personen und Sonstiges:
- Rechtsanwalt / Notar
- 1. Tochter oder 3. Sohn ist schon älter oder groß oder dick oder stark oder autoritär oder kann sich durchsetzen
- Gespräche mit dem Anwalt / Notar / Makler / Chef / Autoritätsperson / Opa
- 2 Anwälte / Notare / Makler / Chefs / Autoritätspersonen / Opas

Ruten und Sterne:

Kombinationen - für alle Bereiche:
- Klärende Gespräche führen
- Spirituelle Kommunikation
- Glück durch Gespräch oder viele Gespräche

Kombinationen - Personen und Sonstiges:
- 1. Tochter oder 3. Sohn ist spirituell / offen / musisch
- Klarheit mit der 1. Tochter oder dem 3. Sohn bekommen
- Glücklich mit der 1. Tochter oder dem 3. Sohn

Ruten und Störche:

Kombinationen - für alle Bereiche:
- Gespräch über Veränderung oder Flexibilität
- 2 Veränderungen
- Kommunikation ändert sich

Kombinationen - Personen und Sonstiges:
- 1. Tochter oder 3. Sohn ist flexibel / ändert oft die Meinung / verändert sich
- Veränderungen mit der 1. Tochter oder dem 3. Sohn
- Geliebte oder ca. gleich alte oder herzliche Frau ist kommunikativ oder streitsüchtig
- Gespräche mit der Geliebten oder einer ca. gleich alten oder herzlichen Frau
- 2 Geliebte oder 2 ca. gleich alte oder herzliche Frauen

Ruten und Hund:

Kombinationen - für alle Bereiche:
- Gespräche über Treue oder Vertrauen
- Helfende Gespräche

Kombinationen - Personen und Sonstiges:
- 2 Freunde
- Gespräche über Freundschaft
- Kommunikation mit Freunden
- 1. Tochter oder 3. Sohn ist treu / hilfsbereit
- Hilfe / Unterstützung für die 1. Tochter oder den 3. Sohn

Ruten und Turm:

Kombinationen - für alle Bereiche:
- Behördengespräche
- Ärger mit einer Behörde
- Gericht / Prozess
- Gespräch über Trennung / Rückzug
- Mit sich selber reden

Kombinationen - Personen und Sonstiges:
- 1. Tochter ist Einzelkind
- 1. Tochter oder 3. Sohn ist einsam / grenzt sich ab / egoistisch
- Trennung / Rückzug von der 1. Tochter oder dem 3. Sohn
- 1. Tochter oder 3. Sohn in einer Behörde / Schule / Internat

Ruten und Park:

Kombinationen - für alle Bereiche:
- Vortrag / Rede / Theater
- Öffentliche Gespräche

Kombinationen - Personen und Sonstiges:
- Gespräche in Gesellschaft bzw. mit vielen Leuten
- Kundengespräche
- 1. Tochter oder 3. Sohn ist gesellig / beliebt / viel draußen / in der Öffentlichkeit

Ruten und Berg:

Kombinationen - für alle Bereiche:
- Gespräche werden abgeblockt
- Schwierige oder anstrengende Gespräche
- Gespräche über die Entfernung (weiter weg)
- Kommunikation frustriert oder man ist dabei gehemmt
- 2 Hindernisse / Blockaden

Kombinationen - Personen und Sonstiges:
- 1. Tochter oder 3. Sohn ist blockiert / frustriert / gehemmt / schwierig / weiter weg (Entfernung)
- Schwierigkeiten / Frust / Blockaden mit der 1. Tochter oder dem 3. Sohn

Ruten und Wege:

Kombinationen - für alle Bereiche:
- Entscheidendes Gespräch
- 2 Entscheidungen
- Gespräch über Wege, Alternativen und Lösungen

Kombinationen - Personen und Sonstiges:
- 1. Tochter oder 3. Sohn muß sich entscheiden oder nach Lösungen suchen
- Entscheidung wegen oder betrifft 1. Tochter oder den 3. Sohn
- Die Schwester / eine jüngere Frau mit der 1. Tochter oder dem 3. Sohn
- Die Schwester / eine jüngere Frau ist kommunikativ oder streitsüchtig
- Gespräche mit der Schwester / einer jüngeren Frau
- 2 Schwestern oder 2 jüngere Frauen

Ruten und Mäuse:

Kombinationen - für alle Bereiche:
- Kommunikation oder Ärger wird beendet
- Verlustgespräche
- Gespräche über Sorgen / Ängste / Zweifel / Unzufriedenheit
- Negative Gespräche oder auch Streit

Kombinationen - Personen und Sonstiges:
- 1. Tochter oder 3. Sohn ist unzufrieden / zweifelt / ängstlich / sorgenvoll
- Sorgen / Ängste / Zweifel / Unzufriedenheit wegen der 1. Tochter oder dem 3. Sohn

Ruten und Herz:

Kombinationen - für alle Bereiche:
- Liebevolle Gespräche
- Kommunikation in der Liebe / Flirt
- 2-mal verliebt (= 2 Lieben haben)

Kombinationen - Personen und Sonstiges:
- 1. Tochter oder 3. Sohn ist verliebt oder hilfsbereit
- Die 1. Tochter oder den 3. Sohn lieben oder ihr / ihm helfen

- 1. Tochter mit 2. Sohn oder 2. Tochter
- 3. Sohn mit 2. Sohn

Ruten und Ring:

Kombinationen - für alle Bereiche:
- Vertragsverhandlungen
- Gespräche über Bindungen / Verpflichtungen / Beziehung
- Sich in Gesprächen wiederholen bzw. im Kreis drehen

Kombinationen - Personen und Sonstiges:
- 1. Tochter oder 3. Sohn ist gebunden / verheiratet / dreht sich im Kreis
- Sich mit der 1. Tochter oder dem 3. Sohn verbunden oder ihr / ihm gegenüber verpflichtet fühlen

Ruten und Buch:

Kombinationen - für alle Bereiche:
- Über ein Geheimnis sprechen
- Wissen preisgeben
- Vortrag
- 2 Geheimnisse
- Gespräche über das Lernen / Schule / Studium
- Kommunikation ist noch nicht spruchreif
- Kommunikation findet im Geheimen statt

Kombinationen - Personen und Sonstiges:
- 1. Tochter oder 3. Sohn lernt / in der Schule / im Studium / ist schweigsam / hat ein Geheimnis / ist etwas noch nicht spruchreif
- Geheimnisse mit der 1. Tochter oder dem 3. Sohn haben

Ruten und Brief:

Kombinationen - für alle Bereiche:
- SMS oder E-Mail
- 2 Nachrichten / E-Mails / SMS / Briefe / Kontakte
- Vorübergehende oder nur oberflächliche Kommunikation
- Gespräche bei oder über einen Kontakt

Kombinationen - Personen und Sonstiges:
- 1. Tochter oder 3. Sohn ist kommunikativ / oberflächlich
- Nachricht / Brief / SMS / E-Mail von oder an 1. Tochter oder 3. Sohn
- Kontakt mit der 1. Tochter oder dem 3. Sohn

Ruten und Herr:

Hinweis:
Er ist eine männliche Hauptperson, der feste Partner, Ehemann, die fragende Person selbst oder aber einfach nur irgendein Mann.

Kombinationen - für alle Bereiche:
- Er ist kommunikativ bzw. redegewandt

Kombinationen - Personen und Sonstiges:
- 1. Tochter oder 3. Sohn mit dem Fragesteller / Partner der Mutter (die Fragestellerin) / einem Mann

Ruten und Dame:

Hinweis:
Sie ist eine weibliche Hauptperson, die feste Partnerin, Ehefrau, die fragende Person selbst oder aber einfach nur irgendeine Frau.

Kombinationen - für alle Bereiche:
- Sie ist kommunikativ bzw. redegewandt

Kombinationen - Personen und Sonstiges:
- 1. Tochter oder 3. Sohn mit der Fragestellerin / Partnerin vom Vater (dem Fragesteller) / einer Frau

Ruten und Lilie:

Kombinationen - für alle Bereiche:
- Gespräche über Sex / Harmonie / Ruhe / Frieden

Kombinationen - Personen und Sonstiges:
- Gespräche mit der Familie / dem Vater / einem älteren Mann

- 2 Väter oder 2 ältere Männer
- Gespräche im Winter
- 1. Tochter oder 3. Sohn ist familiär / zufrieden / ruhig / friedlich / Harmonie bedürftig / sexuelle interessiert

Ruten und Sonne:

Kombinationen - für alle Bereiche:
- Positive oder kreative Gespräche
- Gespräche geben Kraft und Energie

Kombinationen - Personen und Sonstiges:
- Gespräche im Sommer
- 1. Tochter oder 3. Sohn ist positiv / sonniges Gemüt / hat Energie / kreativ
- Mit der 1. Tochter oder dem 3. Sohn geht es gut aus bzw. ist es positiv

Ruten und Mond:

Kombinationen - für alle Bereiche:
- Erfolgreiche Gespräche
- Anerkennung im Gespräch
- Über Gefühle sprechen

Kombinationen - Personen und Sonstiges:
- 1. Tochter oder 3. Sohn ist erfolgreich / gefühlvoll
- Von der 1. Tochter oder dem 3. Sohn Anerkennung bekommen oder tiefe Gefühle für sie / ihn haben

Ruten und Schlüssel:

Kombinationen - für alle Bereiche:
- Mit Sicherheit Gespräche bzw. Kommunikation
- Zweifach sicher
- Gespräche über Sicherheiten
- Erfolgreiche Gespräche

Kombinationen - Personen und Sonstiges:
- 1. Tochter oder 3. Sohn ist zuversichtlich / erfolgreich
- Mit Sicherheit eine Tochter oder einen dritten Sohn haben

Ruten und Fische:

Kombinationen - für alle Bereiche:
- Tiefgehende Gespräche oder welche die Seele berühren
- Gespräche über Sucht
- Gespräche übers Geld / die Finanzen / den Besitz

Kombinationen - Personen und Sonstiges:
- Gespräche mit dem Bruder / einen jüngeren Mann
- Geld für die 1. Tochter oder den 3. Sohn
- Es vertieft sich etwas zur 1. Tochter oder dem 3. Sohn
- Die 1. Tochter oder der 3. Sohn ist materiell eingestellt / sehr tiefgründig / seelisch / süchtig

Ruten und Anker:

Kombinationen - für alle Bereiche:
- Berufliche Gespräche / Verhandlungen
- 2 Berufe oder Schichtdienst
- Kommunikative Arbeit
- Kommunikation im oder mit dem Ausland

Kombinationen - Personen und Sonstiges:
- Die 1. Tochter oder der 3. Sohn ist fleißig / hat Arbeit / ist treu / klammert / ist abhängig
- Abhängig sein oder klammern an die 1. Tochter oder den 3. Sohn
- Arbeit / Beschäftigung mit der 1. Tochter oder dem 3. Sohn haben

Ruten und Kreuz:

Kombinationen - für alle Bereiche (auch vor, hinter und über):
- Schicksalhafte Gespräche bzw. Verhandlungen
- Wichtige Gespräche

Kreuz vor Ruten:
- Intensive Verhandlungen / Kommunikation

Kreuz hinter Ruten:
- Gespräche oder Kommunikation wird weniger bzw. ist nicht mehr so wichtig

Kreuz über Ruten:
- Das Thema „Gespräche / Kommunikation / Streit" ist eine Lernaufgabe und Herausforderung. Wird oft als Krise erlebt und belastet bzw. bedrückt einen

Kombinationen - Personen und Sonstiges:
Allgemein (und auch noch bei Karte vor, hinter, über):
- Die 1. Tochter oder der 3. Sohn ist schicksalhaft oder wichtig

Kreuz vor Ruten:
- Die 1. Tochter oder der 3. Sohn nimmt sich sehr wichtig
- Die 1. Tochter oder der 3. Sohn sollte man wichtiger nehmen

Kreuz hinter Ruten:
- Die 1. Tochter oder der 3. Sohn nimmt sich nicht wichtig genug
- Die 1. Tochter oder der 3. Sohn nicht mehr als das Wichtigste ansehen und sie weniger wichtig nehmen

Kreuz über Ruten:
- Die 1. Tochter oder der 3. Sohn ist belastet bzw. bedrückt
- Das Thema „1. Tochter oder 3. Sohn" ist eine Lernaufgabe und Herausforderung. Wird oft als Krise erlebt und belastet bzw. bedrückt einen

Die Kombinationen mit den Vögeln:

Vögel und Kind:

Kombinationen - für alle Bereiche:
- Sorgen um Bagatellen = Kleinigkeiten
- Sorgen / Aufregungen / Stress wegen Neuanfang oder Kinderwunsch

Kombinationen - Personen und Sonstiges:
- Sorgen / Aufregungen / Stress wegen oder um ein Kleinkind
- 2 Kleinkinder oder 2 Enkelkinder
- Die Oma hat einen Neuanfang oder ist naiv oder klein oder ist noch jung

Vögel und Fuchs:

Kombinationen - für alle Bereiche:
- Sorgen / Aufregungen / Stress wegen Lügen und Falschheit
- Falsche Aufregungen / unnötige Sorgen

Kombinationen - Personen und Sonstiges:
- Mit der Oma läuft was falsch
- Die Oma lügt oder mit ihr läuft was falsch oder in ihrem Leben läuft was falsch

Vögel und Bär:

Kombinationen - für alle Bereiche:
- Sorgen / Aufregungen / Stress kosten Kraft
- Sorgen / Aufregungen / Stress wegen etwas Altem oder der Vergangenheit
- Große Sorgen / Aufregungen / Stress

Kombinationen - Personen und Sonstiges:
- Die Oma ist groß oder dick oder stark oder autoritär
- Sich gegen die Oma durchsetzen
- Aufregung / Stress / Sorgen mit dem Anwalt / Notar / Chef / Makler / Autoritätsperson / Opa
- Opa und Oma
- 2 Anwälte / Notare / Chefs / Makler / Autoritätspersonen / Opas

Vögel und Sterne:

Kombinationen - für alle Bereiche:
- Viel Stress und Hektik
- Glück verursacht positive Aufregungen
- Klarheit verursacht Aufregungen

Kombinationen - Personen und Sonstiges:
- Oma ist oder macht glücklich oder wegen ihr Klarheit bekommen
- Spirituelle Oma

Vögel und Störche:

Kombinationen - für alle Bereiche:
- Aufregungen oder Stress oder Sorgen durch oder bei einer Veränderung

Kombinationen - Personen und Sonstiges:
- Die Oma ist flexibel oder ändert ihre Meinung oder hat Veränderungen
- Geliebte / herzliche Frau / ca. gleich alte Frau ist aufgeregt / sorgenvoll / gestresst
- Aufregung / Stress / Sorgen mit der Geliebten / herzlichen Frau / ca. gleich alten Frau

Vögel und Hund:

Kombinationen - für alle Bereiche:
- Hilfe beim Stress / Aufregungen / Sorgen
- Vertrauen haben trotz Aufregung / Stress / Sorgen
- 2x Unterstützung / Förderung / Hilfe bekommen

Kombinationen - Personen und Sonstiges:
- 2 Freunde oder 2 Freundschaften
- Aufregung / Stress / Sorgen im Freundeskreis
- Oma ist treu oder hilfsbereit

Vögel und Turm:

Kombinationen - für alle Bereiche:
- Sorgen / Aufregungen / Stress mit Behörde
- Aufregungen / Sorgen / Stress wegen Trennung
- Allein sein macht Sorgen
- Von den Aufregungen / Stress zurück ziehen

Kombinationen - Personen und Sonstiges:
- Trennung / Rückzug von der Oma
- Oma ist einsam oder allein oder zurück gezogen bzw. isoliert sich

Vögel und Park:

Kombinationen - für alle Bereiche:
- Aufregung in aller Öffentlichkeit
- Öffentlichkeit sorgt für Stress / Sorgen

Kombinationen - Personen und Sonstiges:
- Über die Gesellschaft / viele Leute / Kundschaft aufregen
- Oma aus bzw. in der Öffentlichkeit
- Oma ist gesellig oder viel draußen

Vögel und Berg:

Kombinationen - für alle Bereiche:
- Blockade macht schwer zu schaffen
- Doppelte Blockaden
- Aufregungen / Sorgen / Stress wegen Schwierigkeiten

Kombinationen - Personen und Sonstiges:
- Oma ist blockiert / frustriert / gehemmt / schwirig
- Blockaden / Schwierigkeiten / Frust mit oder wegen der Oma

Vögel und Wege:

Kombinationen - für alle Bereiche:
- Entscheidung sorgt für Aufregungen
- Stress wegen Entscheidung
- 2 Entscheidungen treffen

Kombinationen - Personen und Sonstiges:
- Die Schwester / eine jüngere Frau ist aufgeregt / sorgenvoll / gestresst
- Aufregungen / Stress / Sorgen mit oder wegen der Schwester / einer jüngeren Frau
- 2 Schwestern oder 2 jüngere Frauen
- Entscheidungen, welche die Oma betreffen

Vögel und Mäuse:

Kombinationen - für alle Bereiche:
- Verlust von Stress und Sorgen = wieder Ruhe und alles OK
- Aufregung oder Stress wegen Verlust / Unzufriedenheit / Verzögerungen / Zweifel / Ängste / Sorgen
- Aufregungen reduzieren sich, werden weniger

Kombinationen - Personen und Sonstiges:
- Unzufriedenheit / Verzögerungen / Zweifel / Ängste / Sorgen mit oder wegen der Oma
- Die Oma ist unzufrieden / sorgenvoll / zweifelt / ängstlich

Vögel und Herz:

Kombinationen - für alle Bereiche:
- Aufregungen / Sorgen / Stress in der Liebe
- Hilfe bei Aufregungen / Sorgen / Stress bekommen
- Zweifach verliebt

Kombinationen - Personen und Sonstiges:
- Die Oma ist herzlich / hilfsbereit / verliebt
- Die Oma lieben oder sie hilft einem
- Der 2. Sohn oder die 2. Tochter ist aufgeregt / sorgenvoll / gestresst
- Aufregungen / Sorgen / Stress mit oder wegen dem 2. Sohn oder der 2. Tochter

Vögel und Ring:

Kombinationen - für alle Bereiche:
- Sich wegen Aufregungen / Sorgen / Stress im Kreis drehen
- Sich wiederholende Aufregungen / Sorgen / Stress
- Aufregungen / Sorgen / Stress in der Beziehung / Ehe / Verbindung / Vertrag / Verpflichtung
- 2 Beziehungen / 2 Verbindungen / 2 Verträge / 2 Verpflichtungen

Kombinationen - Personen und Sonstiges:
- Die Oma ist gebunden oder verheiratet oder hat Verpflichtungen oder dreht sich im Kreis
- Verpflichtung / Verbindung an bzw. mit der Oma

Vögel und Buch:

Kombinationen - für alle Bereiche:
- Aufregungen / Sorgen / Stress wegen einem Geheimnis
- Aufregungen / Sorgen / Stress mit dem Lernen oder in der Schule oder beim Studium
- Unbekanntes oder noch nicht spruchreifes macht einem Aufregungen / Sorgen / Stress

Kombinationen - Personen und Sonstiges:
- Die Oma ist belesen bzw. intelligent oder hat ein Geheimnis
- Geheimnis wegen oder vor der Oma haben

Vögel und Brief:

Kombinationen - für alle Bereiche:
- 2 Nachrichten / 2 E-Mails / 2 SMS / 2 Briefe / 2 Kontakte
- Kurzfristige oder nur oberflächliche Aufregungen / Sorgen / Stress

Kombinationen - Personen und Sonstiges:
- Die Oma ist kommunikativ / oberflächlich
- Nachricht / Brief / SMS / E-Mail von oder an die Oma
- Kontakt mit der Oma

Vögel und Herr:

Hinweis:
Er ist eine männliche Hauptperson, der feste Partner, Ehemann, die fragende Person selbst oder aber einfach nur irgendein Mann.

Kombinationen - für alle Bereiche:
- Er ist stressig bzw. hektisch
- Er ist aufgeregt / sorgenvoll / nervös

Kombinationen - Personen und Sonstiges:
- 2 Männer oder 2 Hauptpersonen
- Aufregungen / Sorgen / Stress mit oder wegen einem Mann oder dem Partner haben

Vögel und Dame:

Hinweis:
Sie ist eine weibliche Hauptperson, die feste Partnerin, Ehefrau, die fragende Person selbst oder aber einfach nur irgendeine Frau.

Kombinationen - für alle Bereiche:
- Sie ist stressig bzw. hektisch
- Sie ist aufgeregt / sorgenvoll / nervös

Kombinationen - Personen und Sonstiges:
- 2 Frauen oder 2 Hauptpersonen
- Aufregungen / Sorgen / Stress mit oder wegen einer Frau oder der Partnerin haben

Vögel und Lilie:

Kombinationen - für alle Bereiche:
- Aufregenden Sex
- Wegen Aufregungen / Sorgen / Stress ist die Ruhe und Harmonie gerade gestört

Kombinationen - Personen und Sonstiges:
- Aufregungen / Sorgen / Stress in oder wegen der Familie
- Aufregungen / Sorgen / Stress mit oder wegen dem Vater oder einem älteren Mann
- 2 ältere Männer oder 2 Väter
- Ein Familienmitglied = die Oma
- Die Oma ist zufrieden / ruhig / friedlich / harmonisch / familiär
- Aufregungen / Sorgen / Stress im Winter

Vögel und Sonne:

Kombinationen - für alle Bereiche:
- Positive Aufregung
- Trotz Stress viel Energie
- Aufregungen / Sorgen / Stress gehen gut aus, wird positiv

Kombinationen - Personen und Sonstiges:
- Aufregungen / Sorgen / Stress im Sommer

- Die Oma ist positiv oder schön oder kreativ oder hat viel Energie oder ist sonnig oder strahlt Wärme und Anziehungskraft aus
- Schönes und Positives mit der Oma

Vögel und Mond:

Kombinationen - für alle Bereiche:
- Zweimal Erfolg / Anerkennung
- Aufregungen / Sorgen / Stress wegen Erfolg oder Anerkennung oder Gefühle

Kombinationen - Personen und Sonstiges:
- Die Oma ist erfolgreich oder gefühlvoll
- Gefühle / Anerkennung / Erfolg für oder von oder mit der Oma

Vögel und Schlüssel:

Kombinationen - für alle Bereiche:
- Mit Sicherheit Aufregungen / Stress / Sorgen
- Aufregungen / Stress / Sorgen durch Erfolg
- Zweifach sicher oder 2x Erfolg
- Zuversichtlich sein trotz Aufregungen / Stress / Sorgen

Kombinationen - Personen und Sonstiges:
- Die Oma ist zuversichtlich / zuverlässig / mit Sicherheit da
- Zuversichtlich sein, was die Oma betrifft

Vögel und Fische:

Kombinationen - für alle Bereiche:
- Seele ist in Aufregung
- Aufregungen / Stress / Sorgen wegen einer Sucht
- Aufregungen / Stress / Sorgen um die Finanzen oder den Besitz
- Tiefgehende bzw. sich noch vertiefende Aufregungen / Stress / Sorgen

Kombinationen - Personen und Sonstiges:
- Die Oma ist materiell eingestellt oder süchtig (z. B. Alkohol)
- Geld / Besitz für oder von der Oma
- Mit der Oma vertieft sich was, es wird inniger

- Bruder / jüngerer Mann ist aufgeregt / sorgenvoll / gestresst
- Aufregungen / Stress / Sorgen mit oder wegen dem Bruder oder jüngeren Mann
- Die Oma mit dem Bruder oder einem jüngeren Mann
- 2 Brüder oder 2 jüngere Männer

Vögel und Anker:

Kombinationen - für alle Bereiche:
- 2 Arbeitsstellen / 2 Hobbys / 2 Beschäftigungen
- Aufregungen / Stress / Sorgen in oder wegen der Arbeit
- Aufregungen / Stress / Sorgen im Ausland
- Aufregungen / Stress / Sorgen festigen sich = verankern sich

Kombinationen - Personen und Sonstiges:
- Die Oma ist treu oder fleißig oder klammert oder abhängig oder will was festmachen = verankern
- Mit der Oma was festmachen = verankern oder ihr treu sein
- An der Oma klammern, nicht loslassen können, von ihr abhängig sein
- Mit der Oma Arbeit haben oder sich mit ihr beschäftigen

Vögel und Kreuz:

Kombinationen - für alle Bereiche:
- Schicksalhafte Sorgen / Stress / Aufregungen
- Es ist wichtig, dass man diese Sorgen / Aufregungen / Stress hat

Kreuz vor Vögel:
- Noch mehr bzw. größere Sorgen / Aufregungen
- Stress nimmt zu

Kreuz hinter Vögel:
- Sorgen lösen sich auf
- Aufregungen verschwinden
- Stress nimmt ab

Kreuz über Vögel:
- Das Thema „Aufregungen / Stress / Sorgen" ist eine Lernaufgabe und Herausforderung. Wird oft als Krise erlebt und belastet bzw. bedrückt einen

Kombinationen - Personen und Sonstiges:
- Die Oma ist schicksalhaft oder wichtig

Kreuz vor Vögel:
- Die Oma nimmt sich wichtig oder wird wichtiger werden bzw. in den Vordergrund treten

-

Kreuz hinter Vögel:
- Die Oma nimmt sich nicht wichtig genug oder wird unwichtiger werden bzw. verschwinden

Kreuz über Vögel:
- Das Thema „Oma" ist eine Lernaufgabe und Herausforderung. Wird oft als Krise erlebt und belastet bzw. bedrückt einen

Die Kombinationen mit dem Kind:

Kind und Fuchs:

Kombinationen - für alle Bereiche:
- Kleine Lügen oder kleiner Betrug
- Nur Kleinigkeiten laufen falsch
- Für Neuanfang oder Kinderwunsch ist jetzt der falsche Zeitpunkt
- Sich bezüglich eines Neuanfangs oder Kinderwunsch täuschen

Kombinationen - Personen und Sonstiges:
- Mit dem Kleinkind oder Enkelkind läuft was falsch
- Das Kleinkind / Enkelkind lügt oder mit ihm läuft was falsch oder in seinem Leben läuft was falsch

Kind und Bär:

Kombinationen - für alle Bereiche:
- Mit etwas Altem neu anfangen
- Großer Neuanfang
- Durchsetzen oder durchhalten bzw. Stärke zeigen bei einem Neuanfang

Kombinationen - Personen und Sonstiges:
- Kleinkind / Enkelkind ist groß oder dick oder stark oder autoritär
- Sich gegen das Kleinkind oder Enkelkind durchsetzen
- Kleinkind / Enkelkind kostet Kraft
- Kleiner oder naiver Anwalt / Notar / Chef / Makler / Opa
- Neuanfang mit oder durch einen Anwalt / Notar / Chef / Makler / Autoritätsperson / Opa
- Opa mit seinem Enkelkind

Kind und Sterne:

Kombinationen - für alle Bereiche:
- Neuanfang macht glücklich
- Neuanfang mit Esoterik
- Noch kleine Spiritualität, sie muß noch wachsen
- Klarheit über den Kinderwunsch oder Neuanfang bekommen
- Über Kleinigkeiten glücklich sein
- Glück noch im Kleinen, entwickelt sich in kleinen Schritten weiter

Kombinationen - Personen und Sonstiges:
- Kleinkind / Enkelkind ist oder macht glücklich oder wegen ihm Klarheit bekommen
- Kleinkind / Enkelkind bringt Erfüllung
- Viele Kleinkinder / Enkelkinder
- Spirituelles Kleinkind / Enkelkind

Kind und Störche:

Kombinationen - für alle Bereiche:
- Schwangerschaft oder Kinderwunsch verändert sich
- Veränderung / Wandel durch einen Neubeginn
- Kleine Veränderung

Kombinationen - Personen und Sonstiges:
- Kleinkind / Enkelkind ist flexibel oder ändert seine Meinung oder hat Veränderungen
- Geliebte / herzliche Frau / ca. gleich alte Frau ist klein oder naiv oder kindlich oder sieht jünger aus
- Neuanfang mit der Geliebten / herzlichen Frau / ca. gleich alten Frau

Kind und Hund:

Kombinationen - für alle Bereiche:
- Kleine Hilfe
- Hilfe / Unterstützung / Förderung bei einem Neuanfang
- Vertrauen in einen Neuanfang oder den Kinderwunsch haben

Kombinationen - Personen und Sonstiges:
- Kleine Freundschaften bzw. kleiner Freundeskreis
- Neuanfang mit Freunden oder neuer Freundeskreis
- Kleinkind / Enkelkind ist treu oder hilfsbereit

Kind und Turm:

Kombinationen - für alle Bereiche:
- Alleine einen Kinderwunsch haben
- Schule / Jugendamt (Behörde mit Kindern)
- Kleine Behörde
- Neuanfang mit oder wegen einer Behörde

Kombinationen - Personen und Sonstiges:
- Trennung / Rückzug von dem Kleinkind oder Enkelkind
- Kleinkind / Enkelkind ist einsam oder allein oder zurück gezogen bzw. isoliert sich
- Einzelkind
- Mit einem Kleinkind / Enkelkind allein sein

Kind und Park:

Kombinationen - für alle Bereiche:
- Neuanfang in der Öffentlichkeit

Kombinationen - Personen und Sonstiges:
- Kindergarten
- Kleine Gesellschaft
- Kleinkind / Enkelkind ist gesellig oder viel draußen

Kind und Berg:

Kombinationen - für alle Bereiche:
- Kleine Schwierigkeiten / Hindernisse / Blockaden / Frust
- Blockierter Neuanfang
- Neuanfang mit Hindernissen oder er gestaltet sich schwierig
- Noch ein weiter oder anstrengender Weg zu einem Neuanfang
- Frust oder Hemmungen wegen dem Kinderwunsch

Kombinationen - Personen und Sonstiges:
- Kleinkind / Enkelkind ist blockiert / frustriert / gehemmt / schwierig / weiter weg (Entfernung)
- Blockaden / Schwierigkeiten / Frust mit oder wegen dem Kleinkind oder Enkelkind
- Kinderlos (Kind ist blockiert)

Kind und Wege:

Kombinationen - für alle Bereiche:
- Kleine Entscheidung
- Entscheidung für oder bringt Neubeginn
- Neue Wege gehen
- In kleinen Schritten Lösungen und Alternativen suchen

Kombinationen - Personen und Sonstiges:
- Die Schwester / eine jüngere Frau ist klein oder naiv oder kindlich oder sieht jünger aus
- Neuanfang mit oder wegen der Schwester / einer jüngeren Frau
- Schwestern / jüngere Frau mit Kleinkind
- Entscheidungen, welche das Kleinkind / Enkelkind betreffen

Kind und Mäuse:

Kombinationen - für alle Bereiche:
- Kleine Sorgen / Unzufriedenheit / Zweifel / Ängste
- Nur kleine Verzögerungen oder kleine Verluste
- Unzufriedenheit / Verzögerungen / Zweifel / Ängste / Sorgen wegen dem Kinderwunsch oder einem Neuanfang

Kombinationen - Personen und Sonstiges:
- Unzufriedenheit / Verzögerungen / Zweifel / Ängste / Sorgen mit oder wegen einem Kleinkind oder Enkelkind
- Kleinkind oder Enkelkind ist unzufrieden / sorgenvoll / zweifelt / ängstlich
- Kinderlos bzw. kein Kind haben

Kind und Herz:

Kombinationen - für alle Bereiche:
- Eine neue Liebe
- Liebe muß noch wachsen, ist noch klein
- Hilfe oder Herzlichkeit bei einem Neuanfang
- Kinderwunsch ist Herzenswunsch

Kombinationen - Personen und Sonstiges:
- Kleinkind oder Enkelkind ist herzlich / hilfsbereit / verliebt
- Das Kleinkind / Enkelkind lieben oder es hilft einem
- Der 2. Sohn oder die 2. Tochter ist noch klein oder naiv oder kindlich oder sieht jünger aus
- Neuanfang mit oder wegen dem 2. Sohn oder der 2. Tochter
- Der 2. Sohn oder die 2. Tochter mit dem jüngsten Kind oder dem Enkelkind
- Der 2. Sohn oder die 2. Tochter hat Kinderwunsch

Kind und Ring:

Kombinationen - für alle Bereiche:
- Neue Beziehung / Vertrag
- Kleine Verpflichtungen / Verträge
- Beziehung / Vertrag ist noch entwicklungsbedürftig
- Neuanfang in der Beziehung
- Sich wegen Kinderwunsch im Kreis drehen
- Wiederholter Kinderwunsch / Neuanfang

Kombinationen - Personen und Sonstiges:
- Kleinkind / Enkelkind ist gebunden oder verheiratet oder hat Verpflichtungen oder dreht sich im Kreis
- Verpflichtung / Verbindung an das Kleinkind oder Enkelkind

Kind und Buch:

Kombinationen - für alle Bereiche:
- Kleines Geheimnis
- Neuanfang ist noch nicht spruchreif oder geheim
- Kleines Wissen, noch viel Lernen nötig
- Geheimer Kinderwunsch

Kombinationen - Personen und Sonstiges:
- Kleinkind / Enkelkind ist belesen bzw. intelligent oder hat ein Geheimnis
- Geheimnis wegen oder vor dem Kleinkind / Enkelkind haben
- Kleinkind oder Enkelkind in der Schule / Studium

Kind und Brief:

Kombinationen - für alle Bereiche:
- Kleine Neuigkeit
- Nachricht von Neuanfang
- Neue Nachricht / Brief / SMS / E-Mail / Kontakt
- Nur vorübergehender oder oberflächlicher Kinderwunsch

Kombinationen - Personen und Sonstiges:
- Kleinkind / Enkelkind ist kommunikativ / oberflächlich
- Nachricht / Brief / SMS / E-Mail von oder an das Kleinkind / Enkelkind
- Kontakt mit dem Kleinkind / Enkelkind

Kind und Herr:

Hinweis:
Er ist eine männliche Hauptperson, der feste Partner, Ehemann, die fragende Person selbst oder aber einfach nur irgendein Mann.

Kombinationen - für alle Bereiche:
- Er ist jünger / klein / kindlich / naiv / natürlich / trotzig

Kombinationen - Personen und Sonstiges:
- Mann / Partner / Fragesteller mit Kleinkind oder Enkelkind
- Neuanfang mit oder wegen einem Mann oder dem Partner haben

Kind und Dame:

Hinweis:
Sie ist eine weibliche Hauptperson, die feste Partnerin, Ehefrau, die fragende Person selbst oder aber einfach nur irgendeine Frau.

Kombinationen - für alle Bereiche:
- Sie ist jünger / klein / kindlich / naiv / natürlich / trotzig

Kombinationen - Personen und Sonstiges:
- Frau / Partnerin / Fragestellerin mit Kleinkind oder Enkelkind
- Neuanfang mit oder wegen einer Frau oder der Partnerin haben

Kind und Lilie:

Kombinationen - für alle Bereiche:
- Neuanfang ist harmonisch / friedlich / ruhig
- Neue Affäre bzw. kleines Sexabenteuer
- Sex wegen dem Kinderwunsch

Kombinationen - Personen und Sonstiges:
- Kleine Familie
- Neuanfang mit oder wegen dem Vater / einem älteren Mann / der Familie
- Älterer Mann oder der Vater mit dem Kleinkind / Enkelkind
- Ein Familienmitglied = Das Kleinkind / Enkelkind
- Kleinkind / Enkelkind ist zufrieden / ruhig / friedlich / harmonisch / familiär
- Älterer Mann oder der Vater ist jünger / klein / kindlich / naiv / natürlich / trotzig
- Neuanfang im Winter

Kind und Sonne:

Kombinationen - für alle Bereiche:
- Kraftvoll einen Neuanfang starten
- Neuanfang ist positiv oder schön
- Kreativität ist noch klein, muß noch wachsen
- Kinderwunsch geht gut aus bzw. ist positiv

Kombinationen - Personen und Sonstiges:
- Neuanfang im Sommer
- Kleinkind / Enkelkind ist positiv oder schön oder kreativ oder hat viel Energie oder ist sonnig oder strahlt Wärme und Anziehungskraft aus
- Schönes und Positives mit dem Kleinkind / Enkelkind

Kind und Mond:

Kombinationen - für alle Bereiche:
- Kleiner Erfolg / Anerkennung
- Erfolgreicher Neuanfang
- Gefühle müssen noch wachsen, sind erst wenig da
- Gefühle erleben einen Neuanfang
- Gefühle oder Erfolg wegen bzw. mit dem Kinderwunsch

Kombinationen - Personen und Sonstiges:
- Kleinkind / Enkelkind ist erfolgreich oder gefühlvoll
- Gefühle / Anerkennung / Erfolg für oder mit dem Kleinkind / Enkelkind

Kind und Schlüssel:

Kombinationen - für alle Bereiche:
- Mit Sicherheit ein Neuanfang
- Mit Sicherheit Wunsch nach Kindern
- Erfolgreicher Neuanfang
- Nur kleine oder neue Sicherheiten
- Beim Kinderwunsch zuversichtlich sein

Kombinationen - Personen und Sonstiges:
- Kleinkind / Enkelkind ist zuversichtlich / zuverlässig / mit Sicherheit da
- Zuversichtlich sein, was das Kleinkind / Enkelkind betrifft

Kind und Fische:

Kombinationen - für alle Bereiche:
- Kleingeld oder geringe Summe
- Finanzen entwickeln sich in kleinen Schritten weiter
- Neuanfang bei Finanzdingen oder dem Besitz

- Kleinen oder neuen Besitz / Geld
- Jung gebliebene oder kindliche Seele
- Der Kinderwunsch vertieft sich, wird inniger

Kombinationen - Personen und Sonstiges:
- Kleinkind / Enkelkind ist materiell eingestellt
- Kleinkind / Enkelkind kostet Geld
- Mit dem Kleinkind / Enkelkind vertieft sich was, es wird inniger
- Bruder / jüngerer Mann ist jünger / klein / kindlich / naiv / natürlich / trotzig
- Neuanfang mit oder wegen dem Bruder oder jüngeren Mann
- Das Kleinkind / Enkelkind mit dem Bruder oder einem jüngeren Mann

Kind und Anker:

Kombinationen - für alle Bereiche:
- Kleine Arbeit bzw. Teilzeit bzw. Kurzarbeit
- Neuanfang auf der Arbeit
- Neue Arbeit / Beschäftigung / Hobby
- Sich mit einem Neuanfang oder neuen Dingen beschäftigen
- Der Kinderwunsch festigt sich (verankert sich)

Kombinationen - Personen und Sonstiges:
- Mit Kleinkindern arbeiten = Kindergarten
- Kleinkind / Enkelkind ist treu oder fleißig oder klammert oder abhängig oder will was festmachen = verankern
- Mit dem Kleinkind / Enkelkind was festmachen = verankern oder ihm treu sein
- An dem Kleinkind / Enkelkind klammern, nicht loslassen können, von ihm abhängig sein
- Mit dem Kleinkind / Enkelkind Arbeit haben oder sich mit ihm beschäftigen

Kind und Kreuz:

Kombinationen - für alle Bereiche:
- Schicksalhafter Kinderwunsch
- Neuanfang ist karmisch bestimmt bzw. wichtig

Kreuz vor Kind:
- Kinderwunsch verstärkt sich
- Kleinigkeiten sollten mehr Beachtung bekommen, denn sie sind wichtig

Kreuz hinter Kind:
- Kinderwunsch nimmt ab oder verschwindet
- Neuanfang ist nicht mehr so wichtig oder gibt es nicht mehr
- Kleinigkeiten sind unwichtig

Kreuz über Kind:
- Das Thema „Neuanfang oder Entwicklung in kleinen Schritten" ist eine Lernaufgabe und Herausforderung. Wird oft als Krise erlebt und belastet bzw. bedrückt einen

Kombinationen - Personen und Sonstiges:
- Kleinkind / Enkelkind ist schicksalhaft oder wichtig

Kreuz vor Kind:
- Kleinkind / Enkelkind nimmt sich wichtig oder wird wichtiger werden bzw. in den Vordergrund treten

Kreuz hinter Kind:
- Kleinkind / Enkelkind nimmt sich nicht wichtig genug oder wird unwichtiger werden

Kreuz über Kind:
- Das Thema " Kleinkind / Enkelkind " ist eine Lernaufgabe und Herausforderung. Wird oft als Krise erlebt und belastet bzw. bedrückt einen

Die Kombinationen mit dem Fuchs:

Fuchs und Bär:

Kombinationen - für alle Bereiche:
- In der Vergangenheit lief etwas falsch
- Betrug bei etwas Altem oder großer Betrug
- Kraft und Stärke vortäuschen, sich was vormachen
- Sich durchzusetzen wäre falsch

Kombinationen - Personen und Sonstiges:
- Falscher Anwalt / Notar / Makler / Autoritätsperson / Chef / Opa
- Sich täuschen oder es läuft was falsch mit dem Anwalt / Notar / Makler / Autoritätsperson / Chef / Opa
- Nicht der richtige Zeitpunkt für einen Anwalt / Notar / Makler

Fuchs und Sterne:

Kombinationen - für alle Bereiche:
- Esoterik ist nicht das Richtige oder der falsche Zeitpunkt dafür
- Klarheit ist doch nicht so klar, falsche Denkweise, sich täuschen
- Vorgetäuschtes Glück
- Viel Falsches oder viele Lügen
- Falsche Erfüllung - sich was vormachen

Kombinationen - Personen und Sonstiges: /

Fuchs und Störche:

Kombinationen - für alle Bereiche:
- Falsche Veränderung
- Warnung vor Veränderung
- Nicht der richtige Zeitpunkt etwas zu verändern

Kombinationen - Personen und Sonstiges:
- Geliebte oder herzliche oder ca. gleich alte Frau ist falsch / verlogen / täuscht sich oder in ihrem Leben läuft gerade was falsch
- Man täuscht sich in der Geliebten / herzlichen Frau / ca. gleich alten Frau oder mit ihr läuft es falsch, ist gerade nicht der richtige Zeitpunkt

Fuchs und Hund:

Kombinationen - für alle Bereiche:
- Falsche Hilfe oder nur vorgetäuschte Hilfe
- Nicht der richtige Zeitpunkt um Hilfe / Unterstützung zu bekommen oder zu geben
- Falsche Treue = nicht treu sein

Kombinationen - Personen und Sonstiges:
- Falsche Freundschaft
- Intrigen im Freundeskreis
- Man täuscht sich, was die Freunde betrifft

Fuchs und Turm:

Kombinationen - für alle Bereiche:
- Gefängnis
- Finanzamt (wenn Fische auch dabei sind)
- Warnung vor Behörden
- Mit Behörden läuft was falsch
- Täuschung oder Betrug bei Behörden
- Sich zurück ziehen bzw. abzugrenzen ist falsch
- Trennung oder allein zu sein ist falsch

Kombinationen - Personen und Sonstiges: /

Fuchs und Park:

Kombinationen - für alle Bereiche:
- Lügen in der Öffentlichkeit
- Es läuft was falsch in der Öffentlichkeit
- Nicht der richtige Zeitpunkt es öffentlich zu machen

Kombinationen - Personen und Sonstiges:
- Schlechte bzw. falsche Gesellschaft
- Mit Kunden oder vielen Leuten läuft es falsch oder nicht der richtige Zeitpunkt dafür
- Sich in vielen Leuten täuschen

Fuchs und Berg:

Kombinationen - für alle Bereiche:
- Eingeredetes Hindernis, das nicht existiert (= falsches Hindernis)
- Lügen bringen nicht weiter, sondern blockieren nur
- Es wäre falsch etwas zu verhindern / zu blockieren
- Falscher bzw. unnötiger Frust
- Weil etwas falsch läuft, hat man Schwierigkeiten / Blockaden / Frust
- Sich täuschen, was Hindernisse / Schwierigkeiten betrifft

Kombinationen - Personen und Sonstiges: /

Fuchs und Wege:

Kombinationen - für alle Bereiche:
- Falscher Zeitpunkt für eine Entscheidung
- Warnung / Vorsicht / Täuschung bei Entscheidung
- Falscher Weg / Lösung / Alternative / Entscheidung

Kombinationen - Personen und Sonstiges:
- Schwester oder jüngere Frau ist falsch / verlogen / täuscht sich oder in ihrem Leben läuft gerade was falsch
- Man täuscht sich in der Schwester / jüngeren Frau oder mit ihr läuft es falsch, ist gerade nicht der richtige Zeitpunkt

Fuchs und Mäuse:

Kombinationen - für alle Bereiche:
- Ehrlichkeit (keine Lüge wird aufgefressen)
- Unzufriedenheit / Verlust / Sorgen / Zweifel / Ängste weil was falsch läuft
- Falsche bzw. unnötige Unzufriedenheit / Sorgen / Zweifel / Ängste
- Täuschung / Falsches wird weniger oder verschwindet ganz (wird aufgefressen)

Kombinationen - Personen und Sonstiges: /

Fuchs und Herz:

Kombinationen - für alle Bereiche:
- Unaufrichtige Liebe
- Sich in der Liebe täuschen
- Falscher Zeitpunkt für die Liebe oder sich zu verlieben
- Eifersucht
- Falsche bzw. vorgetäuschte Herzlichkeit / Hilfsbereitschaft

Kombinationen - Personen und Sonstiges:
- 2. Sohn oder 2. Tochter ist falsch / verlogen / täuscht sich oder in seinem bzw. ihrem Leben läuft gerade was falsch
- Man täuscht sich im 2. Sohn / der 2. Tochter oder mit ihm bzw. ihr läuft es falsch, ist gerade nicht der richtige Zeitpunkt

Fuchs und Ring:

Kombinationen - für alle Bereiche:
- Unehrlichkeit oder Betrug in einer Verbindung / Beziehung / Ehe / Vertrag
- Falscher Vertrag / Verbindung / Beziehung
- Sich täuschen, was den Vertrag / Verbindung / Beziehung betrifft
- Nicht der richtige Zeitpunkt für eine Verbindung / Beziehung / Ehe / Vertrag
- Es läuft falsch in der Verbindung / Beziehung / Ehe

Kombinationen - Personen und Sonstiges: /

Fuchs und Buch:

Kombinationen - für alle Bereiche:
- Falsche Papiere / Bücher
- Nicht der richtige Zeitpunkt für Geheimnisse oder fürs Lernen
- Falsches Wissen oder falsches Lernen
- Es läuft was falsch in der Schule oder beim Studium
- Es ist falsch es geheim zu halten oder zu schweigen

Kombinationen - Personen und Sonstiges: /

Fuchs und Brief:

Kombinationen - für alle Bereiche:
- Kurzfristige Lügen / Intrigen
- Falsche Nachricht / Brief / SMS / E-Mail bzw. enthält sie Lügen
- Der falsche Kontakt oder sich darin täuschen
- Es ist falsch oberflächlich zu sein
- Wegen Oberflächlichkeit läuft es falsch
- Es läuft nur vorübergehend falsch
- Der falsche Zeitpunkt für einen Kontakt / Brief / SMS / E-Mail / Nachricht

Kombinationen - Personen und Sonstiges: /

Fuchs und Herr:

Hinweis:
Er ist eine männliche Hauptperson, der feste Partner, Ehemann, die fragende Person selbst oder aber einfach nur irgendein Mann.

Kombinationen - für alle Bereiche:
- Er ist unehrlich / falsch / verlogen
- Für den Fragesteller läuft etwas falsch oder er täuscht sich

Kombinationen - Personen und Sonstiges:
- Mit dem Partner / Mann läuft etwas falsch oder sich in ihm täuschen
- Der Mann oder der Partner ist falsch / verlogen
- Nicht der richtige Zeitpunkt für einen Mann / Partner

Fuchs und Dame:

Hinweis:
Sie ist eine weibliche Hauptperson, die feste Partnerin, Ehefrau, die fragende Person selbst oder aber einfach nur irgendeine Frau.

Kombinationen - für alle Bereiche:
- Sie ist unehrlich / falsch / verlogen
- Für die Fragestellerin läuft etwas falsch oder sie täuscht sich

Kombinationen - Personen und Sonstiges:
- Mit der Partnerin / Frau läuft etwas falsch oder sich in ihr täuschen
- Diese Frau oder die Partnerin ist falsch / verlogen
- Nicht der richtige Zeitpunkt für eine Frau / Partnerin

Fuchs und Lilie:

Kombinationen - für alle Bereiche:
- Sexueller Betrug
- Falsche Harmonie oder Zufriedenheit ist nur vorgetäuscht

Kombinationen - Personen und Sonstiges:
- Lügen in der Familie oder der Vater oder ein älterer Mann lügt
- Sich in der Familie / dem Vater / älteren Mann täuschen oder mit ihnen läuft was falsch
- Nicht der richtige Zeitpunkt für eine Familie oder älteren Mann
- Im Winter läuft was falsch oder ist der falsche Zeitpunkt

Fuchs und Sonne:

Kombinationen - für alle Bereiche:
- Blenden bzw. etwas vortäuschen
- Falscher Schein (Angeberei)
- Nicht so positiv, wie es scheint
- Es läuft was falsch, geht aber gut aus

Kombinationen - Personen und Sonstiges:
- Im Sommer läuft was falsch oder ist der falsche Zeitpunkt

Fuchs und Mond:

Kombinationen - für alle Bereiche:
- Falsche Anerkennung, ist nur vorgetäuscht
- Falsche unechte Gefühle, sind nur vorgespielt
- Nicht der richtige Zeitpunkt für Anerkennung / Erfolg / Gefühle
- Sich in den Gefühlen täuschen
- Es läuft was falsch mit dem Erfolg
- Für Erfolg / Anerkennung lügen oder betrügen

Kombinationen - Personen und Sonstiges: /

Fuchs und Schlüssel:

Kombinationen - für alle Bereiche:
- Mit Sicherheit Vorsicht vor Betrug / Intrigen
- Mit Sicherheit wird gelogen
- Mit Sicherheit läuft was falsch
- Es ist falsch zuversichtlich zu sein
- Nicht zu sicher sein, denn es läuft was falsch
- Es läuft was falsch mit dem Erfolg
- Für Erfolg lügen oder betrügen
- Falscher Zeitpunkt für Erfolg / Zuversicht / Sicherheit

Kombinationen - Personen und Sonstiges: /

Fuchs und Fische:

Kombinationen - für alle Bereiche:
- Vorsicht bei Geldausgaben oder falsche Geldanlagen
- Finanzieller Betrug
- Lügen oder Betrug vertieft sich noch (immer mehr)
- Es ist falsch etwas zu vertiefen
- Nicht der richtige Zeitpunkt für Besitz / Geld

Kombinationen - Personen und Sonstiges:
- Bruder oder jüngerer Mann ist falsch / verlogen / täuscht sich oder in seinem Leben läuft gerade was falsch
- Man täuscht sich im Bruder / jüngeren Mann oder mit ihm läuft es falsch, ist gerade nicht der richtige Zeitpunkt

Fuchs und Anker:

Kombinationen - für alle Bereiche:
- Falsche Arbeit / Beschäftigung / Hobby
- Intrigen / Mobbing / Betrug / Lügen auf der Arbeit oder im Ausland
- Man täuscht sich in der Arbeit / Hobby / Ausland
- Nicht der richtige Zeitpunkt für Arbeit / Ausland
- Auf der Arbeit / im Ausland läuft was falsch

- Das Falsche festigt sich (verankert sich)
- Es ist falsch sich abhängig zu machen oder zu klammern oder etwas festzumachen (verankern)
- Falsche Treue = nicht treu sein

Kombinationen - Personen und Sonstiges: /

Fuchs und Kreuz:

Kombinationen - für alle Bereiche:
- Betrug und Lügen sind karmisch bestimmt bzw. auch wichtig
- Falschheit / Täuschung ist schicksalhaft bzw. auch wichtig

Kreuz vor Fuchs:
- Viele Lügen (werden immer mehr)
- Großer Betrug
- Noch mehr Falschheit bzw. erlebt man es intensiver

Kreuz hinter Fuchs:
- Lügen und Betrug wird weniger oder verschwindet
- Falschheit / Täuschung nimmt ab oder verschwindet

Kreuz über Fuchs:
- Das Thema „Falschheit / Lügen / Betrug / Täuschung" ist eine Lernaufgabe und Herausforderung. Wird oft als Krise erlebt und belastet bzw. bedrückt einen

Kombinationen - Personen und Sonstiges: /

Die Kombinationen mit dem Bär:

Bär und Sterne:

Kombinationen - für alle Bereiche:
- Viel Kraft und Stärke
- Glückliche Vergangenheit
- In alten Dingen Klarheit bekommen
- Große Spiritualität oder spirituell eine alte Seele bzw. sich dafür durchsetzen oder durchhalten
- Kraft und Stärke durch die Esoterik bekommen

Kombinationen - Personen und Sonstiges:
- Anwalt / Notar / Makler / Chef / Autoritätsperson / Opa ist oder macht glücklich oder wegen ihm Klarheit bekommen
- Spiritueller Chef / Autoritätsperson / Opa

Bär und Störche:

Kombinationen - für alle Bereiche:
- Vergangenes oder alte Dinge endlich ändern
- Kraft und Stärke bei Veränderungen
- Durchhalten oder durchsetzen bei Veränderungen
- Große Veränderungen

Kombinationen - Personen und Sonstiges:
- Anwalt / Notar / Makler / Chef / Autoritätsperson / Opa ist flexibel oder ändert seine Meinung oder hat Veränderungen
- Veränderungen wegen oder durch den Anwalt / Notar / Makler / Chef / Autoritätsperson / Opa
- Geliebte / herzliche Frau / ca. gleich alte Frau sieht älter aus oder kennt man schon länger oder ist groß oder dick oder stark oder autoritär
- Sich gegen die Geliebte / herzliche Frau / ca. gleich alte Frau durchsetzen

Bär und Hund:

Kombinationen - für alle Bereiche:
- In der Vergangenheit treu
- Kraft wegen Unterstützung / Hilfe
- Hilfe / Unterstützung besteht schon länger
- Große Hilfe / Unterstützung

Kombinationen - Personen und Sonstiges:
- Durchsetzung im Freundeskreis
- Großer Freundeskreis
- Den Freundeskreis schon länger kennen = alte Freundschaften
- Anwalt / Notar / Makler / Chef / Autoritätsperson / Opa ist treu oder hilfsbereit

Bär und Turm:

Kombinationen - für alle Bereiche:
- Von der Vergangenheit trennen
- Kraft bei Trennung
- Durchsetzung und Stärke bei Behörden
- Große Einsamkeit
- Einsamkeit besteht schon länger

Kombinationen - Personen und Sonstiges:
- Rechtsanwalt oder Notar
- Chef oder Autoritätsperson
- Trennung oder Rückzug vom Anwalt / Notar / Makler / Chef / Autoritätsperson / Opa
- Opa ist einsam oder allein oder zurück gezogen bzw. isoliert sich

Bär und Park:

Kombinationen - für alle Bereiche:
- Kraft und Stärke in der Öffentlichkeit
- In der Öffentlichkeit durchsetzten bzw. autoritär sein

Kombinationen - Personen und Sonstiges:
- Ältere oder große Gesellschaft / Kundschaft
- Sich in der Gesellschaft bzw. bei vielen Leute durchsetzen

- Anwalt / Notar / Makler / Chef / Autoritätsperson / Opa aus bzw. in der Öffentlichkeit
- Anwalt / Notar / Makler / Chef / Autoritätsperson / Opa ist gesellig oder viel draußen

Bär und Berg:

Kombinationen - für alle Bereiche:
- Blockaden aus oder wegen der Vergangenheit
- Großes Hindernis / Schwierigkeit / Frust
- Kraft und Stärke sind blockiert bzw. behindert
- Schwierigkeiten / Frust / Blockaden bestehen schon lange

Kombinationen - Personen und Sonstiges:
- Anwalt / Notar / Makler / Chef / Autoritätsperson / Opa ist blockiert / frustriert / gehemmt / schwierig
- Blockaden / Schwierigkeiten / Frust mit oder wegen dem Anwalt / Notar / Makler / Chef / Autoritätsperson / Opa

Bär und Wege:

Kombinationen - für alle Bereiche:
- Große Entscheidung
- Kraft und Durchsetzung auf Wegen bzw. der Suche nach Lösungen oder Alternativen oder bei Entscheidungen
- Entscheidung hat mit Vergangenem zu tun
- Alte Wege gehen, die man schon kennt oder in der Vergangenheit schon mal gegangen ist

Kombinationen - Personen und Sonstiges:
- Schwester / eine jüngere Frau sieht älter aus oder kennt man schon länger oder ist groß oder dick oder stark oder autoritär
- Sich gegen die Schwester / eine jüngere Frau durchsetzen
- 2 Anwälte / Notare / Makler / Chefs / Autoritätspersonen / Opas
- Der Anwalt / Notar / Makler / Chef / Autoritätsperson / Opa muß sich entscheiden oder die Entscheidung betrifft ihn
- Wegen dem Anwalt / Notar / Makler / Chef / Autoritätsperson / Opa nach Alternativen und Lösungen suchen oder die Wahl haben

Bär und Mäuse:

Kombinationen - für alle Bereiche:
- Verlust der Kräfte = Schwäche
- Unzufriedenheit / Verzögerungen / Verluste / Sorgen / Ängste / Zweifel wegen etwas Altem bzw. der Vergangenheit
- Unzufriedenheit / Verluste / Sorgen / Ängste / Zweifel bestehen schon länger
- Sich nicht durchsetzen können
- Kein oder nur wenig Durchhaltevermögen

Kombinationen - Personen und Sonstiges:
- Unzufriedenheit / Verzögerungen / Zweifel / Ängste / Sorgen mit oder wegen dem Anwalt / Notar / Makler / Chef / Autoritätsperson / Opa
- Der Anwalt / Notar / Makler / Chef / Autoritätsperson / Opa ist unzufrieden / sorgenvoll / zweifelt / ängstlich
- Keinen Anwalt / Notar / Makler / Chef / Opa haben

Bär und Herz:

Kombinationen - für alle Bereiche:
- Alte Liebe oder Liebe von Früher
- Große bzw. starke Liebe
- Liebe, die schon länger besteht
- Das Herz hängt an der Vergangenheit
- Große Hilfsbereitschaft / Herzlichkeit / Verliebtheit

Kombinationen - Personen und Sonstiges:
- Der Anwalt / Notar / Makler / Chef / Autoritätsperson / Opa ist herzlich / hilfsbereit / verliebt
- Den Anwalt / Notar / Makler / Chef / Autoritätsperson / Opa lieben oder er hilft einem
- Der 2. Sohn oder die 2. Tochter sieht älter aus oder ist groß oder dick oder stark oder autoritär
- Sich gegen den 2. Sohn oder der 2. Tochter durchsetzen

Bär und Ring:

Kombinationen - für alle Bereiche:
- Alte Beziehung oder besteht schon lange

- Alter Vertrag oder besteht schon lange
- Starke Verbindung
- Große Verpflichtungen
- Verpflichtungen wegen der Vergangenheit oder bestehen schon länger
- Vergangenes wiederholen
- Sich in der Verbindung / Beziehung / beim Vertrag durchsetzen

Kombinationen - Personen und Sonstiges:
- Anwalt / Notar / Makler / Chef / Autoritätsperson / Opa ist gebunden oder verheiratet oder hat Verpflichtungen oder dreht sich im Kreis
- Verpflichtung / Verbindung an bzw. mit dem Anwalt / Notar / Makler / Chef / Autoritätsperson / Opa

Bär und Buch:

Kombinationen - für alle Bereiche:
- Geheimnis besteht schon lange
- Kraft und Ausdauer beim Lernen / in der Schule / beim Studium
- Alte Bücher oder altes Wissen
- Unbekannte Kräfte (z. B. in Dir)
- Aus der Vergangenheit ein Geheimnis machen
- Großes Geheimnis / Wissen

Kombinationen - Personen und Sonstiges:
- Der Anwalt / Notar / Makler / Chef / Autoritätsperson / Opa ist belesen bzw. intelligent oder hat ein Geheimnis
- Geheimnis wegen oder vor dem Anwalt / Notar / Makler / Chef / Autoritätsperson / Opa haben
- Noch unbekannter Anwalt / Notar / Makler / Chef

Bär und Brief:

Kombinationen - für alle Bereiche:
- Große oder alte Nachricht / Brief / SMS / E-Mail / Kontakt
- Alte Papiere / Dokumente / Schriftliches
- Nachricht / Brief / SMS / E-Mail / Kontakt von Früher bzw. betrifft die Vergangenheit
- Nur vorübergehend Kraft und Stärke

Kombinationen - Personen und Sonstiges:
- Der Anwalt / Notar / Makler / Chef / Autoritätsperson / Opa ist kommunikativ / oberflächlich
- Nachricht / Brief / SMS / E-Mail von oder an den Anwalt / Notar / Makler / Chef / Autoritätsperson / Opa
- Kontakt mit dem Anwalt / Notar / Makler / Chef / Autoritätsperson / Opa

Bär und Herr:

Hinweis:
Er ist eine männliche Hauptperson, der feste Partner, Ehemann, die fragende Person selbst oder aber einfach nur irgendein Mann.

Kombinationen - für alle Bereiche:
- Er ist älter / groß / mächtig / dick
- Er ist kräftig / kann sich durchsetzen

Kombinationen - Personen und Sonstiges:
- Diesen Mann kennt man von Früher oder schon länger
- Sich gegen diesen Mann oder den Partner durchsetzen
- Dieser Mann oder der Partner sieht älter aus oder ist groß oder dick oder stark oder autoritär
- Ein männlicher Anwalt / Notar / Makler / Chef / Autoritätsperson
- Der Fragesteller oder Partner oder ein Mann mit dem Anwalt / Notar / Makler / Chef / Autoritätsperson / Opa

Bär und Dame:

Hinweis:
Sie ist eine weibliche Hauptperson, die feste Partnerin, Ehefrau, die fragende Person selbst oder aber einfach nur irgendeine Frau.

Kombinationen - für alle Bereiche:
- Sie ist älter / groß / mächtig / dick
- Sie ist kräftig / kann sich durchsetzen

Kombinationen - Personen und Sonstiges:
- Diese Frau kennt man von Früher oder schon länger
- Sich gegen diese Frau oder die Partnerin durchsetzen

- Diese Frau oder die Partnerin sieht älter aus oder ist groß oder dick oder stark oder autoritär
- Eine weibliche Anwältin / Notarin / Maklerin / Chefin / Autoritätsperson
- Die Fragestellerin oder Partnerin oder eine Frau mit dem Anwalt / Notar / Makler / Chef / Autoritätsperson / Opa

Bär und Lilie:

Kombinationen - für alle Bereiche:
- Für Ruhe / Harmonie / Frieden / Zufriedenheit durchhalten oder sich dafür durchsetzen
- Ruhe / Frieden / Harmonie / in seiner Mitte sein, das gibt Kraft und Stärke
- Sex mit jemand Älteren oder jemanden aus der Vergangenheit
- Sich sexuell durchsetzen

Kombinationen - Personen und Sonstiges:
- Der Anwalt / Notar / Makler / Chef / Autoritätsperson / Opa ist zufrieden / ruhig / friedlich / harmonisch / familiär
- Kraft / Stärke / Durchsetzung im Winter
- Älteren Mann, den man schon länger bzw. aus der Vergangenheit kennt
- Großer oder starker älterer Mann / Vater
- Große Familie oder Familie besteht schon lange
- Familienmitglied = der Opa

Bär und Sonne:

Kombinationen - für alle Bereiche:
- Doppelte Kraft
- Durchsetzungsvermögen
- Positive oder schöne Vergangenheit
- Viel Kraft und Energie oder besteht schon lange

Kombinationen - Personen und Sonstiges:
- Kraft / Stärke / Durchsetzung im Sommer
- Der Anwalt / Notar / Makler / Chef / Autoritätsperson / Opa ist positiv oder schön oder kreativ oder hat viel Energie oder ist sonnig oder strahlt Wärme und Anziehungskraft aus
- Schönes und Positives mit dem Anwalt / Notar / Makler / Chef / Autoritätsperson / Opa

Bär und Mond:

Kombinationen - für alle Bereiche:
- Erfolg / Anerkennung macht stark
- Großen Erfolg / Anerkennung
- Starke / mächtige / große Gefühle
- Gefühle, die schon lange bestehen
- In der Vergangenheit Erfolg / Anerkennung / Gefühle

Kombinationen - Personen und Sonstiges:
- Der Anwalt / Notar / Makler / Chef / Autoritätsperson / Opa ist erfolgreich oder gefühlvoll
- Gefühle / Anerkennung / Erfolg für oder mit oder durch den Anwalt / Notar / Makler / Chef / Autoritätsperson / Opa

Bär und Schlüssel:

Kombinationen - für alle Bereiche:
- Mit Sicherheit Kraft und Stärke
- Große Sicherheiten / Erfolg / Zuversicht
- Sich sehr sicher fühlen
- Erfolg / Sicherheiten / Zuversicht in der Vergangenheit

Kombinationen - Personen und Sonstiges:
- Der Anwalt / Notar / Makler / Chef / Autoritätsperson / Opa ist zuversichtlich / zuverlässig / mit Sicherheit da
- Zuversichtlich sein, was den Anwalt / Notar / Makler / Chef / Autoritätsperson / Opa betrifft
- Erfolg durch den Anwalt / Notar / Makler / Chef / Autoritätsperson / Opa

Bär und Fische:

Kombinationen - für alle Bereiche:
- Geld oder Besitz von Früher
- Alte oder starke Seele
- Altes Geld (z. B. alte Münzen) oder alten Besitz (Antiquitäten)
- Kraft / Stärke vertieft sich, wird mehr
- Großes Geld / Besitz
- Sich finanziell durchsetzen oder durchhalten

Kombinationen - Personen und Sonstiges:
- Der Anwalt / Notar / Makler / Chef / Autoritätsperson / Opa ist materiell eingestellt oder süchtig (z. B. Alkohol)
- Geld / Besitz von oder für den Anwalt / Notar / Makler / Chef / Autoritätsperson / Opa
- Mit dem Opa vertieft sich was, es wird inniger
- Bruder / jüngerer Mann sieht älter aus oder kennt man schon länger oder ist groß oder dick oder stark oder autoritär
- Sich gegen den Bruder / einen jüngeren Mann durchsetzen
- Der Anwalt / Notar / Makler / Chef / Autoritätsperson / Opa mit dem Bruder oder einem jüngeren Mann

Bär und Anker:

Kombinationen - für alle Bereiche:
- Arbeit, die man schon lange macht
- Beschäftigung mit der Vergangenheit
- Arbeit mit alten Dingen oder wo man Kraft braucht
- Sich in der Arbeit durchsetzen oder autoritär sein
- Große Treue oder schon lange treu
- Dem Alten gegenüber treu sein
- Die Vergangenheit nicht loslassen können (daran klammern oder sich davon abhängig machen)

Kombinationen - Personen und Sonstiges:
- Chef oder Autoritätsperson in der Arbeit
- Der Anwalt / Notar / Makler / Chef / Autoritätsperson / Opa ist treu oder fleißig oder klammert oder abhängig oder will was festmachen = verankern
- Mit dem Anwalt / Notar / Makler / Chef / Autoritätsperson / Opa was festmachen = verankern oder ihm treu sein
- An den Anwalt / Notar / Makler / Chef / Autoritätsperson / Opa klammern, nicht loslassen können, von ihm abhängig sein
- Mit dem Opa Arbeit haben oder sich mit ihm beschäftigen

Bär und Kreuz:

Kombinationen - für alle Bereiche:
- Kraft / Stärke / Durchsetzung sind schicksalhaft
- Karmische Vergangenheit

Kreuz vor Bär:
- Viel Kraft / Stärke / Durchsetzungsvermögen
- Es ist jetzt wichtig durchzuhalten oder sich durchzusetzen
- Vergangenheit oder alte Dinge werden wieder wichtiger

Kreuz hinter Bär:
- Kraft / Stärke / Durchsetzung / Durchhalten wird weniger oder ist nicht mehr so wichtig
- Vergangenheit oder alte Dinge werden unwichtig oder verschwinden

Kreuz über Bär:
- Das Thema „Kraft / Stärke / Vergangenes / Altes / Durchsetzung" ist eine Lernaufgabe und Herausforderung. Wird oft als Krise erlebt und belastet bzw. bedrückt einen

Kombinationen - Personen und Sonstiges:
- Der Anwalt / Notar / Makler / Chef / Autoritätsperson / Opa ist schicksalhaft oder wichtig

Kreuz vor Bär:
- Der Anwalt / Notar / Makler / Chef / Autoritätsperson / Opa nimmt sich wichtig oder wird wichtiger werden bzw. in den Vordergrund treten
-

Kreuz hinter Bär:
- Der Anwalt / Notar / Makler / Chef / Autoritätsperson / Opa nimmt sich nicht wichtig genug oder wird unwichtiger werden bzw. verschwinden

Kreuz über Bär:
- Das Thema „Anwalt / Notar / Makler / Chef / Autoritätsperson / Opa" ist eine Lernaufgabe und Herausforderung. Wird oft als Krise erlebt und belastet bzw. bedrückt einen

Die Kombinationen mit den Sternen:

Sterne und Störche:

Kombinationen - für alle Bereiche:
- Glückliche Veränderung oder Veränderung macht glücklich
- Klarheit bringt Veränderung
- Spirituelle Veränderung oder spirituell flexibel
- Es wird viel verändert

Kombinationen - Personen und Sonstiges:
- Geliebte / herzliche Frau / ca. gleich alte Frau ist spirituell oder offen oder sensibel oder mit ihr gibt es Klarheit oder Erfüllung bzw. Glück

Sterne und Hund:

Kombinationen - für alle Bereiche:
- Spirituelle Treue, für länger
- Spirituelle Hilfe bekommen oder geben
- Sehr treu (viel)

Kombinationen - Personen und Sonstiges:
- Spirituelle oder glückliche Freunde
- Viele Freunde
- Der Freundeskreis ist spirituell oder offen oder sensibel oder mit ihm gibt es Klarheit oder Erfüllung bzw. Glück

Sterne und Turm:

Kombinationen - für alle Bereiche:
- Rückzug von der Esoterik
- Trennung macht glücklich
- Erfüllung im Alleinsein finden
- Esoterikfirma (Behörde / Institution mit Esoterik)
- Spirituell Grenzen überschreiten
- Klarheit in Behördensachen / über eine Trennung / Rückzug
- Viele Behörden
- Eigenständig / selbständig / allein mit der Spiritualität

Kombinationen - Personen und Sonstiges: /

Sterne und Park:

Kombinationen - für alle Bereiche:
- Esoterische Veranstaltung
- Klarheit durch die Öffentlichkeit
- Glücklich in der Öffentlichkeit

Kombinationen - Personen und Sonstiges:
- Viel Kundschaft
- Spirituelle oder glückliche Kundschaft / Gesellschaft
- Viele Leute / Gesellschaft / Kundschaft ist spirituell oder offen oder sensibel oder mit ihnen gibt es Klarheit oder Erfüllung bzw. Glück

Sterne und Berg:

Kombinationen - für alle Bereiche:
- Spirituelle Entwicklung ist blockiert
- Glück / Erfüllung / Klarheit sind blockiert
- Hindernisse auf dem spirituellen Weg
- Es ist noch ein weiter Weg zur Spiritualität (Entfernungskarte)
- Vieles ist festgefahren / blockiert / schwierig / frustrierend

Kombinationen - Personen und Sonstiges: /

Sterne und Wege:

Kombinationen - für alle Bereiche:
- Gute (glückliche) Entscheidung
- Entscheidung bringt Klarheit
- Eine klare Entscheidung treffen
- Entscheidung zur Esoterik oder betrifft das Glück
- Spirituellen Weg einschlagen
- Viele Möglichkeiten / Alternativen / Lösungen

Kombinationen - Personen und Sonstiges:
- Schwester / jüngere Frau ist spirituell oder offen oder sensibel oder mit ihr gibt es Klarheit oder Erfüllung bzw. Glück

Sterne und Mäuse:

Kombinationen - für alle Bereiche:
- Keine Erfüllung oder kein Glück
- Keine oder verminderte Klarheit
- Viele Sorgen oder sehr unzufrieden
- Unzufriedenheit / Sorgen / Zweifel / Ängste / Verlust / Verzögerung / Verminderung der Spiritualität oder um das Glück

Kombinationen - Personen und Sonstiges: /

Sterne und Herz:

Kombinationen - für alle Bereiche:
- Erfüllte / glückliche Liebe
- Klarheit in der Liebe
- Viel Liebe
- Viel Herzlichkeit / Hilfsbereitschaft / Verliebtheit

Kombinationen - Personen und Sonstiges:
- 2. Sohn oder 2. Tochter ist spirituell oder offen oder sensibel oder mit ihm bzw. ihr gibt es Klarheit oder Erfüllung bzw. Glück

Sterne und Ring:

Kombinationen - für alle Bereiche:
- Glückliche Beziehung oder erfüllte Verbindung
- Guter Vertrag
- Viele Verträge / Verbindungen / Verpflichtungen
- Wiederholendes Glück
- Spirituell verbunden sein oder sich spirituell im Kreis drehen
- Klarheit in Vertrag / Beziehung / Verbindung bekommen

Kombinationen - Personen und Sonstiges: /

Sterne und Buch:

Kombinationen - für alle Bereiche:
- Viel Lernen oder viele Geheimnisse
- Spirituelles Lernen / Weiterbildung / Studium / Schule / Bücher
- Sehr intelligent = viel Wissen
- Viele Bücher
- Spiritualität noch geheim / noch nicht spruchreif / noch unbekannt
- Erfüllung / Glück / Klarheit ist noch nicht spruchreif oder noch unbekannt oder geheim halten

Kombinationen - Personen und Sonstiges: /

Sterne und Brief:

Kombinationen - für alle Bereiche:
- Nachricht / Brief / E-Mail / SMS / Kontakt macht glücklich oder bringt Klarheit
- Nur oberflächliche oder vorübergehende Klarheit / Glück / Erfüllung / Spiritualität
- Spirituelle Kommunikation z. B. Kartenlegen
- Viele Nachrichten / Briefe / E-Mails / SMS / Kontakte

Kombinationen - Personen und Sonstiges: /

Sterne und Herr:

Hinweis:
Er ist eine männliche Hauptperson, der feste Partner, Ehemann, die fragende Person selbst oder aber einfach nur irgendein Mann.

Kombinationen - für alle Bereiche:
- Er ist spirituell / offen / sensibel

Kombinationen - Personen und Sonstiges:
- Klarheit / Erfüllung / Glück mit diesem Mann oder dem Partner
- Ein Mann / Partner aus dem Bereich Esoterik
- Ein Mann oder der Partner ist spirituell / offen / sensibel

Sterne und Dame:

Hinweis:
Sie ist eine weibliche Hauptperson, die feste Partnerin, Ehefrau, die fragende Person selbst oder aber einfach nur irgendeine Frau.

Kombinationen - für alle Bereiche:
- Sie ist spirituell / sensibel / offen

Kombinationen - Personen und Sonstiges:
- Klarheit / Erfüllung / Glück mit dieser Frau oder der Partnerin
- Eine Frau / Partnerin aus dem Bereich Esoterik
- Eine Frau oder die Partnerin ist spirituell / offen / sensibel

Sterne und Lilie:

Kombinationen - für alle Bereiche:
- Erfüllende Sexualität
- Viel Sex / Harmonie / Ruhe / Frieden / Zufriedenheit

Kombinationen - Personen und Sonstiges:
- Familie / Vater / älterer Mann ist spirituell oder offen oder sensibel oder mit ihm gibt es Klarheit oder Erfüllung bzw. Glück
- Klarheit oder Glück oder Erfüllung mit der Familie / dem Vater / einem älteren Mann
- Glückliche Familie oder viele Familienmitglieder
- Klarheit / Glück / Erfüllung / Spiritualität im Winter

Sterne und Sonne:

Kombinationen - für alle Bereiche:
- Spirituelle Kraft / Energie / Hellsicht (Sonne = Augen = sehen)
- Positive Klarheit bekommen
- Viel Positives / Kreativität / Energie

Kombinationen - Personen und Sonstiges:
- Klarheit / Glück / Erfüllung / Spiritualität im Sommer

Sterne und Mond:

Kombinationen - für alle Bereiche:
- Mediale Fähigkeiten, das Gespür für die Spiritualität haben (Hellfühlend sein oder gute Intuition)
- Erfolg / Anerkennung mit Esoterik
- Erfolg / Anerkennung macht glücklich
- Viel Erfolg / Anerkennung
- Viel Gefühl oder Klarheit in den Gefühlen
- Gefühle des Glücks / der Erfüllung

Kombinationen - Personen und Sonstiges: /

Sterne und Schlüssel:

Kombinationen - für alle Bereiche:
- Mit Sicherheit Erfüllung / Glück / Klarheit / Spiritualität
- Zuversichtlich / erfolgreich mit Spiritualität sein
- Sicher sein in der Spiritualität
- Viel Zuversicht / Erfolg / Sicherheiten

Kombinationen - Personen und Sonstiges: /

Sterne und Fische:

Kombinationen - für alle Bereiche:
- Klarheit in den Finanzen / Besitz
- Geld in Tausender Höhe oder viel Geld oder viel Besitz
- Glück mit Geld = Lotto o. ä.
- Glückliche Seele
- Glück / Erfüllung / Klarheit wird mehr = vertieft sich
- Nach Spiritualität süchtig sein

Kombinationen - Personen und Sonstiges:
- Bruder / jüngerer Mann ist spirituell oder offen oder sensibel oder mit ihm gibt es Klarheit oder Erfüllung bzw. Glück

Sterne und Anker:

Kombinationen - für alle Bereiche:
- Spirituelle Arbeit / Hobby
- Sich mit Esoterik beschäftigen
- Klarheit, was die Arbeit betrifft, bekommen
- Erfüllende Arbeit oder Arbeit die glücklich macht
- Viel Arbeit oder viele Hobbys oder sehr beschäftigt sein
- Klarheit / Glück / Erfüllung im Ausland oder es festigt sich (verankert sich)

Kombinationen - Personen und Sonstiges: /

Sterne und Kreuz:

Kombinationen - für alle Bereiche:
- Spiritualität ist karmisch bestimmt bzw. wichtig
- Glück und Erfüllung sind schicksalhaft bzw. wichtig

Kreuz vor Sterne:
- Spiritualität ist wichtig und tritt in den Vordergrund oder intensiviert sich
- Klarheit / Glück / Erfüllung nehmen an Wichtigkeit zu

Kreuz hinter Sterne:
- Spiritualität ist nicht so wichtig oder nimmt ab, wird weniger
- Glück / Erfüllung / Klarheit wird weniger

Kreuz über Sterne:
- Das Thema „Klarheit / Glück / Erfüllung / Spiritualität" ist eine Lernaufgabe und Herausforderung. Wird oft als Krise erlebt und belastet bzw. bedrückt einen

Kombinationen - Personen und Sonstiges: /

Die Kombinationen mit den Störchen:

Störche und Hund:

Kombinationen - für alle Bereiche:
- Hilfe bei Veränderungen
- Langfristige Veränderung
- Treue verändert sich

Kombinationen - Personen und Sonstiges:
- Geliebte / herzliche Frau / ca. gleich alte Frau ist im Freundeskreis bzw. man ist mit ihr befreundet
- Eine bestimmte Freundin (herzliche oder ca. gleich alte Frau)
- Freundschaft, die sich verändert
- Veränderungen im Freundeskreis

Störche und Turm:

Kombinationen - für alle Bereiche:
- Veränderung durch Trennung / Rückzug
- Sich allein bzw. sich selbst ändern
- Einsamkeit verändern
- Veränderung durch eine Behörde
- Bei Veränderungen Grenzen überschreiten
- Allein bzw. Einzelkämpfer sein bei Veränderungen

Kombinationen - Personen und Sonstiges:
- Geliebte / herzliche Frau / ca. gleich alte Frau ist bei einer Behörde oder einsam oder man trennt sich von ihr

Störche und Park:

Kombinationen - für alle Bereiche:
- Veränderung in oder durch die Öffentlichkeit
- In oder durch die Umgebung flexibler sein

Kombinationen - Personen und Sonstiges:
- Geliebte / herzliche Frau / ca. gleich alte Frau ist in der Öffentlichkeit

- Veränderung der Gesellschaft / Kundschaft
- Mit vielen Leuten zusammen verändern
- Flexibler sein bei der Kundschaft oder mit mehreren Leuten

Störche und Berg:

Kombinationen - für alle Bereiche:
- Flexibilität / Veränderung gestaltet sich schwierig
- Blockaden / Frust / Schwierigkeiten / Hindernisse bei oder wegen Veränderung

Kombinationen - Personen und Sonstiges:
- Geliebte / herzliche Frau / ca. gleich alte Frau ist schwierig oder hat Blockaden oder ist frustriert oder ist von weiter weg
- Blockaden / Frust / Schwierigkeiten mit der Geliebten / herzlichen Frau / ca. gleich alten Frau oder auch noch ein weiter Weg mit ihr

Störche und Wege:

Kombinationen - für alle Bereiche:
- Sich verändern und andere Wege gehen
- Alternativen bzw. Lösungen finden und sich verändern
- Durch Entscheidung eine Veränderung
- Bei einer Entscheidung seine Meinung ändern
- 2 Veränderungen

Kombinationen - Personen und Sonstiges:
- Sich entscheiden wegen der Geliebten / herzlichen Frau / ca. gleich alten Frau
- 2 Geliebte / 2 herzliche Frauen oder 2 ca. gleich alte Frauen
- Schwester / jüngere Frau ist flexibel oder ändert ihre Meinung oder hat Veränderungen
- Veränderung mit der Schwester oder einer jüngere Frau
- Geliebte / herzliche Frau / ca. gleich alte Frau mit einer jüngeren Frau oder der Schwester

Störche und Mäuse:

Kombinationen - für alle Bereiche:
- Unzufriedenheit / Sorgen / Zweifel / Ängste / Verminderung / Verlust / Verzögerung bei oder wegen Veränderung
- Keine Veränderung

Kombinationen - Personen und Sonstiges:
- Geliebte / herzliche Frau / ca. gleich alte Frau ist unzufrieden oder ängstlich oder zweifelt oder sie verschwindet
- Unzufriedenheit / Sorgen / Zweifel / Ängste wegen der Geliebten / herzlichen Frau / ca. gleich alte Frau

Störche und Herz:

Kombinationen - für alle Bereiche:
- Positive Veränderung oder geht gut aus
- Veränderung in der Liebe / Verliebtheit
- Verliebt sein verändert sich
- Hilfsbereitschaft / Herzlichkeit verändert sich
- Hilfe bei Veränderung

Kombinationen - Personen und Sonstiges:
- Geliebte / herzliche Frau / ca. gleich alte Frau ist verliebt oder hilfsbereit oder man verliebt sich in diese Frau
- 2. Sohn oder 2. Tochter ist flexibel oder ändert seine bzw. ihre Meinung oder hat Veränderungen
- Flexibilität / Veränderung mit dem 2. Sohn oder der 2. Tochter

Störche und Ring:

Kombinationen - für alle Bereiche:
- Vertrag / Verbindung / Verpflichtung / Ehe / Beziehung verändert sich
- Veränderung wiederholt sich oder man dreht sich dabei im Kreis
- Flexibler sein in oder bei Vertrag / Verbindung / Verpflichtung / Ehe / Beziehung

Kombinationen - Personen und Sonstiges:
- Geliebte / herzliche Frau / ca. gleich alte Frau ist gebunden oder verheiratet oder hat Verpflichtungen bzw. Bindungen an irgendjemand oder irgendetwas

- Vertrag mit einer herzlichen oder ca. gleich alten Frau

Störche und Buch:

Kombinationen - für alle Bereiche:
- Weiterbildung (Wissen verändern)
- Veränderung ist noch geheim oder noch nicht spruchreif
- Veränderung betrifft Schule / Studium / Lernen
- Flexibler sein beim Lernen

Kombinationen - Personen und Sonstiges:
- Geliebte / herzliche Frau / ca. gleich alte Frau ist gebildet (belesen) oder hat ein Geheimnis
- Unbekannte herzliche Frau / ca. gleich alte Frau (sie ist noch nicht spruchreif – noch nicht da oder man kennt sie eben noch nicht)
- Geheimnis um eine herzliche oder ca. gleich alte Frau machen
- Eine herzliche Lehrerin

Störche und Brief:

Kombinationen - für alle Bereiche:
- Nachricht über Veränderung
- Kommunikation verändert sich
- Nachricht / Brief / SMS / E-Mail / Kontakt bringt Veränderung
- Nur vorübergehende oder oberflächliche Veränderung
- Nur vorübergehend flexibel sein

Kombinationen - Personen und Sonstiges:
- Geliebte / herzliche Frau / ca. gleich alte Frau ist kontaktfreudig oder oberflächlich oder nur vorübergehend da oder kommunikativ
- Nachricht / Brief / SMS / E-Mail / Kontakt von einer herzlichen oder ca. gleich alten Frau oder der Geliebten

Störche und Herr:

Hinweis:
Er ist eine männliche Hauptperson, der feste Partner, Ehemann, die fragende Person selbst oder aber einfach nur irgendein Mann.

Kombinationen - für alle Bereiche:
- Er ist flexibel / wandlungsfähig / verändert sich

Kombinationen - Personen und Sonstiges:
- Ein Mann / Fragesteller / Partner mit einer herzlichen oder ca. gleich alten Frau oder der Geliebten
- Dieser Mann / Partner ist flexibel oder ändert seine Meinung oder hat Veränderungen
- Flexibilität / Veränderung mit diesem Mann oder dem Partner

Störche und Dame:

Hinweis:
Sie ist eine weibliche Hauptperson, die feste Partnerin, Ehefrau, die fragende Person selbst oder aber einfach nur irgendeine Frau.

Kombinationen - für alle Bereiche:
- Sie ist flexibel / wandlungsfähig / verändert sich

Kombinationen - Personen und Sonstiges:
- Eine Frau / Fragestellerin / Partnerin mit einer herzlichen oder ca. gleich alten Frau oder der Geliebten
- Geliebte / herzliche Frau / ca. gleich alte Frau wird zur weiblichen Hauptperson (zur festen Partnerin)
- Diese Frau / Partnerin ist flexibel oder ändert ihre Meinung oder hat Veränderungen
- Flexibilität / Veränderung mit dieser Frau oder der Partnerin

Störche und Lilie:

Kombinationen - für alle Bereiche:
- Veränderung des Sexuallebens
- Veränderung der Harmonie / Ruhe / Frieden / Zufriedenheit

Kombinationen - Personen und Sonstiges:
- Familie / Vater / älterer Mann ist flexibel oder ändert seine Meinung oder hat Veränderungen
- Flexibilität / Veränderung in oder mit der Familie / dem Vater / einem älteren Mann
- Geliebte / herzliche Frau / ca. gleich alte Frau ist friedlich oder sexuell interessiert oder Familienmensch
- Harmonie / Familie / Ruhe / Frieden / Zufriedenheit / Sex mit der Geliebten / herzlichen Frau / ca. gleich alten Frau
- Flexibilität / Veränderung im Winter

Störche und Sonne:

Kombinationen - für alle Bereiche:
- Positive Veränderung bzw. geht gut aus
- Energie und Kraft verändern sich
- Mit Kreativität oder Erfolg etwas verändern

Kombinationen - Personen und Sonstiges:
- Mit der Geliebten / herzlichen Frau / ca. gleich alten Frau Erfolg haben oder es geht gut aus
- Geliebte / herzliche Frau / ca. gleich alte Frau ist positiv bzw. sonnig bzw. strahlt eine gewisse Wärme und Anziehungskraft aus
- Flexibilität / Veränderung im Sommer

Störche und Mond:

Kombinationen - für alle Bereiche:
- Veränderung bringt Erfolg und Anerkennung
- Die Gefühle verändern sich

Kombinationen - Personen und Sonstiges:
- Gefühle für die Geliebte / herzliche Frau / ca. gleich alte Frau
- Erfolg / Anerkennung mit bzw. von der Geliebten / herzlichen Frau / ca. gleich alte Frau
- Geliebte / herzliche Frau / ca. gleich alte Frau ist gefühlvoll oder erfolgreich

Störche und Schlüssel:

Kombinationen - für alle Bereiche:
- Mit Sicherheit eine Veränderung
- Die Sicherheiten verändern
- Erfolg durch Veränderung
- Zuversichtlich sein, was Veränderungen betrifft

Kombinationen - Personen und Sonstiges:
- Geliebte / herzliche Frau / ca. gleich alte Frau ist zuversichtlich oder verschlossen oder erfolgreich
- Erfolg / zuversichtlich sein mit der Geliebten / herzlichen Frau / ca. gleich alten Frau
- Mit Sicherheit die Geliebte / herzliche Frau / ca. gleich alte Frau

Störche und Fische:

Kombinationen - für alle Bereiche:
- Finanzen / Besitz verändern sich
- Die Seele oder Sucht verändert sich
- Flexibler beim Geld sein
- Tiefgehende Veränderung

Kombinationen - Personen und Sonstiges:
- Geliebte / herzliche Frau / ca. gleich alte Frau mit Bruder oder einem jüngeren Mann
- Bruder / jüngerer Mann ist flexibel oder ändert seine Meinung oder hat Veränderungen
- Flexibilität / Veränderung mit dem Bruder / jüngerer Mann
- Geliebte / herzliche Frau / ca. gleich alte Frau ist gut für die Seele oder mit ihr vertieft es sich, wird inniger
- Geliebte / herzliche Frau / ca. gleich alte Frau ist süchtig (trinkt z. B. Alkohol) oder sie ist materiell eingestellt

Störche und Anker:

Kombinationen - für alle Bereiche:
- Veränderung auf der Arbeit z. B. Versetzung oder andere Aufgaben bzw. die Arbeitssituation verändert sich
- Treue ändert sich
- Flexibilität / Veränderung betrifft das Ausland

- Abhängigkeit oder klammern (nicht loslassen) verändern

Kombinationen - Personen und Sonstiges:
- Geliebte / herzliche Frau / ca. gleich alte Frau ist Ausländerin oder treu oder fleißig oder sie hat Arbeit
- Geliebte / herzliche Frau / ca. gleich alte Frau ist abhängig oder kann nicht loslassen bzw. ist man von ihr abhängig und kann nicht loslassen = verankert sein

Störche und Kreuz:

Kombinationen - für alle Bereiche:
- Schicksalhafte Veränderung
- Veränderung ist karmisch bzw. ist wichtig

Kreuz vor Störche:
- Veränderung ist wichtig und tritt in den Vordergrund

Kreuz hinter Störche:
- Veränderung nicht so wichtig oder bereits gewesen

Kreuz über Störche:
- Das Thema „Veränderung / Flexibilität" ist eine Lernaufgabe und Herausforderung. Wird oft als Krise erlebt und belastet bzw. bedrückt einen

Kombinationen - Personen und Sonstiges:
- Geliebte / herzliche Frau / ca. gleich alte Frau ist schicksalhaft oder wichtig

Kreuz vor Störche:
- Geliebte / herzliche Frau / ca. gleich alte Frau wird für einen wichtiger werden bzw. in den Vordergrund treten
- Geliebte / herzliche Frau / ca. gleich alte Frau nimmt sich wichtig oder drängt sich in den Vordergrund

Kreuz hinter Störche:
- Geliebte / herzliche Frau / ca. gleich alte Frau nimmt sich nicht wichtig genug
- Geliebte / herzliche Frau / ca. gleich alte Frau ist nicht mehr wichtig und wird evtl. auch verschwinden

Kreuz über Störche:
- Das Thema „Geliebte / herzliche Frau / ca. gleich alte Frau" ist eine Lernaufgabe und Herausforderung. Wird oft als Krise erlebt und belastet bzw. bedrückt einen
- Geliebte / herzliche Frau / ca. gleich alte Frau ist belastet oder bedrückt

Die Kombinationen mit dem Hund:

Hund und Turm:

Kombinationen - für alle Bereiche:
- Hilfe / Unterstützung von einer Behörde
- Hilfe bei Behördenangelegenheiten bekommen
- Dem Alleinsein (Single sein) treu sein
- Langfristig allein sein

Kombinationen - Personen und Sonstiges:
- Einsamkeit (keine Freunde)
- Trennung von Freunden
- Sich vom Freundeskreis zurückziehen (abgrenzen)

Hund und Park:

Kombinationen - für alle Bereiche:
- Hilfe aus der Öffentlichkeit

Kombinationen - Personen und Sonstiges:
- Freunde, die im Mittelpunkt stehen wollen
- Gesellschaft von Freunden
- Kunden oder vielen Leuten helfen
- Treue Kundschaft

Hund und Berg:

Kombinationen - für alle Bereiche:
- Bei Blockaden / Frust / Hindernisse / Schwierigkeiten Hilfe bekommen
- Hilfe oder Unterstützung ist blockiert / schwierig
- Langfristige Blockaden / Frust / Hindernisse / Schwierigkeiten

Kombinationen - Personen und Sonstiges:
- Blockaden / Frust / Hindernisse / Schwierigkeiten im Freundeskreis
- Freunde von weiter weg (Entfernungskarte)

Hund und Wege:

Kombinationen - für alle Bereiche:
- Hilfe / Unterstützung bei Entscheidungen
- Langfristige Alternativen / Lösungen / Wege suchen
- Entscheidung zur Treue
- Zweifach Hilfe / Unterstützung bekommen

Kombinationen - Personen und Sonstiges:
- Sich für oder mit einem Freund entscheiden
- Entscheidung, die den Freundeskreis betrifft
- 2 Freunde
- In Freundschaften Alternativen / Lösungen / Wege suchen
- Auf dem Weg zu Freunden oder Freunde sind auf dem Weg
- Eine bestimmt Freundin (jüngere Frau)
- Die Schwester und der Freundeskreis
- Zur Schwester ein freundschaftliches Verhältnis haben

Hund und Mäuse:

Kombinationen - für alle Bereiche:
- Unzufriedenheit / Sorgen / Zweifel / Ängste / Verlust / Verminderung / Verzögerung bei Hilfe oder Unterstützung
- Sorgen / Zweifel / Ängste um die Treue
- Nicht treu sein
- Keine Hilfe / Unterstützung bekommen oder geben

Kombinationen - Personen und Sonstiges:
- Unzufriedenheit / Sorgen / Zweifel / Ängste / Verlust / Verminderung / Verzögerung im Freundeskreis
- Sorgen um einen Freund oder Angst um ihn
- Verlust eines Freundes bzw. Freundeskreis wird kleiner
- Zweifel an der Freundschaft

Hund und Herz:

Kombinationen - für alle Bereiche:
- Liebevolle Hilfe bzw. vom Herzen heraus geben
- Langfristige Liebe / Hilfe / Herzlichkeit

Kombinationen - Personen und Sonstiges:
- Positive Freundschaft
- Liebe im Freundeskreis bzw. in eine/n Freund/in verliebt sein
- Hilfsbereitschaft / Herzlichkeit im Freundeskreis
- Der 2. Sohn oder die 2. Tochter mit Freunden
- Der 2. Sohn oder die 2. Tochter ist treu oder hilfsbereit

Hund und Ring:

Kombinationen - für alle Bereiche:
- Langfristiger Vertrag / Verbindung / Verpflichtung / Ehe / Beziehung
- In der Ehe / Beziehung treu sein
- Hilfe bzw. Unterstützung in der oder bei Vertrag / Verbindung / Verpflichtung / Ehe / Beziehung

Kombinationen - Personen und Sonstiges:
- Freundschaftliches Verhältnis
- Verheiratete oder gebundene Freunde
- Verpflichtungen / Verträge mit Freunden
- Wiederholung im Freundeskreis bzw. sich mit oder wegen Freundschaften im Kreis drehen
- Ein Kreis von Freunden

Hund und Buch:

Kombinationen - für alle Bereiche:
- Hilfe bzw. Unterstützung beim Lernen / Schule / Studium
- Ein Förderer in der Schule / Studium
- Hilfe ist noch nicht spruchreif (noch unbekannt)
- Langfristig ein Geheimnis / Lernen

Kombinationen - Personen und Sonstiges:
- Diesen Freund lernen sie noch kennen (noch unbekannt)
- Geheimnis im Freundeskreis
- Lehrreiche Freundschaften

Hund und Brief:

Kombinationen - für alle Bereiche:
- Oberflächliche oder nur vorübergehende Hilfe / Unterstützung
- Nachricht / Brief / SMS / E-Mail / Kontakt betrifft oder handelt von Hilfe bzw. Unterstützung

Kombinationen - Personen und Sonstiges:
- Nachricht / Brief / SMS / E-Mail / Kontakt betrifft oder aus dem Freundeskreis
- Oberflächliche oder nur vorübergehende Freundschaft
- Brieffreundschaft

Hund und Herr:

Hinweis:
Er ist eine männliche Hauptperson, der feste Partner, Ehemann, die fragende Person selbst oder aber einfach nur irgendein Mann.

Kombinationen - für alle Bereiche:
- Er ist zuverlässig oder hilfsbereit oder treu

Kombinationen - Personen und Sonstiges:
- Dieser Mann ist aus dem Freundeskreis
- Der Fragesteller oder Partner mit dem Freundeskreis
- Hilfe bzw. Unterstützung von diesem Mann / Partner bekommen oder ihm geben

Hund und Dame:

Hinweis:
Sie ist eine weibliche Hauptperson, die feste Partnerin, Ehefrau, die fragende Person selbst oder aber einfach nur irgendeine Frau.

Kombinationen - für alle Bereiche:
- Sie ist zuverlässig oder hilfsbereit oder treu

Kombinationen - Personen und Sonstiges:
- Diese Frau ist aus dem Freundeskreis
- Die Fragestellerin oder Partnerin mit dem Freundeskreis
- Hilfe bzw. Unterstützung von dieser Frau / Partnerin bekommen oder ihr geben

Hund und Lilie:

Kombinationen - für alle Bereiche:
- Langfristig Harmonie / Ruhe / Frieden / Zufriedenheit / Sex
- Treu sein (Treue beim Thema Sex)
- Hilfe bringt Harmonie / Ruhe / Frieden / Zufriedenheit

Kombinationen - Personen und Sonstiges:
- Harmonie / Ruhe / Frieden / Zufriedenheit / Sex im Freundeskreis
- Freunde der Familie oder vom Vater
- Ein bestimmter Freund (älterer Mann)
- Freundschaft im Winter
- Familie / Vater / ein älterer Mann bekommt oder gibt Hilfe
- Familie / Vater / ein älterer Mann ist treu oder hilfsbereit

Hund und Sonne:

Kombinationen - für alle Bereiche:
- Langfristig läuft alles gut
- Kreative Hilfe / Unterstützung
- Hilfe bzw. Unterstützung gibt Kraft / Energie / beim Erfolg

Kombinationen - Personen und Sonstiges:
- Positive Freundschaft
- Freundschaft im Sommer
- Hilfe / Unterstützung im Sommer

Hund und Mond:

Kombinationen - für alle Bereiche:
- Hilfe / Unterstützung beim Erfolg
- Langfristig Gefühle / Erfolg / Anerkennung

Kombinationen - Personen und Sonstiges:
- Erfolgreiche Freundschaft
- Anerkennung aus dem Freundeskreis
- Freundschaftliche Gefühle
- Gefühle für eine/n Freund/in

Hund und Schlüssel:

Kombinationen - für alle Bereiche:
- Mit Sicherheit Hilfe / Unterstützung bekommen
- Langfristige Sicherheit oder sicher sein
- Zuversichtlich sein, was Treue oder Hilfe betrifft
- Mit Sicherheit treu
- Hilfe / Unterstützung beim Erfolg

Kombinationen - Personen und Sonstiges:
- Zuverlässige Freunde
- Erfolgreiche Freundschaft
- Mit Sicherheit Freunde
- Bei Freunden sicher sein
- Zuversichtlich sein, was Freundschaften betrifft

Hund und Fische:

Kombinationen - für alle Bereiche:
- Finanzielle Hilfe / Unterstützung bekommen
- Hilfe bei Sucht bekommen
- Langfristig Geld / Besitz

Kombinationen - Personen und Sonstiges:
- Ein bestimmter Freund (jüngerer Mann)
- Der Bruder und der Freundeskreis
- Zum Bruder ein freundschaftliches Verhältnis haben
- Tiefgehende (innige) Freundschaft
- Seelenfreundschaft

- Hilfe für oder vom Bruder oder einem jüngeren Mann
- Bruder / jüngerer Mann ist treu oder hilfsbereit

Hund und Anker:

Kombinationen - für alle Bereiche:
- Langfristig Arbeit
- Hilfe / Unterstützung bei der Arbeit oder im Ausland
- Dienstleistungsbereich
- Langfristig treu
- Von Hilfe / Unterstützung abhängig sein, daran festhalten

Kombinationen - Personen und Sonstiges:
- Freundschaft auf der Arbeit
- Freundschaft im Ausland
- Von Freunden abhängig sein oder an Freundschaften klammern

Hund und Kreuz:

Kombinationen - für alle Bereiche:
- Hilfe / Unterstützung ist schicksalhaft bzw. wichtig
- Treue ist wichtig

Kreuz vor Hund:
- Treue ist einem sehr wichtig
- Hilfe / Unterstützung ist wichtig und wird auch mehr

Kreuz hinter Hund:
- Hilfe / Unterstützung ist nicht mehr wichtig und verschwindet
- Treue ist einem nicht so wichtig

Kreuz über Hund:
- Das Thema „Hilfe / Unterstützung / Treue" ist eine Lernaufgabe und Herausforderung. Wird oft als Krise erlebt und belastet bzw. bedrückt einen

Kombinationen - Personen und Sonstiges:
- Karmische oder wichtige Freundschaft

Kreuz vor Hund:
- Freundschaft ist wichtig und vertieft sich noch oder es werden noch mehr Freunde

Kreuz hinter Hund:
- Freundschaft löst sich auf oder ist nicht mehr so wichtig oder es werden weniger Freunde

Kreuz über Hund:
- Das Thema „Freundschaft" ist eine Lernaufgabe und Herausforderung. Wird oft als Krise erlebt und belastet bzw. bedrückt einen

Die Kombinationen mit dem Turm:

Turm und Park:

Kombinationen - für alle Bereiche:
- Öffentliche Behörde oder Einrichtung
- Hotel
- Sich aus der Öffentlichkeit zurück ziehen

Kombinationen - Personen und Sonstiges:
- Trennung von vielen Leuten
- Rückzug von der Gesellschaft
- Mit Kunden allein sein (selbständig)

Turm und Berg:

Kombinationen - für alle Bereiche:
- Blockaden / Frust / Hindernisse / Schwierigkeiten von oder wegen einer Behörde
- Blockaden / Frust / Hindernisse / Schwierigkeiten bei oder wegen einer Trennung oder einem Rückzug
- Große Einsamkeit
- Allein sein mit Schwierigkeiten / Blockaden / Hindernissen
- Ein weiter Weg = über die Grenze hinaus (Entfernungskarte)

Kombinationen - Personen und Sonstiges: /

Turm und Wege:

Kombinationen - für alle Bereiche:
- Entscheidung zur Trennung / Rückzug
- Allein diese Wege gehen oder allein nach Alternativen und Lösungen suchen
- Entscheidung von oder durch Behörde
- Die Entscheidung allein treffen
- 2 Behörden / 2 Trennungen

Kombinationen - Personen und Sonstiges:
- Trennung oder Rückzug von der Schwester / jüngeren Frau
- Schwester / jüngere Frau ist einsam oder allein oder zurück gezogen bzw. isoliert sich
- Jüngere Frau von einer Behörde

Turm und Mäuse:

Kombinationen - für alle Bereiche:
- Unzufriedenheit / Sorgen / Zweifel / Ängste / Verlust / Verminderung / Verzögerung bei oder wegen einer Trennung oder einem Rückzug
- Keine Trennung / Rückzug
- Unzufriedenheit / Sorgen / Zweifel / Ängste wegen oder vorm allein sein
- Unzufriedenheit / Sorgen / Zweifel / Ängste / Verlust / Verminderung / Verzögerung bei oder wegen einer Behördenangelegenheit

Kombinationen - Personen und Sonstiges: /

Turm und Herz:

Kombinationen - für alle Bereiche:
- Fühlt sich nicht geliebt, von der Liebe abgrenzen bzw. in der Liebe allein sein (ein Single)
- In sich selbst verliebt sein
- Liebe trennt sich oder davon zurück ziehen
- Liebe über die Grenze
- Liebevolle, hilfsbereite Behörde

Kombinationen - Personen und Sonstiges:
- Trennung oder Rückzug vom 2. Sohn oder der 2. Tochter
- 2. Sohn oder 2. Tochter ist einsam oder allein oder zurück gezogen bzw. isoliert sich
- 2. Sohn oder 2. Tochter bei einer Behörde (oder auch Schule)

Turm und Ring:

Kombinationen - für alle Bereiche:
- Scheidung (Trennung der Ehe)
- Standesamt (mit Park dabei)
- Vertrag / Verpflichtung wird aufgelöst
- Trennung der Verbindungen / Ehe / Beziehung
- Sich wiederholt zurück ziehen und allein sein
- Sich trotz Beziehung bzw. in der Ehe allein fühlen
- Sich zurück ziehen oder abgrenzen in der Ehe / Beziehung

Kombinationen - Personen und Sonstiges: /

Turm und Buch:

Kombinationen - für alle Bereiche:
- Alleine Wissen aneignen
- Trennung / Rückzug ist noch nicht spruchreif
- Geheimnis um eine Trennung / Rückzug machen
- Behörde mit Lernen = Schule / Studium

Kombinationen - Personen und Sonstiges: /

Turm und Brief:

Kombinationen - für alle Bereiche:
- Nachricht über Trennung / Rückzug
- Nachricht / Brief / SMS / E-Mail / Kontakt von einer Behörde
- Sich von einem Kontakt zurück ziehen oder trennen
- Nur vorübergehende oder oberflächlicher Rückzug / Trennung / allein sein

Kombinationen - Personen und Sonstiges: /

Turm und Herr:

Hinweis:
Er ist eine männliche Hauptperson, der feste Partner, Ehemann, die fragende Person selbst oder aber einfach nur irgendein Mann.

Kombinationen - für alle Bereiche:
- Er ist ehrgeizig oder egoistisch
- Er ist einsam oder grenzt sich ab oder trennt sich

Kombinationen - Personen und Sonstiges:
- Dieser Mann ist von einer Behörde
- Trennung oder Rückzug von diesem Mann / Partner

Turm und Dame:

Hinweis:
Sie ist eine weibliche Hauptperson, die feste Partnerin, Ehefrau, die fragende Person selbst oder aber einfach nur irgendeine Frau.

Kombinationen - für alle Bereiche:
- Sie ist ehrgeizig oder egoistisch
- Sie ist einsam oder grenzt sich ab oder trennt sich

Kombinationen - Personen und Sonstiges:
- Diese Frau ist von einer Behörde
- Trennung oder Rückzug von dieser Frau / Partnerin

Turm und Lilie:

Kombinationen - für alle Bereiche:
- Harmonie / Ruhe / Frieden / Zufriedenheit mit oder durch eine Behörde
- Mit sich allein in Harmonie / Frieden / Zufriedenheit sein
- Sexuelle Grenzen überschreiten
- Sich vom Sex abgrenzen / zurück ziehen

Kombinationen - Personen und Sonstiges:
- Trennung oder Rückzug von der Familie / dem Vater / einem älteren Mann

- Keine Familie = alleine sein
- Vater / älterer Mann ist einsam oder allein oder zurück gezogen bzw. isoliert sich
- Ein älterer Mann von einer Behörde
- Im Winter mit Behörden zu tun
- Im Winter Trennung / Rückzug

Turm und Sonne:

Kombinationen - für alle Bereiche:
- Mit einer Behörde geht es gut aus
- Trennung ist positiv oder verläuft gut
- Alleine Energie / Power / Ausstrahlung / Kreativität haben
- Behörde mit Energie z. B. Stromanbieter oder Sonnenstudio usw.

Kombinationen - Personen und Sonstiges:
- Im Sommer mit Behörden zu tun
- Im Sommer Trennung / Rückzug

Turm und Mond:

Kombinationen - für alle Bereiche:
- Erfolgreiche Trennung / Rückzug
- Erfolg mit Behörden
- Anerkennung durch eine Behörde
- Einsamkeitsgefühle
- Gefühle abgrenzen oder ziehen sich zurück

Kombinationen - Personen und Sonstiges: /

Turm und Schlüssel:

Kombinationen - für alle Bereiche:
- Mit Sicherheit mit einer Behörde zu tun
- Behörde mit Sicherheit oder Schlüssel z. B. Sicherheitsdienst oder Schlüsseldienst usw.
- Selbständigkeit
- Mit Sicherheit über die Grenze
- Alleine erfolgreich

- Zuversichtlich sein, was eine Trennung / Rückzug betrifft
- Mit Sicherheit eine Trennung / Rückzug

Kombinationen - Personen und Sonstiges: /

Turm und Fische:

Kombinationen - für alle Bereiche:
- Bank oder Geld für oder von einer Behörde
- Einsame Seele
- Einsamkeit vertieft sich
- Trennung / Rückzug von der Sucht

Kombinationen - Personen und Sonstiges:
- Trennung oder Rückzug vom Bruder / jüngeren Mann
- Bruder / jüngerer Mann ist einsam oder allein oder zurück gezogen bzw. isoliert sich
- Jüngerer Mann von einer Behörde

Turm und Anker:

Kombinationen - für alle Bereiche:
- Berufliche Selbständigkeit
- Trennung / Rückzug von der Arbeit
- Arbeit auf einer Behörde
- Mit Behörden Arbeit haben, sich damit beschäftigen
- Arbeit über die Grenze hinaus
- Behörde im Ausland
- Trennung / Rückzug / allein im Ausland
- Von einer Behörde abhängig sein
- An das Alleinsein klammern

Kombinationen - Personen und Sonstiges: /

Turm und Kreuz:

Kombinationen - für alle Bereiche:
- Kirche
- Trennung / Rückzug / Einsamkeit ist schicksalhaft oder wichtig
- Behördenangelegenheit ist schicksalhaft oder wichtig

Kreuz vor Turm:
- Rückzug oder Einsamkeit wird wichtiger oder intensiver erlebt
- Behördenangelegenheit wird wichtiger

Kreuz hinter Turm:
- Einsamkeit löst sich auf
- Trennung ist nicht mehr wichtig
- Behördenangelegenheit nimmt ab bzw. nicht mehr wichtig

Kreuz über Turm:
- Das Thema „Trennung / Rückzug / Einsamkeit / Abgrenzung / allein / Behörde" ist eine Lernaufgabe und Herausforderung. Wird oft als Krise erlebt und belastet bzw. bedrückt einen

Kombinationen - Personen und Sonstiges: /

Die Kombinationen mit dem Park:

Park und Berg:

Kombinationen - für alle Bereiche:
- Öffentliche Veranstaltung fällt aus bzw. ist blockiert
- Blockade / Frust / Hindernisse / Schwierigkeiten zur oder aus der Öffentlichkeit

Kombinationen - Personen und Sonstiges:
- Frustrierende Gesellschaft / Kundschaft
- Blockade / Frust / Hindernisse / Schwierigkeiten wegen oder von vielen Leuten

Park und Wege:

Kombinationen - für alle Bereiche:
- Entscheidung in die Öffentlichkeit gehen
- Öffentliche Entscheidung
- In der Öffentlichkeit nach Alternativen / Lösungen / Wegen suchen

Kombinationen - Personen und Sonstiges:
- Entscheidung betrifft viele Leute / Gesellschaft / Kundschaft
- Schwester / jüngere Frau ist in der Öffentlichkeit oder gesellig
- Mit vielen Leuten zusammen entscheiden

Park und Mäuse:

Kombinationen - für alle Bereiche:
- Keine Veranstaltung, es fällt alles aus
- Zweifel / Angst vor Öffentlichkeit
- Unzufriedenheit / Sorgen / Verzögerungen mit oder wegen der Öffentlichkeit

Kombinationen - Personen und Sonstiges:
- Zweifel oder Ängste oder Sorgen an oder um viele Leute / Gesellschaft / Kundschaft
- Unzufriedenheit oder Verzögerungen mit oder wegen vielen Leuten / Gesellschaft / Kundschaft

Park und Herz:

Kombinationen - für alle Bereiche:
- Öffentliche Liebe
- Die Liebe in der Öffentlichkeit zeigen
- Hilfe / Herzlichkeit aus der Öffentlichkeit

Kombinationen - Personen und Sonstiges:
- Liebe zu vielen Menschen
- Liebevolle Gesellschaft / Kundschaft
- 2. Sohn oder 2. Tochter ist in der Öffentlichkeit oder gesellig

Park und Ring:

Kombinationen - für alle Bereiche:
- Beziehung in der Öffentlichkeit
- Öffentlich verbinden = Hochzeit
- Öffentlicher Vertrag / Verbindung / Ehe / Beziehung
- Verpflichtungen an die Öffentlichkeit
- Wiederholt in die Öffentlichkeit

Kombinationen - Personen und Sonstiges:
- Vertrag betrifft viele Menschen
- Mit vielen Leuten verbunden sein
- Verpflichtungen an die Gesellschaft / Kundschaft

Park und Buch:

Kombinationen - für alle Bereiche:
- Bücherei oder Buchhandlung
- Schule / Studium / Weiterbildung
- Geheimnis vor der Öffentlichkeit

Kombinationen - Personen und Sonstiges:
- Geheimnis betrifft viele Leute / Gesellschaft / Kundschaft
- Kundschaft ist noch nicht spruchreif oder noch unbekannt
- Unbekannte Leute / Gesellschaft
- Lernen in Gesellschaft bzw. mit vielen Leuten zusammen

Park und Brief:

Kombinationen - für alle Bereiche:
- Öffentliche Nachricht / Brief / SMS / E-Mail / Kontakt
- Nur vorübergehend oder oberflächlich in der Öffentlichkeit

Kombinationen - Personen und Sonstiges:
- Nachricht / Brief / SMS / E-Mail / Kontakt betrifft viele Menschen
- Nur vorübergehende oder oberflächliche Gesellschaft / Kundschaft

Park und Herr:

Hinweis:
Er ist eine männliche Hauptperson, der feste Partner, Ehemann, die fragende Person selbst oder aber einfach nur irgendein Mann.

Kombinationen - für alle Bereiche:
- Er ist gesellig oder steht gerne im Mittelpunkt
- Er geht in die Öffentlichkeit oder hat damit zu tun

Kombinationen - Personen und Sonstiges:
- Dieser Mann / Partner ist aus oder in der Öffentlichkeit
- Mit diesem Mann öffentlich zu tun haben

Park und Dame:

Hinweis:
Sie ist eine weibliche Hauptperson, die feste Partnerin, Ehefrau, die fragende Person selbst oder aber einfach nur irgendeine Frau.

Kombinationen - für alle Bereiche:
- Sie ist gesellig oder steht gerne im Mittelpunkt
- Sie geht in die Öffentlichkeit oder hat damit zu tun

Kombinationen - Personen und Sonstiges:
- Diese Frau / Partnerin ist aus oder in der Öffentlichkeit
- Mit dieser Frau öffentlich zu tun haben

Park und Lilie:

Kombinationen - für alle Bereiche:
- Bordell
- Im freien Sex haben
- Harmonie / Ruhe / Frieden / Zufriedenheit in der Öffentlichkeit

Kombinationen - Personen und Sonstiges:
- Familie / Vater / älterer Mann ist gesellig oder in der Öffentlichkeit
- Mit älterem Mann öffentlich zu tun haben
- Im Winter in die Öffentlichkeit gehen
- Im Winter Kundschaft

Park und Sonne:

Kombinationen - für alle Bereiche:
- Positives in der Öffentlichkeit
- Energie / Power / Kreativität in der Öffentlichkeit
- Ausstrahlung auf die Öffentlichkeit

Kombinationen - Personen und Sonstiges:
- Im Sommer in die Öffentlichkeit gehen
- Im Sommer Kundschaft
- Sich in guter Gesellschaft befinden
- Positive Kundschaft / Leute

Park und Mond:

Kombinationen - für alle Bereiche:
- Öffentliche Anerkennung
- Gefühle zur Schau tragen
- Erfolg in der Öffentlichkeit

Kombinationen - Personen und Sonstiges:
- Erfolg oder Anerkennung von vielen Leuten / Kundschaft
- Gefühlvolle Gesellschaft oder Gefühle für viel Leute haben

Park und Schlüssel:

Kombinationen - für alle Bereiche:
- Mit Sicherheit in die Öffentlichkeit
- Erfolg in der Öffentlichkeit

Kombinationen - Personen und Sonstiges:
- Sicherheit durch viele Leute / Kundschaft
- Erfolg bei oder durch viele Leute / Kundschaft
- Zuversichtlich sein, was Kundschaft / die Gesellschaft betrifft

Park und Fische:

Kombinationen - für alle Bereiche:
- Bank / Börse / Geldinstitute
- Öffentliches Geld

Kombinationen - Personen und Sonstiges:
- Bruder / jüngerer Mann ist in der Öffentlichkeit oder gesellig
- Mit vielen Leuten was vertiefen
- Geld von vielen Leuten / Kundschaft
- Süchtig nach Gesellschaft

Park und Anker:

Kombinationen - für alle Bereiche:
- Öffentlichkeitsarbeit
- Von der Öffentlichkeit abhängig sein
- Draußen arbeiten

Kombinationen - Personen und Sonstiges:
- Arbeit mit vielen Menschen
- Kunden gegenüber treu sein
- Abhängig von Kunden / vielen Leuten
- Sich mit vielen Leuten beschäftigen (zusammenarbeiten)

Park und Kreuz:

Kombinationen - für alle Bereiche:
- Öffentlichkeit ist wichtig
- Kirche

Kreuz vor Park:
- Öffentlichkeit tritt in den Vordergrund und wird wichtiger

Kreuz hinter Park:
- Öffentlichkeit ist nicht mehr wichtig

Kreuz über Park:
- Das Thema „Öffentlichkeit / Umwelt (alles außerhalb der Privatsphäre)" ist eine Lernaufgabe und Herausforderung. Wird oft als Krise erlebt und belastet bzw. bedrückt einen

Kombinationen - Personen und Sonstiges:
- Gesellschaft / Kundschaft ist schicksalhaft bestimmt bzw. wichtig

Kreuz vor Park:
- Kunden vermehren sich

Kreuz hinter Park:
- Kunden werden weniger oder sind nicht mehr so wichtig

Kreuz über Park:
- Das Thema „Gesellschaft / viele Leute / Kundschaft" ist eine Lernaufgabe und Herausforderung. Wird oft als Krise erlebt und belastet bzw. bedrückt einen

Die Kombinationen mit dem Berg:

Berg und Wege:

Kombinationen - für alle Bereiche:
- Momentan keine Entscheidung, es wird blockiert
- Schwierigkeiten / Frust / Blockaden / Hindernisse bei einer Entscheidung
- Es gibt momentan keine Alternative, die Wege sind blockiert, alles ist festgefahren
- 2 Hindernisse / 2 Schwierigkeiten

Kombinationen - Personen und Sonstiges:
- Schwester / jüngere Frau ist weiter weg (Entfernung)
- Schwester / jüngere Frau ist frustriert / blockiert / gehemmt
- Schwierigkeiten / Frust / Blockaden / Hindernisse mit bzw. wegen der Schwester oder jüngeren Frau

Berg und Mäuse:

Kombinationen - für alle Bereiche:
- Schwierigkeiten / Frust / Blockaden / Hindernisse werden beseitigt bzw. lösen sich auf
- Unzufriedenheit / Sorgen / Zweifel / Ängste / Verlust / Verminderung / Verzögerung wegen Blockaden oder Schwierigkeiten

Kombinationen - Personen und Sonstiges: /

Berg und Herz:

Kombinationen - für alle Bereiche:
- Lieblos, alles festgefahren in der Liebe
- Mauer um das Herz gebaut, kommt keiner durch
- Schwierigkeiten / Frust / Blockaden / Hindernisse in der Liebe
- Schwierigkeiten / Blockaden / Hindernisse in der Herzlichkeit oder Hilfsbereitschaft

Kombinationen - Personen und Sonstiges:
- 2. Sohn oder 2. Tochter ist weiter weg (Entfernung)
- 2. Sohn oder 2. Tochter ist frustriert / blockiert / gehemmt

- Schwierigkeiten / Frust / Blockaden / Hindernisse mit bzw. wegen dem 2. Sohn oder der 2. Tochter

Berg und Ring:

Kombinationen - für alle Bereiche:
- Schwierigkeiten / Frust / Blockaden / Hindernisse im Vertrag oder Verbindungen oder Beziehungen oder in der Ehe
- Sich wegen Schwierigkeiten / Frust / Blockaden / Hindernissen im Kreis drehen
- Sich wiederholende Schwierigkeiten / Blockaden / Hindernisse

Kombinationen - Personen und Sonstiges: /

Berg und Buch:

Kombinationen - für alle Bereiche:
- Schwierigkeiten / Frust / Blockaden / Hindernisse wegen einem Geheimnis
- Schwierigkeiten / Frust / Blockaden / Hindernisse beim Lernen oder in der Schule oder beim Studium
- Unbekanntes macht Schwierigkeiten / Frust
- Schwierigkeiten / Frust / Blockaden / Hindernisse sind noch nicht spruchreif (noch unbekannt)

Kombinationen - Personen und Sonstiges: /

Berg und Brief:

Kombinationen - für alle Bereiche:
- Blockierte Nachricht / E-Mail / Brief / SMS / Kontakt läßt auf sich warten
- Schwierigkeiten / Frust / Blockaden / Hindernisse wegen einer Email oder SMS oder Brief oder Nachricht oder Kontakt
- Nur vorübergehende oder oberflächliche Schwierigkeiten / Frust / Blockaden / Hindernisse
- Nachricht / E-Mail / Brief / SMS / Kontakt von weiter weg (Entfernungskarte)

Kombinationen - Personen und Sonstiges: /

Berg und Herr:

Hinweis:
Er ist eine männliche Hauptperson, der feste Partner, Ehemann, die fragende Person selbst oder aber einfach nur irgendein Mann.

Kombinationen - für alle Bereiche:
- Er ist frustriert / gehemmt / stur / blockiert / schwierig
- Er hat Schwierigkeiten / Frust / Blockaden / Hindernisse

Kombinationen - Personen und Sonstiges:
- Dieser Mann / Partner ist weiter weg (Entfernung)
- Dieser Mann / Partner ist frustriert / blockiert / gehemmt
- Schwierigkeiten / Frust / Blockaden / Hindernisse mit bzw. wegen diesem Mann / Partner

Berg und Dame:

Hinweis:
Sie ist eine weibliche Hauptperson, die feste Partnerin, Ehefrau, die fragende Person selbst oder aber einfach nur irgendeine Frau.

Kombinationen - für alle Bereiche:
- Sie ist frustriert / gehemmt / stur / blockiert / schwierig
- Sie hat Schwierigkeiten / Frust / Blockaden / Hindernisse

Kombinationen - Personen und Sonstiges:
- Diese Frau / Partnerin ist weiter weg (Entfernung)
- Diese Frau / Partnerin ist frustriert / blockiert / gehemmt
- Schwierigkeiten / Frust / Blockaden / Hindernisse mit bzw. wegen dieser Frau / Partnerin

Berg und Lilie:

Kombinationen - für alle Bereiche:
- Schwierigkeiten / Frust / Blockaden / Hindernisse im sexuellen
- Harmonie / Ruhe / Frieden / Zufriedenheit ist blockiert

Kombinationen - Personen und Sonstiges:
- Familie / Vater / älterer Mann ist weiter weg (Entfernung)
- Familie / Vater / älterer Mann ist frustriert / blockiert / gehemmt

- Schwierigkeiten / Frust / Blockaden / Hindernisse mit bzw. wegen der Familie / Vater / älteren Mann
- Schwierigkeiten / Frust / Blockaden / Hindernisse im Winter

Berg und Sonne:

Kombinationen - für alle Bereiche:
- Energie ist blockiert, wenig Kraft
- Zurzeit wenig Ausstrahlung haben
- Kreativität und Positives sind momentan blockiert
- Schwierigkeiten / Frust / Blockaden / Hindernisse gehen gut aus

Kombinationen - Personen und Sonstiges:
- Schwierigkeiten / Frust / Blockaden / Hindernisse im Sommer

Berg und Mond:

Kombinationen - für alle Bereiche:
- Blockierte Gefühle
- Erfolg / Anerkennung ist blockiert bzw. verhindert

Kombinationen - Personen und Sonstiges: /

Berg und Schlüssel:

Kombinationen - für alle Bereiche:
- Mit Sicherheit Schwierigkeiten / Frust / Blockaden / Hindernisse
- Sicherheit / Erfolg / Zuversicht ist blockiert bzw. verhindert

Kombinationen - Personen und Sonstiges: /

Berg und Fische:

Kombinationen - für alle Bereiche:
- Geld fließt nicht z. B. Konto gesperrt
- Finanzielle Schwierigkeiten / Frust / Blockaden / Hindernisse
- Blockierte / frustrierte / schwierige Seele

- Schwierigkeiten wegen Sucht
- Schwierigkeiten / Frust / Blockaden / Hindernisse vertiefen sich noch

Kombinationen - Personen und Sonstiges:
- Bruder / jüngerer Mann ist weiter weg (Entfernung)
- Bruder / jüngerer Mann ist frustriert / blockiert / gehemmt
- Schwierigkeiten / Frust / Blockaden / Hindernisse mit bzw. wegen dem Bruder oder einem jüngeren Mann

Berg und Anker:

Kombinationen - für alle Bereiche:
- Keine Arbeit = Arbeitslosigkeit
- Schwierigkeiten / Frust / Blockaden / Hindernisse wegen oder auf der Arbeit
- Schwierigkeiten / Frust / Blockaden / Hindernisse wegen Abhängigkeiten
- Schwierigkeiten / Frust / Blockaden / Hindernisse im Ausland
- Treue ist schwierig oder verhindert

Kombinationen - Personen und Sonstiges: /

Berg und Kreuz:

Kombinationen - für alle Bereiche:
- Schwierigkeiten / Frust / Blockaden / Hindernisse sind schicksalhaft oder wichtig

Kreuz vor Berg:
- Intensive Blockaden und Schwierigkeiten
- Besonders viel Frust oder Hemmungen

Kreuz hinter Berg:
- Blockaden und Schwierigkeiten lösen sich auf
- Frust oder Hemmungen verschwinden

Kreuz über Berg:
- Das Thema „Schwierigkeiten / Frust / Blockaden / Hindernisse" ist eine Lernaufgabe und Herausforderung. Wird oft als Krise erlebt und belastet bzw. bedrückt einen

Kombinationen - Personen und Sonstiges: /

Die Kombinationen mit den Wegen:

Wege und Mäuse:

Kombinationen - für alle Bereiche:
- Unzufriedenheit / Sorgen / Ängste / Zweifel / Verlust / Verminderung / Verzögerung bei der Suche nach Alternativen oder Lösungen oder Wegen
- Unzufriedenheit / Sorgen / Ängste / Zweifel / Verlust / Verminderung / Verzögerung bei einer Entscheidung
- Keine Entscheidung treffen können, sie wird einem abgenommen

Kombinationen - Personen und Sonstiges:
- Schwester / jüngere Frau ist unzufrieden oder ängstlich oder zweifelt oder sie verschwindet
- Unzufriedenheit / Sorgen / Zweifel / Ängste wegen der Schwester oder jüngeren Frau

Wege und Herz:

Kombinationen - für alle Bereiche:
- Folge deinem Herzen
- Entscheidung aus Liebe oder des Herzens
- In der Liebe nach Alternativen / Lösungen / Wegen suchen
- Zweifach verliebt
- Hilfe bei der Suche nach Alternativen / Lösungen / Wegen

Kombinationen - Personen und Sonstiges:
- Schwester / jüngere Frau ist verliebt oder herzlich oder hilfsbereit
- In eine jüngere Frau verliebt
- 2. Sohn oder 2. Tochter muß sich entscheiden oder die Entscheidung betrifft ihn bzw. sie
- Wegen dem 2. Sohn oder der 2. Tochter nach Alternativen und Lösungen suchen oder die Wahl haben

Wege und Ring:

Kombinationen - für alle Bereiche:
- Entscheidung in der Beziehung / Ehe / Verbindung / Vertrag
- Alternativer Vertrag
- Sich im Kreis drehen bei der Suche nach Alternativen / Lösungen / Wegen
- Wiederholt nach Alternativen / Lösungen / Wegen suchen
- In der Beziehung / Ehe / Verbindung / Vertrag / Verpflichtung nach anderen Möglichkeiten oder Lösungen suchen
- 2 Verbindungen / Verträge / Verpflichtungen / Beziehungen

Kombinationen - Personen und Sonstiges:
- Schwester / jüngere Frau ist gebunden oder verheiratet oder hat Verpflichtungen oder dreht sich im Kreis
- Verpflichtung / Verbindung an bzw. mit der Schwester / jüngere Frau

Wege und Buch:

Kombinationen - für alle Bereiche:
- Entscheidendes Schriftstück
- Alternativen / Lösungen / Wege suchen bei der Schule oder dem Studium oder beim Lernen
- Schule / Studium ist noch unbekannt
- Entscheidung ist noch geheim
- Entscheidung steht noch aus, sie wurde noch nicht getroffen
- 2 Bücher / 2 Schriftstücke

Kombinationen - Personen und Sonstiges:
- Schwester / jüngere Frau ist belesen bzw. intelligent oder hat ein Geheimnis
- Unbekannte jüngere Frau
- Geheimnis wegen oder vor der Schwester / jüngere Frau haben

Wege und Brief:

Kombinationen - für alle Bereiche:
- Entscheidendes Schriftstück
- Nachricht / Brief / SMS / E-Mail / Kontakt bringt Entscheidung
- Über die Entscheidung eine Nachricht / Brief / SMS / Email erhalten
- Nachricht / Brief / SMS / E-Mail / Kontakt bringt Lösung oder Alternativen
- Nur vorübergehende oder oberflächliche Entscheidung / Alternative / Lösung
- 2 Nachrichten / Briefe / SMS / E-Mails / Kontakte

Kombinationen - Personen und Sonstiges:
- Nachricht / Brief / SMS / E-Mail / Kontakt von oder mit der Schwester oder jüngere Frau
- Kontaktfreudige / oberflächliche / kommunikative Schwester oder jüngere Frau
- Nur vorübergehend eine jüngere Frau da

Wege und Herr:

Hinweis:
Er ist eine männliche Hauptperson, der feste Partner, Ehemann, die fragende Person selbst oder aber einfach nur irgendein Mann.

Kombinationen - für alle Bereiche:
- Er ist entscheidend
- Er sucht nach Lösungen oder Alternativen oder Wegen

Kombinationen - Personen und Sonstiges:
- Dieser Mann / Partner muß sich entscheiden oder die Entscheidung betrifft ihn
- Wegen diesem Mann / Partner nach Alternativen und Lösungen suchen oder die Wahl haben
- Die Schwester oder eine jüngere Frau mit dem Fragesteller / Partner / Mann
- 2 Männer

Wege und Dame:

Hinweis:
Sie ist eine weibliche Hauptperson, die feste Partnerin, Ehefrau, die fragende Person selbst oder aber einfach nur irgendeine Frau.

Kombinationen - für alle Bereiche:
- Sie ist entscheidend
- Sie sucht nach Lösungen oder Alternativen oder Wegen

Kombinationen - Personen und Sonstiges:
- Diese Frau / Partnerin muß sich entscheiden oder die Entscheidung betrifft sie
- Wegen dieser Frau / Partnerin nach Alternativen und Lösungen suchen oder die Wahl haben
- Die Schwester oder eine jüngere Frau mit der Fragestellerin / Partnerin / Frau
- Die jüngere Frau wird zur weiblichen Hauptperson (zur festen Partnerin)
- 2 Frauen

Wege und Lilie:

Kombinationen - für alle Bereiche:
- Sexuelle Entscheidung
- Entscheidung bringt Harmonie / Ruhe / Frieden / Zufriedenheit
- Sexuell nach Möglichkeiten / Alternativen suchen
- Zweifach Sex haben

Kombinationen - Personen und Sonstiges:
- Familie / Vater / älterer Mann muß sich entscheiden oder die Entscheidung betrifft ihn
- Wegen der Familie / Vater / älteren Mann nach Alternativen und Lösungen suchen oder die Wahl haben
- Schwester oder jüngere Frau mit der Familie oder dem Vater oder einem älteren Mann
- Ein Familienmitglied = die Schwester
- Jüngere Frau aus der Familie (Familienmitglied)
- Schwester / jüngere Frau ist sexuell interessiert oder ruhig oder Familienmensch
- Sex mit einer jüngeren Frau
- 2 Väter oder 2 ältere Männer
- Entscheidung im Winter

Wege und Sonne:

Kombinationen - für alle Bereiche:
- Richtige Entscheidung
- Sehr entschlußkräftig
- Entscheidung geht gut aus oder gibt Kraft / Energie
- Positive Suche nach Alternativen / Lösungen / Wegen

Kombinationen - Personen und Sonstiges:
- Schwester / jüngere Frau ist positiv oder schön oder kreativ oder hat viel Energie oder ist sonnig oder strahlt Wärme und Anziehungskraft aus
- Schönes und Positives mit der Schwester / jüngeren Frau
- Entscheidung im Sommer

Wege und Mond:

Kombinationen - für alle Bereiche:
- Erfolgsweg
- Gefühlsmäßig entscheiden
- Entscheidung betrifft die Gefühle
- Erfolg / Anerkennung durch eine Entscheidung
- Erfolgreich Alternativen / Lösungen / Wege suchen

Kombinationen - Personen und Sonstiges:
- Schwester / jüngere Frau ist erfolgreich oder gefühlvoll
- Gefühle / Anerkennung / Erfolg mit der Schwester oder jüngeren Frau

Wege und Schlüssel:

Kombinationen - für alle Bereiche:
- Mit Sicherheit eine Entscheidung treffen
- Mit Sicherheit Alternativen / Lösungen / Wege gehen
- Zuversichtlich sein, was Alternativen / Lösungen / Wege betrifft
- Erfolgreiche Entscheidung bzw. Entscheidung bringt Erfolg
- Bei einer Entscheidung sicher sein
- Zweifache Sicherheiten bzw. doppelt sicher sein

Kombinationen - Personen und Sonstiges:
- Schwester / jüngere Frau ist zuversichtlich oder zuverlässig oder mit Sicherheit da
- Zuversichtlich sein, was eine jüngere Frau oder die Schwester betrifft

Wege und Fische:

Kombinationen - für alle Bereiche:
- Tiefgehende Entscheidung
- Entscheidung betrifft die Finanzen / Besitz
- Beim Geld nach Alternativen / Lösungen / Wegen suchen
- Seelische bzw. Entscheidung aus dem Inneren heraus
- Entscheidung betrifft Sucht
- 2 Süchte

Kombinationen - Personen und Sonstiges:
- Bruder / jüngerer Mann muß sich entscheiden oder die Entscheidung betrifft ihn
- Wegen dem Bruder / jüngeren Mann nach Alternativen und Lösungen suchen oder die Wahl haben
- Schwester / jüngere Frau ist materiell eingestellt oder süchtig (z. B. Alkohol)
- Geld / Besitz von der Schwester oder jüngeren Frau
- Mit der Schwester / jüngeren Frau vertieft sich was, es wird inniger
- Schwester / jüngere Frau mit dem Bruder oder einem jüngeren Mann

Wege und Anker:

Kombinationen - für alle Bereiche:
- Entscheidung betrifft Arbeit / Hobby / Beschäftigung
- Entscheidung betrifft Treue
- Beruflich nach Alternativen und Lösungen suchen oder die Wahl haben
- 2 Arbeitsstellen / Berufe / Beschäftigungen / Hobbys
- Von einer Entscheidung abhängig sein
- Entscheidung betrifft das Ausland oder der Weg ins Ausland
- Entscheidung festmachen (verankern)

Kombinationen - Personen und Sonstiges:
- Schwester / jüngere Frau ist treu oder fleißig oder klammert oder abhängig oder will was festmachen = verankern
- Mit der Schwester / jüngeren Frau was festmachen = verankern oder ihr treu sein
- An die Schwester / jüngere Frau klammern, nicht loslassen können, von ihr abhängig sein
- Jüngere Frau von der Arbeit = Arbeitskollegin oder mit der Schwester Arbeit haben oder sich mit ihr beschäftigen

Wege und Kreuz:

Kombinationen - für alle Bereiche:
- Schicksalhafte oder wichtige Entscheidung
- Wegkreuzung

Kreuz vor Wege:
- Entscheidung nimmt an Wichtigkeit zu
- Noch intensiver nach Alternativen / Lösungen / Wegen suchen

Kreuz hinter Wege:
- Entscheidung ist nicht mehr wichtig
- Die Suche nach Alternativen / Lösungen / Wegen ist nicht mehr wichtig bzw. hat sich erledigt

Kreuz über Wege:
- Das Thema „Entscheidung / Alternativen und Lösungen suchen / die Wahl haben" ist eine Lernaufgabe und Herausforderung. Wird oft als Krise erlebt und belastet bzw. bedrückt einen

Kombinationen - Personen und Sonstiges:
- Schwester / jüngere Frau ist schicksalhaft oder wichtig

Kreuz vor Wege:
- Schwester / jüngere Frau nimmt sich wichtig oder wird wichtiger werden bzw. in den Vordergrund treten

Kreuz hinter Wege:
- Schwester / jüngere Frau nimmt sich nicht wichtig genug oder wird unwichtiger werden bzw. verschwinden

Kreuz über Wege:
- Das Thema „Schwester / jüngere Frau" ist eine Lernaufgabe und Herausforderung. Wird oft als Krise erlebt und belastet bzw. bedrückt einen
- Die Schwester / jüngere Frau ist bedrückt bzw. belastet

Die Kombinationen mit den Mäusen:

Mäuse und Herz:

Kombinationen - für alle Bereiche:
- Unzufriedenheit / Sorgen / Ängste / Zweifel / Verlust / Verminderung / Verzögerung in der Liebe
- Liebeskummer
- Unerfüllte Liebe bzw. keine Liebe, nicht verliebt sein
- Keine Hilfe und Herzlichkeit oder nur mit Verzögerung

Kombinationen - Personen und Sonstiges:
- 2. Sohn oder 2. Tochter ist unzufrieden oder ängstlich oder zweifelt
- Unzufriedenheit / Sorgen / Zweifel / Ängste wegen dem 2. Sohn oder der 2. Tochter

Mäuse und Ring:

Kombinationen - für alle Bereiche:
- Unzufriedenheit / Sorgen / Ängste / Zweifel / Verlust / Verminderung / Verzögerung mit einem Vertrag oder wegen Verpflichtungen
- Unzufriedenheit / Sorgen / Ängste / Zweifel / Verlust / Verminderung / Verzögerung in der Ehe oder Beziehung oder Verbindung
- Ende einer Beziehung (Scheidung mit Turm dabei)
- Unerfüllte Beziehung bzw. keine Beziehung haben

Kombinationen - Personen und Sonstiges: /

Mäuse und Buch:

Kombinationen - für alle Bereiche:
- Ein Geheimnis lüftet sich oder Heimlichkeiten beendet
- Unzufriedenheit / Sorgen / Ängste / Zweifel / Verlust / Verminderung / Verzögerung beim Lernen oder in der Schule
- Angst vor Unbekanntem
- Kein oder nur vermindertes Wissen
- Seine Unzufriedenheit / Sorgen / Ängste / Zweifel verschweigen

Kombinationen - Personen und Sonstiges: /

Mäuse und Brief:

Kombinationen - für alle Bereiche:
- Nachricht / Brief / SMS / E-Mail / Kontakt geht verloren bzw. kommt nicht an
- Kontakt kommt nicht an oder zustande
- Unzufriedenheit / Sorgen / Ängste / Zweifel / Verlust / Verminderung / Verzögerung wegen einer Nachricht oder einem Kontakt
- Nur vorübergehende oder oberflächliche Unzufriedenheit / Sorgen / Ängste / Zweifel / Verlust / Verminderung / Verzögerung

Kombinationen - Personen und Sonstiges: /

Mäuse und Herr:

Hinweis:
Er ist eine männliche Hauptperson, der feste Partner, Ehemann, die fragende Person selbst oder aber einfach nur irgendein Mann.

Kombinationen - für alle Bereiche:
- Er ist sorgenvoll / ängstlich / zweifelt
- Er ist unzufrieden oder etwas nagt an ihm, frißt an ihm

Kombinationen - Personen und Sonstiges:
- Unzufriedenheit / Sorgen / Ängste / Zweifel / Verzögerung wegen oder mit diesem Mann oder Partner
- Dieser Mann / Partner ist unzufrieden oder ängstlich oder zweifelt oder er verschwindet

Mäuse und Dame:

Hinweis:
Sie ist eine weibliche Hauptperson, die feste Partnerin, Ehefrau, die fragende Person selbst oder aber einfach nur irgendeine Frau.

Kombinationen - für alle Bereiche:
- Sie ist sorgenvoll / ängstlich / zweifelt
- Sie ist unzufrieden oder etwas nagt an ihr, frißt an ihr

Kombinationen - Personen und Sonstiges:
- Unzufriedenheit / Sorgen / Ängste / Zweifel / Verzögerung wegen oder mit dieser Frau oder Partnerin
- Diese Frau / Partnerin ist unzufrieden oder ängstlich oder zweifelt oder sie verschwindet

Mäuse und Lilie:

Kombinationen - für alle Bereiche:
- Unzufriedenheit / Sorgen / Ängste / Zweifel / Verlust / Verminderung / Verzögerung der Harmonie oder der Ruhe oder der Zufriedenheit
- Keine oder nur wenig Harmonie / Ruhe / Frieden / Zufriedenheit
- Kein Sex bzw. daran nicht interessiert

Kombinationen - Personen und Sonstiges:
- Unzufriedenheit / Sorgen / Ängste / Zweifel / Verzögerung wegen oder mit der Familie / dem Vater / einem älteren Mann
- Familie / Vater / älterer Mann ist unzufrieden oder ängstlich oder zweifelt
- Keine Familie oder Vater mehr oder der ältere Mann verschwindet
- Unzufriedenheit / Sorgen / Ängste / Zweifel / Verlust / Verminderung / Verzögerung im Winter

Mäuse und Sonne:

Kombinationen - für alle Bereiche:
- Die Energie wird aufgefressen, keine Kraft
- Unzufriedenheit / Sorgen / Ängste / Zweifel / Verlust / Verminderung / Verzögerung geht aber gut aus
- Unzufriedenheit / Sorgen / Ängste / Zweifel / Verlust / Verminderung / Verzögerung der Kreativität oder Energie
- Positives / Schönes wird reduziert oder ist gerade nicht da

Kombinationen - Personen und Sonstiges:
- Unzufriedenheit / Sorgen / Ängste / Zweifel / Verlust / Verminderung / Verzögerung im Sommer

Mäuse und Mond:

Kombinationen - für alle Bereiche:
- Keine Anerkennung / Erfolg
- Unzufriedenheit / Sorgen / Ängste / Zweifel / Verlust / Verminderung / Verzögerung der Anerkennung oder des Erfolges
- Depressionen oder Gefühle gehen verloren
- Unzufriedenheit / Sorgen / Ängste / Zweifel / Verlust / Verminderung / Verzögerung der Gefühle

Kombinationen - Personen und Sonstiges: /

Mäuse und Schlüssel:

Kombinationen - für alle Bereiche:
- Kein Erfolg / keine Sicherheit / nicht zuversichtlich sein
- Unzufriedenheit / Sorgen / Ängste / Zweifel / Verlust / Verminderung / Verzögerung des Erfolges
- Sorgen / Ängste / Zweifel / Verlust / Verminderung der Zuversichtlichkeit oder Sicherheit
- Mit Sicherheit Unzufriedenheit / Sorgen / Ängste / Zweifel / Verlust / Verminderung / Verzögerung

Kombinationen - Personen und Sonstiges: /

Mäuse und Fische:

Kombinationen - für alle Bereiche:
- Geldverlust oder die Finanzen reduzieren sich (Geldausgaben)
- Kein Geld / Besitz
- Unzufriedenheit / Sorgen / Ängste / Zweifel vertiefen sich
- Sorgenvolle oder ängstliche Seele
- Seelische Unzufriedenheit
- Unzufriedenheit / Sorgen / Ängste / Zweifel / Verlust / Verminderung / Verzögerung wegen der Finanzen

Kombinationen - Personen und Sonstiges:
- Bruder / jüngerer Mann ist unzufrieden oder ängstlich oder zweifelt oder er verschwindet
- Unzufriedenheit / Sorgen / Zweifel / Ängste wegen dem Bruder oder jüngeren Mann

Mäuse und Anker:

Kombinationen - für alle Bereiche:
- Keine Arbeit = Arbeitslosigkeit
- Verlust der Arbeit
- Unzufriedenheit / Sorgen / Ängste / Zweifel / Verlust / Verminderung / Verzögerung wegen oder auf der Arbeit
- Zweifel an der Treue oder keine Treue
- An den bzw. der Unzufriedenheit / Sorgen / Ängste / Zweifel festhalten, daran klammern, nicht loslassen können
- Unzufriedenheit / Sorgen / Ängste / Zweifel / Verlust wegen oder vor dem Ausland

Kombinationen - Personen und Sonstiges: /

Mäuse und Kreuz:

Kombinationen - für alle Bereiche:
- Unzufriedenheit / Sorgen / Ängste / Zweifel / Verlust / Verminderung / Verzögerung sind karmisch bzw. schicksalhaft oder wichtig

Kreuz vor Mäuse:
- Unzufriedenheit / Sorgen / Ängste / Zweifel / Verlust / Verminderung / Verzögerung wird mehr oder noch intensiver erlebt

Kreuz hinter Mäuse:
- Unzufriedenheit / Sorgen / Ängste / Zweifel / Verlust / Verminderung / Verzögerung wird weniger oder löst sich auf

Kreuz über Mäuse:
- Das Thema „Unzufriedenheit / Sorgen / Ängste / Zweifel / Verlust / Verminderung / Verzögerung" ist eine Lernaufgabe und Herausforderung. Wird oft als Krise erlebt und belastet bzw. bedrückt einen

Kombinationen - Personen und Sonstiges: /

Die Kombinationen mit dem Herz:

Herz und Ring:

Kombinationen - für alle Bereiche:
- Liebevolle oder herzliche Beziehung / Ehe / Verbindung
- Guter Vertrag
- Herzlichkeit oder Hilfsbereitschaft bei Vertrag / Verpflichtung / Verbindung / Beziehung
- Sich in der Liebe wiederholen oder im Kreis drehen

Kombinationen - Personen und Sonstiges:
- 2. Sohn oder 2. Tochter ist gebunden oder verheiratet oder hat Verpflichtungen oder dreht sich im Kreis
- Verpflichtung / Verbindung an bzw. mit dem 2. Sohn oder der 2. Tochter

Herz und Buch:

Kombinationen - für alle Bereiche:
- Geheime Liebe
- Liebe, die noch nicht spruchreif ist (noch unbekannt)
- Liebe zu Büchern und Wissen
- Herzlichkeit oder Hilfsbereitschaft in der Schule / beim Studium / beim Lernen

Kombinationen - Personen und Sonstiges:
- 2. Sohn oder 2. Tochter ist belesen bzw. intelligent oder hat ein Geheimnis
- Geheimnis wegen oder vor dem 2. Sohn oder 2. Tochter haben

Herz und Brief:

Kombinationen - für alle Bereiche:
- Liebevolle Nachricht / Brief / SMS / E-Mail / Kontakt
- Liebesbrief
- Nachricht / Brief / SMS / E-Mail über Hilfe
- Kontakt bringt Hilfe / Herzlichkeit / Liebe
- Herzlichkeit oder Hilfsbereitschaft ist nur vorübergehend oder oberflächlich
- Ein Flirt (vorübergehende Liebe)
- Nur oberflächliche Liebe

Kombinationen - Personen und Sonstiges:
- Nachricht / Brief / SMS / E-Mail / Kontakt von oder mit dem 2. Sohn oder 2. Tochter
- Kontaktfreudiger / oberflächlicher / kommunikativer 2. Sohn oder 2. Tochter

Herz und Herr:

Hinweis:
Er ist eine männliche Hauptperson, der feste Partner, Ehemann, die fragende Person selbst oder aber einfach nur irgendein Mann.

Kombinationen - für alle Bereiche:
- Er ist liebevoll oder verliebt
- Er ist herzlich oder hilfsbereit

Kombinationen - Personen und Sonstiges:
- 2. Sohn oder 2. Tochter mit dem Fragesteller / Partner / Mann
- Dieser Mann / Partner ist verliebt oder herzlich oder hilfsbereit

Herz und Dame:

Hinweis:
Sie ist eine weibliche Hauptperson, die feste Partnerin, Ehefrau, die fragende Person selbst oder aber einfach nur irgendeine Frau.

Kombinationen - für alle Bereiche:
- Sie ist liebevoll oder verliebt
- Sie ist herzlich oder hilfsbereit

Kombinationen - Personen und Sonstiges:
- 2. Sohn oder 2. Tochter mit der Fragestellerin / Partnerin / Frau
- Diese Frau / Partnerin ist verliebt oder herzlich oder hilfsbereit

Herz und Lilie:

Kombinationen - für alle Bereiche:
- Harmonie und Zufriedenheit
- Sex aus Liebe oder den Sex lieben
- In der Liebe zufrieden sein bzw. harmonische Liebe
- Hilfe oder Herzlichkeit oder Liebe gibt Ruhe / Frieden / Harmonie / Zufriedenheit

Kombinationen - Personen und Sonstiges:
- 2. Sohn oder 2. Tochter mit der Familie oder dem Vater oder einem älteren Mann
- Familienmitglied = 2. Sohn oder 2. Tochter
- 2. Sohn oder 2. Tochter ist sexuell interessiert oder ruhig oder Familienmensch
- Familie / Vater / älterer Mann ist verliebt oder herzlich oder hilfsbereit
- Liebevolle Familie / Vater / älterer Mann
- In einen älteren Mann verliebt
- Hilfe / Herzlichkeit / Liebe im Winter

Herz und Sonne:

Kombinationen - für alle Bereiche:
- Liebe gibt Energie und Kraft
- Liebe auf dem Höhepunkt (sehr schön)
- Hilfe / Herzlichkeit / Liebe ist sehr angenehm und positiv

Kombinationen - Personen und Sonstiges:
- 2. Sohn oder 2. Tochter ist positiv oder schön oder kreativ oder hat viel Energie oder ist sonnig oder strahlt Wärme und Anziehungskraft aus
- Schönes und Positives mit dem 2. Sohn oder der 2. Tochter
- Hilfe / Herzlichkeit / Liebe im Sommer

Herz und Mond:

Kombinationen - für alle Bereiche:
- Liebevolle Gefühle, verliebt sein
- Erfolg / Anerkennung wird Dir gegönnt
- Hilfe / Herzlichkeit / Liebe bringt Erfolg
- Anerkennung für Hilfsbereitschaft oder Herzlichkeit

Kombinationen - Personen und Sonstiges:
- 2. Sohn oder 2. Tochter ist erfolgreich oder gefühlvoll
- Gefühle / Anerkennung / Erfolg mit oder von dem 2. Sohn oder der 2. Tochter

Herz und Schlüssel:

Kombinationen - für alle Bereiche:
- Mit Sicherheit Liebe bzw. verliebt
- Liebe gibt Sicherheit oder sich sicher sein
- Zuversichtlich in der Liebe sein
- Hilfe / Herzlichkeit / Liebe bringt Erfolg oder gibt Sicherheit
- Mit Sicherheit Hilfe / Herzlichkeit
- Erfolg ist Dir gegönnt

Kombinationen - Personen und Sonstiges:
- 2. Sohn oder 2. Tochter ist zuversichtlich oder zuverlässig oder mit Sicherheit da
- Zuversichtlich sein, was den 2. Sohn oder die 2. Tochter betrifft

Herz und Fische:

Kombinationen - für alle Bereiche:
- Liebe des Geldes wegen
- Liebevolle Seele
- Liebe / Hilfe / Herzlichkeit vertieft sich bzw. wird mehr
- Finanzielle Hilfe
- Gute Finanzen

Kombinationen - Personen und Sonstiges:
- 2. Sohn oder 2. Tochter ist materiell eingestellt oder süchtig (z. B. Alkohol)
- Geld / Besitz von oder für den 2. Sohn oder die 2. Tochter
- Mit dem 2. Sohn oder der 2. Tochter vertieft sich was, es wird inniger
- Bruder / jüngerer Mann ist verliebt oder herzlich oder hilfsbereit
- In einen jüngeren Mann verliebt
- 2. Sohn oder 2. Tochter mit dem Bruder oder einem jüngeren Mann

Herz und Anker:

Kombinationen - für alle Bereiche:
- In der Liebe treu sein
- Abhängigkeiten in der Liebe
- An die Liebe klammern, nicht loslassen können
- Beruf ist auch Hobby, ihn lieben, mit dem Herzen dabei sein
- Arbeit gern machen, mit Liebe
- Liebe / Hilfe / Herzlichkeit auf der Arbeit oder im Ausland

Kombinationen - Personen und Sonstiges:
- 2. Sohn oder 2. Tochter ist treu oder fleißig oder klammert oder abhängig oder will was festmachen = verankern
- Mit dem 2. Sohn oder der 2. Tochter was festmachen = verankern oder ihm bzw. ihr treu sein
- An den 2. Sohn oder der 2. Tochter klammern, nicht loslassen können, von ihm bzw. ihr abhängig sein
- Mit dem 2. Sohn oder der 2. Tochter Arbeit haben oder sich mit ihm bzw. ihr beschäftigen

Herz und Kreuz:

Kombinationen - für alle Bereiche:
- Liebe ist schicksalhaft / karmisch / wichtig

Kreuz vor Herz:
- Liebe ist wichtig und vertieft sich noch

Kreuz hinter Herz:
- Liebe nicht mehr so wichtig oder löst sich auf

Kreuz über Herz:
- Das Thema „Liebe / Hilfe / Herzlichkeit" ist eine Lernaufgabe und Herausforderung. Wird oft als Krise erlebt und belastet bzw. bedrückt einen

Kombinationen - Personen und Sonstiges:
- 2. Sohn oder 2. Tochter ist schicksalhaft oder wichtig

Kreuz vor Herz:
- 2. Sohn oder 2. Tochter nimmt sich wichtig oder wird wichtiger werden bzw. in den Vordergrund treten

Kreuz hinter Herz:
- 2. Sohn oder 2. Tochter nimmt sich nicht wichtig genug oder wird unwichtiger werden bzw. verschwinden

Kreuz über Herz:
- Das Thema „2. Sohn oder 2. Tochter" ist eine Lernaufgabe und Herausforderung. Wird oft als Krise erlebt und belastet bzw. bedrückt einen

Die Kombinationen mit dem Ring:

Ring und Buch:

Kombinationen - für alle Bereiche:
- Eine Beziehung wird geheim gehalten
- Eine Verbindung / Beziehung / Ehe / Vertrag ist noch nicht spruchreif
- Lehrvertrag oder Ausbildungsvertrag
- Vertrag über ein Buch oder schriftlicher Vertrag
- Sich beim Lernen / in der Schule / beim Studium im Kreis drehen
- Schule / Studium / Lernen / Wissen wiederholen
- Geheimnis in der Verbindung / Beziehung / Ehe

Kombinationen - Personen und Sonstiges: /

Ring und Brief:

Kombinationen - für alle Bereiche:
- Schriftlicher Vertrag
- Verbindung / Verpflichtung schriftlich festhalten
- Nur vorübergehende oder oberflächliche Verbindung / Beziehung / Ehe / Vertrag / Verpflichtung
- Nachricht / Brief / E-Mail / SMS betrifft die Beziehung oder Verbindung oder Ehe oder Vertrag
- Sich vorübergehend im Kreis drehen

Kombinationen - Personen und Sonstiges: /

Ring und Herr:

Hinweis:
Er ist eine männliche Hauptperson, der feste Partner, Ehemann, die fragende Person selbst oder aber einfach nur irgendein Mann.

Kombinationen - für alle Bereiche:
- Er ist an etwas oder jemand gebunden
- Er ist verheiratet oder in fester Beziehung oder bindungswillig
- Er hat mit Verträgen zu tun
- Er wiederholt sich oder dreht sich im Kreis

Kombinationen - Personen und Sonstiges:
- Dieser Mann / Partner ist gebunden oder verheiratet oder hat Verpflichtungen oder dreht sich im Kreis
- Verpflichtung oder Verbindung an bzw. mit diesem Mann / Partner

Ring und Dame:

Hinweis:
Sie ist eine weibliche Hauptperson, die feste Partnerin, Ehefrau, die fragende Person selbst oder aber einfach nur irgendeine Frau.

Kombinationen - für alle Bereiche:
- Sie ist an etwas oder jemand gebunden
- Sie ist verheiratet oder in fester Beziehung oder bindungswillig
- Sie hat mit Verträgen zu tun
- Sie wiederholt sich oder dreht sich im Kreis

Kombinationen - Personen und Sonstiges:
- Diese Frau / Partnerin ist gebunden oder verheiratet oder hat Verpflichtungen oder dreht sich im Kreis
- Verpflichtung oder Verbindung an bzw. mit dieser Frau / Partnerin

Ring und Lilie:

Kombinationen - für alle Bereiche:
- Harmonie und Zufriedenheit bei Verträgen / in der Beziehung / Ehe / Verbindung / bei Verpflichtungen
- Sex in der Beziehung / Ehe / Verbindung
- Wiederholt Sex haben
- Sexuell verbunden sein
- Sex macht zufrieden oder harmonischer bzw. schöner Sex

Kombinationen - Personen und Sonstiges:
- Vater / älterer Mann ist gebunden oder verheiratet oder hat Verpflichtungen oder dreht sich im Kreis
- Verpflichtung / Verbindung an bzw. mit der Familie / dem Vater / einem älterem Mann
- Enge Beziehung zur Familie / zum Vater
- Eine Beziehung mit einem älteren Mann
- Vertrag / Beziehung / Verbindung / Verpflichtung im Winter

Ring und Sonne:

Kombinationen - für alle Bereiche:
- Positiver Vertrag oder Energievertrag
- Positive und schöne Beziehung / Ehe / Verbindung / Verpflichtung
- Beziehung / Ehe / Verbindung gibt Kraft, Energie und Wärme
- Wiederholt Positives / Schönes / Kreativität

Kombinationen - Personen und Sonstiges:
- Vertrag / Beziehung / Verbindung / Verpflichtung im Sommer
- Verbundenheit zum Süden

Ring und Mond:

Kombinationen - für alle Bereiche:
- Gefühlvolle Beziehung / Ehe / Verbindung
- Erfolgreicher Vertrag / Verbindung / Beziehung / Ehe
- Anerkennung in Beziehung / Ehe / Verbindung
- Wiederholt Erfolg / Anerkennung / Gefühle
- Sich mit den Gefühlen im Kreis drehen

Kombinationen - Personen und Sonstiges:
- Verbundenheit zum Norden

Ring und Schlüssel:

Kombinationen - für alle Bereiche:
- Mit Sicherheit einen Vertrag / Beziehung / Verbindung / Verpflichtung haben oder bekommen
- Vertrag gibt Sicherheit
- Sichere oder zuverlässige Verbindung / Beziehung / Ehe / Vertrag
- Zuversichtlich sein, was einen Vertrag / Beziehung / Verbindung / Verpflichtung betrifft
- Erfolgreicher Vertrag / Verbindung / Beziehung / Ehe

Kombinationen - Personen und Sonstiges: /

Ring und Fische:

Kombinationen - für alle Bereiche:
- Seelenverbindung
- Vertrag über Besitz / Finanzen
- Verbindung / Beziehung / Ehe des Geldes wegen
- Verbindung / Beziehung / Ehe vertieft sich bzw. ist sehr innig
- Wegen Sucht im Kreis drehen bzw. wiederholt süchtig

Kombinationen - Personen und Sonstiges:
- Bruder / jüngerer Mann ist gebunden oder verheiratet oder hat Verpflichtungen oder dreht sich im Kreis
- Verpflichtung / Verbindung an bzw. mit dem Bruder oder jüngeren Mann
- Eine Beziehung mit einem jüngeren Mann

Ring und Anker:

Kombinationen - für alle Bereiche:
- Arbeitsvertrag
- Treue in der Beziehung / Ehe / Verbindung
- Verpflichtung im Vertrag festhalten (Abhängigkeit)
- An die Beziehung / Ehe / Verbindung klammern, nicht loslassen können, davon abhängig sein
- An der Beziehung / Ehe / Verbindung / Vertrag arbeiten, sich damit beschäftigen
- Beziehung / Ehe / Verbindung / Verpflichtung / Vertrag ist verankert, also festgemacht und sicher oder im Ausland
- Sich in der Arbeit im Kreis drehen oder wiederholte Arbeit (immer das Gleiche machen)

Kombinationen - Personen und Sonstiges: /

Ring und Kreuz:

Kombinationen - für alle Bereiche:
- Schicksalhafte oder karmische oder wichtige Beziehung / Ehe / Verbindung / Verpflichtung / Vertrag

Kreuz vor Ring:
- Beziehung / Ehe / Verbindung / Verpflichtung / Vertrag wird wichtig bzw. sollte man es wichtiger nehmen
- Beziehung / Ehe / Verbindung wird intensiver
- Vertrag / Verpflichtung / Verbindung steht im Vordergrund

Kreuz hinter Ring:
- Beziehung / Ehe / Verbindung / Verpflichtung / Vertrag ist nicht mehr wichtig
- Vertrag / Verpflichtung / Verbindung löst sich auf

Kreuz über Ring:
- Das Thema „Beziehung / Ehe / Verbindung / Verpflichtung / Vertrag" ist eine Lernaufgabe und Herausforderung. Wird oft als Krise erlebt und belastet bzw. bedrückt einen

Kombinationen - Personen und Sonstiges: /

Die Kombinationen mit dem Buch:

Buch und Brief:

Kombinationen - für alle Bereiche:
- Dokumente oder Schriftstücke
- Nachricht, die das Lernen / die Schule / das Studium betrifft
- Geheime Dokumente
- Nachricht / Brief / E-Mail / SMS über ein Geheimnis
- Nur oberflächliches Lernen
- Nachricht / Brief / E-Mail / SMS / Kontakt geheim halten
- Mit jemand (noch) unbekannten in Kontakt treten

Kombinationen - Personen und Sonstiges: /

Buch und Herr:

Hinweis:
Er ist eine männliche Hauptperson, der feste Partner, Ehemann, die fragende Person selbst oder aber einfach nur irgendein Mann.

Kombinationen - für alle Bereiche:
- Er ist verschlossen
- Er ist gebildet oder hat ein Geheimnis

Kombinationen - Personen und Sonstiges:
- Dieser Mann / Partner ist belesen bzw. intelligent oder hat ein Geheimnis
- Geheimnis wegen oder vor diesem Mann / Partner haben
- Noch unbekannter Mann

Buch und Dame:

Hinweis:
Sie ist eine weibliche Hauptperson, die feste Partnerin, Ehefrau, die fragende Person selbst oder aber einfach nur irgendeine Frau.

Kombinationen - für alle Bereiche:
- Sie ist verschlossen
- Sie ist gebildet oder hat ein Geheimnis

Kombinationen - Personen und Sonstiges:
- Diese Frau / Partnerin ist belesen bzw. intelligent oder hat ein Geheimnis
- Geheimnis wegen oder vor dieser Frau / Partnerin haben
- Noch unbekannte Frau

Buch und Lilie:

Kombinationen - für alle Bereiche:
- Sex im Verborgenen bzw. geheim halten
- Harmonie / Ruhe / Frieden / Zufriedenheit beim Lernen / in der Schule / beim Studium
- Sex ist noch nicht spruchreif

Kombinationen - Personen und Sonstiges:
- Familie / Vater / älterer Mann ist belesen bzw. intelligent oder hat ein Geheimnis
- Unbekannte Familie / Vater / älterer Mann
- Geheimnis wegen oder vor der Familie / dem Vater / einen älteren Mann haben
- Lernen / Geheimnis im Winter

Buch und Sonne:

Kombinationen - für alle Bereiche:
- Positives Lernen / Schule / Studium / Schriftliches
- Energie / Power / Kreativität ist noch unbekannt, schlummert noch, noch nicht da

Kombinationen - Personen und Sonstiges:
- Lernen / Geheimnis im Sommer

Buch und Mond:

Kombinationen - für alle Bereiche:
- Erfolg mit Büchern / Wissen / Lernen / Schule / Studium
- Gefühle geheim halten oder unbewußte Gefühle
- Anerkennung in der Schule / Studium
- Erfolg / Anerkennung / Gefühle sind noch nicht spruchreif
- Schriftliche Anerkennung

Kombinationen - Personen und Sonstiges: /

Buch und Schlüssel:

Kombinationen - für alle Bereiche:
- Ein sicheres Geheimnis
- Mit Sicherheit ein Geheimnis
- Erfolg ist noch nicht spruchreif
- Mit Sicherheit Wissen und Bildung
- Erfolg in der Schule / Studium / beim Lernen
- Zuversichtlich sein, was das Lernen / Wissen betrifft

Kombinationen - Personen und Sonstiges: /

Buch und Fische:

Kombinationen - für alle Bereiche:
- Verstecktes Geld oder Geheimnis um die Finanzen machen
- Buchführung oder Sparbuch
- Geld ist noch nicht spruchreif
- Noch unbekannte Geldquelle
- Wissen / Lernen vertieft sich
- Geld für die Schule / Studium

Kombinationen - Personen und Sonstiges:
- Bruder / jüngerer Mann ist belesen bzw. intelligent oder hat ein Geheimnis
- Unbekannter jüngerer Mann
- Geheimnis wegen oder vor dem Bruder / jüngeren Mann haben

Buch und Anker:

Kombinationen - für alle Bereiche:
- Beruf mit Büchern oder Schriftlichem
- Schüler / Student / Lehrer
- Beschäftigung mit Schriftlichem / Unbekanntem / Geheimnissen
- Arbeit geheim halten (Schwarzarbeit)
- Schule / Studium / Lernen im Ausland
- An einem Geheimnis festhalten, es nicht preisgeben
- Noch unbekannte Arbeit oder Arbeit ist noch nicht spruchreif
- Das Wissen festigen, es verankern, nicht loslassen

Kombinationen - Personen und Sonstiges: /

Buch und Kreuz:

Kombinationen - für alle Bereiche:
- Schriftliche Prüfung oder der Lernstoff wird geprüft
- Lernen / Schule / Studium ist wichtig
- Es ist wichtig es geheim zu halten

Kreuz vor Buch
- Lernen ist wichtig, noch intensiver Lernen
- Buch oder Geheimnis tritt in den Vordergrund

Kreuz hinter Buch:
- Lernen ist nicht mehr wichtig
- Geheimnis löst sich auf, es wird gelüftet

Kreuz über Buch:
- Das Thema „Unbekanntes / Geheimnis / Lernen / Schule / Studium" ist eine Lernaufgabe und Herausforderung. Wird oft als Krise erlebt und belastet bzw. bedrückt einen

Kombinationen - Personen und Sonstiges: /

Die Kombinationen mit dem Brief:

Brief und Herr:

Hinweis:
Er ist eine männliche Hauptperson, der feste Partner, Ehemann, die fragende Person selbst oder aber einfach nur irgendein Mann.

Kombinationen - für alle Bereiche:
- Er ist oberflächlich oder kommunikativ

Kombinationen - Personen und Sonstiges:
- Nachricht / Brief / SMS / E-Mail / Kontakt von oder mit diesem Mann / Partner
- Kontaktfreudige / oberflächliche / kommunikativer Mann / Partner
- Dieser Mann ist etwas Vorübergehendes, nur für kurze Zeit da

Brief und Dame:

Hinweis:
Sie ist eine weibliche Hauptperson, die feste Partnerin, Ehefrau, die fragende Person selbst oder aber einfach nur irgendeine Frau.

Kombinationen - für alle Bereiche:
- Sie ist oberflächlich oder kommunikativ

Kombinationen - Personen und Sonstiges:
- Nachricht / Brief / SMS / E-Mail / Kontakt von oder mit dieser Frau / Partnerin
- Kontaktfreudige / oberflächliche / kommunikative Frau / Partnerin
- Diese Frau ist etwas Vorübergehendes, nur für kurze Zeit da

Brief und Lilie:

Kombinationen - für alle Bereiche:
- Nur kurzen Sex = vorübergehend = One-Night-Stand
- Sexueller Kontakt
- Nur vorübergehende oder oberflächliche Harmonie / Ruhe / Frieden / Zufriedenheit
- Harmonische Nachricht / Brief / SMS / E-Mail / Kontakt oder zur Zufriedenheit

Kombinationen - Personen und Sonstiges:
- Nachricht / Brief / SMS / E-Mail / Kontakt von oder mit der Familie / Vater / älteren Mann
- Kontaktfreudige / oberflächliche / kommunikative Familie / Vater / älterer Mann
- Dieser ältere Mann ist etwas Vorübergehendes, nur für kurze Zeit
- Nachricht / Brief / SMS / E-Mail / Kontakt im Winter

Brief und Sonne:

Kombinationen - für alle Bereiche:
- Nachricht / Brief / SMS / E-Mail / Kontakt gibt Kraft und Energie
- Sehr schöne oder positive Nachricht / Brief / SMS / E-Mail / Kontakt

Kombinationen - Personen und Sonstiges:
- Nachricht / Brief / SMS / E-Mail / Kontakt im Sommer

Brief und Mond:

Kombinationen - für alle Bereiche:
- Gefühlvolle Nachricht / Brief / SMS / E-Mail / Kontakt
- Nur vorübergehender Erfolg / Anerkennung / Gefühle
- Nachricht / Brief / SMS / E-Mail / Kontakt über Erfolg
- Nur oberflächliche Gefühle

Kombinationen - Personen und Sonstiges: /

Brief und Schlüssel:

Kombinationen - für alle Bereiche:
- Mit Sicherheit eine Nachricht / Brief / SMS / E-Mail / Kontakt
- Nur vorübergehender Erfolg / Zuversicht / Sicherheit
- Nachricht / Brief / SMS / E-Mail / Kontakt über Erfolg
- Zuversichtlich sein, was eine Nachricht / Brief / SMS / E-Mail / Kontakt betrifft

Kombinationen - Personen und Sonstiges: /

Brief und Fische:

Kombinationen - für alle Bereiche:
- Scheck oder Geldüberweisung
- Nachricht / Brief / SMS / E-Mail / Kontakt betrifft die Finanzen oder den Besitz
- Nur vorübergehend Geld
- Tiefgehende oder sehr innige Nachricht / Brief / SMS / E-Mail / Kontakt

Kombinationen - Personen und Sonstiges:
- Nachricht / Brief / SMS / E-Mail / Kontakt von oder mit dem Bruder oder einem jüngeren Mann
- Kontaktfreudige / oberflächliche / kommunikativer Bruder oder jüngerer Mann
- Jüngere Mann ist etwas Vorübergehendes, nur für kurze Zeit da

Brief und Anker:

Kombinationen - für alle Bereiche:
- Büroarbeit oder ein Arbeitsvertrag
- Beschäftigung mit Papier bzw. Kommunikation
- Nur vorübergehend Arbeit = Zeitvertrag
- Nachricht / Brief / SMS / E-Mail / Kontakt welcher die Arbeit oder das Hobby betrifft
- Nur vorübergehend treu sein
- Nachricht / Brief / SMS / E-Mail / Kontakt betrifft die Treue
- Nachricht / Brief / SMS / E-Mail / Kontakt aus dem Ausland
- An einen Kontakt klammern, davon abhängig sein
- Ein Kontakt festigt sich, verankert sich

Kombinationen - Personen und Sonstiges: /

Brief und Kreuz:

Kombinationen - für alle Bereiche:
- Schicksalhafte oder wichtige Nachricht / Brief / SMS / E-Mail / Kontakt

Kreuz vor Brief:
- Nachricht / Brief / SMS / E-Mail / Kontakt ist wichtig oder sollte wichtiger genommen werden

Kreuz hinter Brief:
- Nachricht / Brief / SMS / E-Mail / Kontakt ist nicht mehr wichtig oder verschwindet

Kreuz über Brief:
- Das Thema „Nachricht / Brief / SMS / E-Mail / Kontakt / Oberflächlichkeit / Vorübergehendes" ist eine Lernaufgabe und Herausforderung. Wird oft als Krise erlebt und belastet bzw. bedrückt einen

Kombinationen - Personen und Sonstiges: /

Die Kombinationen mit dem Herr:

<u>Hinweis:</u>
Er ist eine männliche Hauptperson, der feste Partner, Ehemann, die fragende Person selbst oder aber einfach nur irgendein Mann.

Herr und Dame:

Kombinationen - für alle Bereiche:
- Er hat sehr weibliche Züge bzw. ist feminin oder geht gern einkaufen oder macht das gern, was sonst Frauen gern tun
- Sie hat sehr männliche Züge bzw. ist maskulin oder interessiert sich für Technik oder macht das gern, was sonst Männer gern tun

Kombinationen - Personen und Sonstiges:
- Fragestellerin mit einem Mann oder dem Partner
- Fragesteller mit einer Frau oder der Partnerin
- Ein Mann und eine Frau
- Ein Paar

Herr und Lilie:

Kombinationen - für alle Bereiche:
- Er ist sexuell interessiert oder ein Familienmensch
- Er ist Harmonie bedürftig oder zufrieden

Kombinationen - Personen und Sonstiges:
- Ein Mann aus der Familie (Familienmitglied)
- Harmonie / Ruhe / Frieden / Sex mit diesem Mann oder Partner
- Familie / Vater / älterer Mann neben diesem Mann oder dem Partner

Herr und Sonne:

Kombinationen - für alle Bereiche:
- Er hat ein sonniges Gemüt oder strahlt viel Wärme aus
- Er ist positiver Mensch oder hat viel Energie und Kraft

Kombinationen - Personen und Sonstiges:
- Dieser Mann / Partner / Fragesteller könnte aus dem Süden sein
- Mit diesem Mann / Partner ist es positiv / schön / geht es gut aus
- Dieser Mann / Partner hat eine gewisse Anziehungskraft

Herr und Mond:

Kombinationen - für alle Bereiche:
- Er ist sehr gefühlvoll oder erfolgreich

Kombinationen - Personen und Sonstiges:
- Dieser Mann / Partner / Fragesteller könnte aus dem Norden sein
- Mit diesem Mann / Partner Erfolg haben oder von ihm Anerkennung bekommen
- Für diesen Mann / Partner Gefühle haben

Herr und Schlüssel:

Kombinationen - für alle Bereiche:
- Er ist sehr zuverlässig oder erfolgreich
- Er hat Sicherheiten oder er gibt Sicherheit

Kombinationen - Personen und Sonstiges:
- Mit Sicherheit ist ein Mann / Partner da
- Zuversichtlich sein, was diesen Mann / Partner betrifft
- Mit diesem Mann Erfolg haben

Herr und Fische:

Kombinationen - für alle Bereiche:
- Er hat Geld / Besitz
- Er ist süchtig

Kombinationen - Personen und Sonstiges:
- Dieser Mann / Partner ist ein Seelenpartner
- Mit diesem Mann / Partner vertieft es sich, wird inniger oder kommt es ins Fließen
- Ein Mann / Partner / Fragesteller mit einem jüngeren Mann oder dem Bruder
- Ein jüngerer Mann wird zur männlichen Hauptperson

Herr und Anker:

Kombinationen - für alle Bereiche:
- Er ist fleißig oder arbeitsam
- Er ist berufstätig
- Er ist treu
- Er ist abhängig von etwas oder jemanden

Kombinationen - Personen und Sonstiges:
- Mit diesem Mann / Partner verankert sein
- Abhängig von diesem Mann / Partner bzw. nicht loslassen können bzw. an ihn klammern
- Ein Mann auf der Arbeit = Arbeitskollege

Herr und Kreuz:

Kombinationen - für alle Bereiche:
- Er sollte mehr an sich denken, eine wichtige Zeit für ihn
- Er muß Herausforderungen bewältigen

Kombinationen - Personen und Sonstiges:
- Dieser Mann ist vom Schicksal bestimmt oder er ist wichtig
- Der Fragesteller / Partner / Mann sollte sich wichtig nehmen

Kreuz vor Herr:
- Dieser Mann / Partner ist wichtig und tritt in den Vordergrund
- Dieser Mann / Partner / Fragesteller nimmt sich zu wichtig

Kreuz hinter Herr:
- Dieser Mann / Partner ist nicht mehr so wichtig oder er wird verschwinden
- Probleme von diesem Mann / Fragesteller / Partner lösen sich ohne zutun auf oder er nimmt sich nicht wichtig genug

Kreuz über Herr:
- Das Thema „der Fragesteller selbst oder ein Mann oder der Partner oder eine männliche Hauptperson" ist eine Lernaufgabe und Herausforderung. Wird oft als Krise erlebt und belastet bzw. bedrückt einen

Die Kombinationen mit der Dame:

Hinweis:
Sie ist eine weibliche Hauptperson, die feste Partnerin, Ehefrau, die fragende Person selbst oder aber einfach nur irgendeine Frau.

Dame und Lilie:

Kombinationen - für alle Bereiche:
- Sie ist sexuell interessiert oder ein Familienmensch
- Sie ist Harmonie bedürftig oder zufrieden

Kombinationen - Personen und Sonstiges:
- Eine Frau aus der Familie (Familienmitglied)
- Harmonie / Ruhe / Frieden / Sex mit dieser Frau oder Partnerin
- Familie / Vater / älterer Mann mit dieser Frau oder der Partnerin

Dame und Sonne:

Kombinationen - für alle Bereiche:
- Sie hat ein sonniges Gemüt oder strahlt viel Wärme aus
- Sie ist positiver Mensch
- Sie hat viel Energie und Kraft

Kombinationen - Personen und Sonstiges:
- Diese Frau / Partnerin / Fragestellerin könnte aus dem Süden sein
- Mit dieser Frau / Partnerin ist es positiv / schön / geht es gut aus
- Diese Frau / Partnerin hat eine gewisse Anziehungskraft

Dame und Mond:

Kombinationen - für alle Bereiche:
- Sie ist sehr gefühlvoll
- Sie ist erfolgreich

Kombinationen - Personen und Sonstiges:
- Diese Frau / Partnerin / Fragestellerin könnte aus dem Norden sein
- Mit dieser Frau / Partnerin Erfolg haben oder von ihr Anerkennung bekommen
- Für diese Frau / Partnerin Gefühle haben

Dame und Schlüssel:

Kombinationen - für alle Bereiche:
- Sie ist sehr zuverlässig oder erfolgreich
- Sie hat Sicherheiten oder er gibt Sicherheit

Kombinationen - Personen und Sonstiges:
- Mit Sicherheit ist eine Frau / Partnerin da
- Zuversichtlich sein, was diese Frau / Partnerin betrifft
- Mit dieser Frau Erfolg haben

Dame und Fische:

Kombinationen - für alle Bereiche:
- Sie hat Geld / Besitz
- Sie ist süchtig

Kombinationen - Personen und Sonstiges:
- Diese Frau / Partnerin ist eine Seelenpartnerin
- Mit dieser Frau / Partnerin vertieft es sich, wird inniger oder kommt es ins Fließen
- Eine Frau / Partnerin / Fragestellerin mit einem jüngeren Mann oder dem Bruder

Dame und Anker:

Kombinationen - für alle Bereiche:
- Sie ist fleißig oder arbeitsam
- Sie ist berufstätig
- Sie ist treu
- Sie ist abhängig von etwas oder jemanden

Kombinationen - Personen und Sonstiges:
- Mit dieser Frau / Partnerin verankert sein
- Abhängig von dieser Frau / Partnerin bzw. nicht loslassen können bzw. an ihr klammern
- Eine Frau auf der Arbeit = Arbeitskollegin

Dame und Kreuz:

Kombinationen - für alle Bereiche:
- Sie sollte mehr an sich denken, eine wichtige Zeit für sie
- Sie muß Herausforderungen bewältigen

Kombinationen - Personen und Sonstiges:
- Diese Frau ist vom Schicksal bestimmt oder sie ist wichtig
- Die Fragestellerin / Partnerin / Frau sollte sich wichtig nehmen

Kreuz vor Dame:
- Diese Frau / Partnerin ist wichtig und tritt in den Vordergrund
- Diese Frau / Partnerin / Fragestellerin nimmt sich zu wichtig

Kreuz hinter Dame:
- Diese Frau / Partnerin ist nicht mehr so wichtig oder sie wird verschwinden
- Probleme von dieser Frau / Fragestellerin / Partnerin lösen sich ohne Zutun auf oder sie nimmt sich nicht wichtig genug

Kreuz über Dame:
- Das Thema „die Fragestellerin selbst oder eine Frau oder die Partnerin oder eine weibliche Hauptperson" ist eine Lernaufgabe und Herausforderung. Wird oft als Krise erlebt und belastet bzw. bedrückt einen

Die Kombinationen mit der Lilie:

Lilie und Sonne:

Kombinationen - für alle Bereiche:
- Ruhe / Harmonie / Frieden / Sex im Sommer
- Im Winter viel Kraft und Energie oder Kreativität
- Guten bzw. schönen Sex

Kombinationen - Personen und Sonstiges:
- Familie / Vater / älterer Mann gibt viel Kraft und Energie
- Positive und angenehme Familie / Vater / älterer Mann
- Ruhe / Harmonie / Frieden / Sex im Süden

Lilie und Mond:

Kombinationen - für alle Bereiche:
- Gefühlvollen Sex

Kombinationen - Personen und Sonstiges:
- Gefühle für einen älteren Mann haben
- Gefühlvolle Familie / Vater / älterer Mann
- Anerkennung von Familie / Vater / älteren Mann
- Erfolgreiche Familie / Vater / älterer Mann
- Gefühle / Erfolg / Anerkennung im Winter

Lilie und Schlüssel:

Kombinationen - für alle Bereiche:
- Mit Sicherheit Harmonie / Ruhe / Zufriedenheit / Sex
- Sicheren Sex

Kombinationen - Personen und Sonstiges:
- Familie / Vater / älterer Mann ist zuverlässig
- Mit Sicherheit eine Familie haben
- Erfolgreiche Familie / Vater / älterer Mann
- Stabile Familienverhältnisse
- Mit Sicherheit im Winter
- Erfolg im Winter

Lilie und Fische:

Kombinationen - für alle Bereiche:
- Finanzen sind zur Zufriedenheit
- Sexsüchtig oder harmoniesüchtig
- Alkohol beruhigt

Kombinationen - Personen und Sonstiges:
- Familie / Vater / älterer Mann mit Geld oder Besitz
- Familie / Vater / älterer Mann ist süchtig
- Geld im Winter
- Bruder / jüngerer Mann ist ruhig oder harmonisch oder zufrieden
- Sex mit einem jüngeren Mann

Lilie und Anker:

Kombinationen - für alle Bereiche:
- Gutes Betriebsklima
- Ruhige / harmonische Arbeit oder Hobby haben
- Mit der Arbeit / Hobby zufrieden sein
- Dem Arbeitsplatz / Hobby treu sein
- Sexuell abhängig oder hörig sein
- Treue Sexleben

Kombinationen - Personen und Sonstiges:
- Mit Familie / Vater / älterer Mann zusammenarbeiten
- Familienbetrieb
- Von der Familie / Vater / älterer Mann abhängig oder klammern
- Mit der Familie / dem Vater / einem älteren Mann fest verankert
- Der Familie / dem Vater / einem älteren Mann treu sein
- Im Winter Arbeit / Hobby / Beschäftigung

Lilie und Kreuz:

Kombinationen - für alle Bereiche:
- Sex / Harmonie / Ruhe / Frieden ist wichtig oder schicksalhaft

Kreuz vor Lilie:
- Intensives oder verstärktes Sexleben
- Sex / Harmonie / Ruhe / Frieden wird an Wichtigkeit zunehmen

Kreuz hinter Lilie:
- Sex ist nicht mehr so wichtig
- Harmonie und Zufriedenheit lösen sich auf

Kreuz über Lilie:
- Sex ist eine Belastung
- Harmonie und Zufriedenheit sind belastet bzw. Lernaufgabe
- Das Thema „Harmonie / Ruhe / Sex" ist die Lernaufgabe und Herausforderung. Wird oft als Krise erlebt und belastet bzw. bedrückt einen

Kombinationen - Personen und Sonstiges:
- Familie ist wichtig oder karmisch vorbestimmt

Kreuz vor Lilie:
- Familie / Vater / älterer Mann ist wichtig bzw. nimmt noch an Wichtigkeit zu

Kreuz hinter Lilie:
- Familienleben löst sich auf, auseinandergehen
- Familie / Vater / älterer Mann nimmt an Wichtigkeit ab oder verschwindet auch

Kreuz über Lilie:
- Familie / Vater / älterer Mann ist belastet oder eine Belastung
- Das Thema „Familie / Vater / älterer Mann" ist die Lernaufgabe und Herausforderung. Wird oft als Krise erlebt und belastet bzw. bedrückt einen
- Bedrückung im Winter

Die Kombinationen mit der Sonne:

Sonne und Mond:

Kombinationen - für alle Bereiche:
- Viel Gefühl
- Schöne Gefühle
- Erfolg und Anerkennung im kreativen Bereich
- Durch Power und Energie zum Erfolg

Kombinationen - Personen und Sonstiges:
- Erfolg und Anerkennung im Sommer

Sonne und Schlüssel:

Kombinationen - für alle Bereiche:
- Mit Sicherheit Kraft und Energie
- Zuverlässige, stabile Power und Energie haben
- Mit Sicherheit kreativ sein

Kombinationen - Personen und Sonstiges:
- Mit Sicherheit im Sommer
- Zuversichtlich im Sommer oder im Süden

Sonne und Fische:

Kombinationen - für alle Bereiche:
- Positive Finanzen
- Energie beginnt zu fließen

Kombinationen - Personen und Sonstiges:
- Geld im Sommer
- Positiver oder energiegeladener Bruder / jüngerer Mann

Sonne und Anker:

Kombinationen - für alle Bereiche:
- Erfolgreiche Arbeit / Hobby / Beschäftigung
- Schöne Arbeit oder kreative Arbeit bzw. Hobby
- Arbeit mit Kraft und Energie oder mit Strom
- Erfolg im Ausland

Kombinationen - Personen und Sonstiges:
- Arbeit im Süden oder im Sommer
- Ausland im Süden bzw. südliche Länder

Sonne und Kreuz:

Kombinationen - für alle Bereiche:
- Energie und Power sind wichtig oder schicksalhaft
- Das Schicksal meint es gut

Kreuz vor Sonne:
- Noch mehr Positives bzw. alles ist und wird super
- Intensive Kreativität
- Noch mehr Power und Kraft

Kreuz hinter Sonne:
- Positives wird weniger
- Kraft und Power nehmen ab

Kreuz über Sonne:
- Kreativität ist belastet
- Wenig Kraft und Power durch eine Belastung
- Das Thema „Energie / Power / Kraft / Kreativität" ist eine Lernaufgabe und Herausforderung. Wird oft als Krise erlebt und belastet bzw. bedrückt einen

Kombinationen - Personen und Sonstiges:
- Schicksalhaftes oder Wichtiges im Sommer

Kreuz vor Sonne:
- Der Sommer wird oder ist sehr wichtig

Kreuz hinter Sonne:
- Der Sommer wird oder ist nicht so wichtig, wie man denkt

Kreuz über Sonne:
- Bedrückung / Belastung im Sommer

Die Kombinationen mit dem Mond:

Mond und Schlüssel:

Kombinationen - für alle Bereiche:
- Ein sicheres Gefühl
- Mit Sicherheit Gefühle
- Mit Sicherheit Erfolg und Anerkennung
- Zuversichtlich sein, was Erfolg und Anerkennung betrifft

Kombinationen - Personen und Sonstiges: /

Mond und Fische:

Kombinationen - für alle Bereiche:
- Gefühle beginnen zu fließen oder vertiefen sich
- Erfolg mit den Finanzen / Besitz

Kombinationen - Personen und Sonstiges:
- Gefühle für einen jüngeren Mann
- Gefühlvoller Bruder / jüngerer Mann
- Erfolgreicher Bruder / jüngerer Mann
- Anerkennung für oder vom Bruder / jüngeren Mann

Mond und Anker:

Kombinationen - für alle Bereiche:
- Anerkennung der Arbeit / Hobby / Beschäftigung
- Erfolgreiche Arbeit / Hobby / Beschäftigung
- Gefühle bleiben treu
- Erfolg festigt sich und verankert sich
- Erfolg / Anerkennung / Gefühle im Ausland

Kombinationen - Personen und Sonstiges:
- Ausland im Norden bzw. nördliche Länder

Mond und Kreuz:

Kombinationen - für alle Bereiche:
- Gefühle sind wichtig oder schicksalhaft
- Erfolg ist wichtig oder schicksalhaft

Kreuz vor Mond:
- Intensive Gefühle bzw. Gefühle verstärken sich
- Erfolg / Anerkennung ist wichtig und tritt in den Vordergrund

Kreuz hinter Mond:
- Gefühle nehmen ab oder werden unwichtiger
- Erfolg / Anerkennung löst sich auf oder wird unwichtiger

Kreuz über Mond:
- Gefühle sind belastet
- Der Erfolg belastet
- Erfolg wird auf die Probe gestellt
- Das Thema „Gefühle / Erfolg / Anerkennung" ist die Lernaufgabe oder Herausforderung. Wird oft als Krise erlebt oder belastet bzw. bedrückt einen

Kombinationen - Personen und Sonstiges: /

Die Kombinationen mit dem Schlüssel:

Schlüssel und Fische:

Kombinationen - für alle Bereiche:
- Gut angelegtes Geld
- Mit Sicherheit Geld / Besitz
- Erfolg in den Finanzen
- Zuversichtlich sein, was die Finanzen betrifft

Kombinationen - Personen und Sonstiges:
- Zuverlässiger Bruder / jüngerer Mann
- Mit Sicherheit einen Bruder haben oder jüngeren Mann kennen
- Zuversichtlich sein, was den Bruder / jüngeren Mann betrifft

Schlüssel und Anker:

Kombinationen - für alle Bereiche:
- Sicherer Arbeitsplatz oder zuverlässig arbeiten
- Schlosser oder Sicherheitsdienst
- Mit Sicherheit eine Arbeit / Hobby / Beschäftigung haben
- Mit Sicherheit treu oder im Ausland
- Zuversichtlich sein, was Arbeit betrifft
- Erfolg mit der Arbeit / Hobby / Beschäftigung

Kombinationen - Personen und Sonstiges: /

Schlüssel und Kreuz:

Kombinationen - für alle Bereiche:
- Sicherheit oder zuversichtlich sein ist wichtig
- Mit Sicherheit etwas Schicksalhaftes

Kreuz vor Schlüssel:
- Sicherheit ist wichtig oder wird an Wichtigkeit zunehmen

Kreuz hinter Schlüssel:
- Sicherheit nicht mehr so wichtig oder löst sich sogar auf

Kreuz über Schlüssel:
- Mit Sicherheit Belastungen und Bedrückung
- Das Thema „Sicherheiten" ist die Lernaufgabe und Herausforderung. Wird oft als Krise erlebt und belastet bzw. bedrückt einen

Kombinationen - Personen und Sonstiges: /

Die Kombinationen mit den Fischen:

Fische und Anker:

Kombinationen - für alle Bereiche:
- Beruf mit Finanzen z. B. Bankangestellter
- Arbeit mit der Seele z. B. Psychiater
- Finanziell abhängig sein
- Geld fest angelegt (verankert)
- Geld / Besitz im Ausland
- Süchtig = Abhängig z. B. von Alkohol

Kombinationen - Personen und Sonstiges:
- Bruder / jüngerer Mann im Ausland
- Der Bruder / jüngerer Mann ist treu
- Abhängig oder nicht loslassen können vom Bruder / jüngeren Mann
- Fest verankert mit dem Bruder / jüngeren Mann
- Mit dem jüngeren Mann zusammen arbeiten = Arbeitskollege

Fische und Kreuz:

Kombinationen - für alle Bereiche:
- Geld / Besitz ist wichtig
- Finanzlage ist schicksalhaft

Kreuz vor Fische:
- Besitz / Finanzen vermehren sich
- Geld ist wichtig oder nimmt an Wichtigkeit zu

Kreuz hinter Fische:
- Geld / Besitz wird weniger oder ist nicht mehr so wichtig

Kreuz über Fische:
- Die Finanzen oder der Besitz ist belastet z. B. Kredit, Schulden abzahlen
- Geldangelegenheiten belasten einen
- Die Seele ist bedrückt bzw. belastet
- Eine Sucht belastet
- Das Thema „Finanzen / Besitz" ist eine Lernaufgabe und Herausforderung. Wird oft als Krise erlebt und belastet bzw. bedrückt einen

Kombinationen - Personen und Sonstiges: /

Die Kombinationen mit dem Anker:

Anker und Kreuz:

Kombinationen - für alle Bereiche:
- Schicksalhafte Arbeit / Hobby / Beschäftigung
- Arbeit / Hobby / Beschäftigung / Treue ist wichtig

Kreuz vor Anker:
- Noch mehr Arbeit oder Intensives arbeiten
- Beruf tritt in den Vordergrund
- Arbeit / Hobby / Beschäftigung / Treue ist wichtig

Kreuz hinter Anker:
- Arbeit nicht mehr so wichtig
- Arbeit wird weniger oder löst sich auf
- Treue nicht mehr so wichtig
- Abhängigkeit löst sich auf

Kreuz über Anker:
- Belastung auf der Arbeit
- Bedrückung wegen der Arbeit
- Abhängigkeit belastet
- Belastung durch eine feste Verankerung
- Das Thema „Arbeit / Abhängigkeiten / Treue" ist eine Lernaufgabe und Herausforderung. Wird oft als Krise erlebt und belastet bzw. bedrückt einen

Kombinationen - Personen und Sonstiges: /

Weitere Produkte aus unserem Verlagsprogramm zum Thema „Kartenlegen lernen"

- Bücher
- Kartendecks
- Lern- und Deutungshilfen (Häuserschablonen, Lernkarten usw.)
- CDs (Software, MP3, Daten usw.)
- DVDs (Videos Kartenlegen)
- Beutel für Kartendecks

Unser Shopangebot erweitert sich ständig, bei Interesse einfach mal stöbern und einkaufen …

www.angelina-schulze.com

und dann zum Onlineshop weiterklicken

Oder direkt zu **www.esoterisch-shop.de**

Videos, Deutungserklärungen zu den Karten, Online-Kartenlegen sowie Verschiebetafeln findest du in meinem Blog zum Kartenlegen lernen. Außerdem kannst du dich auch zu einem **kostenlosen Coaching zum Kartenlegen lernen** anmelden. Ich habe ein **Starter-Paket** für dich zusammengestellt. Dort bekommst du ganz viele Tipps, Infos und Videos der Königsklasse zum Kartenlegen lernen und zur Lenormand-Deutung von mir, und das vollkommen **gratis**.

www.kartenlegenlernen.info

oder

www.lenormand-online24.de

Deine Fragen (zum Lernen der Kartendeutung) werden auch persönlich am Telefon beantwortet:

Noch Fragen zum Lernen und Deuten der Lenormandkarten?
Zeit für eine telefonische Lehrer-Schüler-Beratung. Für all deine Fragen und Probleme beim Kartenlegen lernen, die in den DVDs oder den Büchern unbeantwortet blieben, oder wo es einfach noch Klärung und näherer Informationen bedarf. Auch gern zur Kontrolle deiner eigenen Deutungsversuche für einzelne Karten, kleine Le-

gungen oder in der großen Tafel. Du kannst jede Menge Fragen stellen und das alles zu einem Festpreis:

30 Min. für je 45,- €　　　　oder　　　　60 Min. für je 90,- €

Einzelunterricht – Kartenlegen Lenormand lernen

4 Stunden (mit ca. 15 Min. Pause zwischendurch)
Einsteiger- oder Aufbaukurs oder individuelles Lernen
In Lengede (Ortsteil: Klein Lafferde) = 320,- €

Oder auch am Telefon, mit 2 Terminen zu je 2 Stunden = 320,- €

Telefonkurs ab 8 Stunden = je Stunde 75,- € / anstatt 90,- €

Telefonkurs ab 12 Stunden = je Stunde 70,- € / anstatt 90,- €

2 Tagesseminare Kartenlegen Lenormand lernen (mit Einsteiger- und Aufbaukurs)

Jeweils 10 bis 18 Uhr. Ab 2 und bis 5 Teilnehmer.
Inkl. Lernunterlagen für zu Hause: 490,- €

Oder als Tagesseminar im Einzelunterricht mit 7 Stunden zu 490,- €

Intensive Ausbildung als Onlinekurs bzw. jetzt neu auch einzelne Lernlektionen als Video ohne Betreuung oder auch mit Betreuung in Bezug auf deine Fragen.

Mehr Infos und Einblicke gibt es hier:

www.lenormand-online24.de

Zum „**Kartenlegen ausführlich erklärt**" gibt es inzwischen mehrere Bücherbände von Angelina Schulze.

Außerdem mehrere **CDs und DVDs** mit Deutungen und Erklärungen sowie die **Lenormandkarten** in verschiedenen Ausführungen.

Weitere Lernhilfen sind **Häuserschablonen, Legesysteme als Schablonen** und auch die **vertiefende Deutung als Legeschablone**.

Coaching mit den Lenormandkarten

Ja, auch ein Coaching oder eine besondere Art der Beratung ist mit den Lenormandkarten möglich. Oft kommen die Ratsuchenden mit Problemen und wollen eher wissen, wo die Ursache liegt bzw. der Ursprung und was man tun kann, damit sich eine Situation oder ein Verhältnis zu einem Menschen bessern kann. Dass man den anderen besser versteht und konkrete Handlungsmöglichkeiten aufgezeigt bekommt. Also mehr eine Art Analyse, wo man gerade steht und dann aber mit Fokus darauf, was es für Lösungen gibt, was man eben konkret tun kann, um es zu verändern / zu verbessern.

Hier setzt das Coaching an, welches du nun auch mit den Lenormandkarten anbieten kannst. Dies ist besonders für die Arbeit in einer Praxis geeignet, wo die Menschen direkt zu dir kommen und eine Hilfe, sprich eine Lösung, möchten, damit sich was verbessern kann. Also weg von der Zukunftsdeuterei und hin zur lösungsorientierten Analyse und dem Coaching. Am Telefon geht es natürlich auch.

Coaches oder auch gern Heilpraktiker nutzen dafür gern die Methode der Aufstellungen. So kann man Familienaufstellungen durchführen oder auch Themenaufstellungen und schauen, wie sich die Personen an ihren Plätzen fühlen, wie das Thema liegt und was an Infos dazu kommt. Hier nutzt man für gewöhnlich nun ein paar Menschen, die sich als Stellvertreter in der Aufstellung zur Verfügung stellen. Dies hat jedoch den Nachteil, dass man zu einer Coachingstunde im Grunde noch 10 weitere Personen dabeihaben muss, damit man auch genug Stellvertreter aufstellen kann.

In Einzelberatungen wird daher schon vermehrt zu Alternativen ausgewichen, wie z. B. ein Systembrett, Figuren oder Zettel, die man auf den Boden legt. Was auch wieder den Nachteil hat, dass diese nicht sprechen können und man viel selbst hineininterpretieren muss, dabei auf die Gefühle achten usw. Ich selbst habe das auch schon ausprobiert und war mir nie wirklich sicher, ob ich überhaupt was spüre, und wenn doch, ob es das Richtige ist. Auch eine Aufstellung mit ein paar Leuten brachte mir bei einem Familienthema keine Klarheit.

Und so kam ich schließlich irgendwann zu meinen Karten und dachte, damit müsste es doch eigentlich auch gehen. Und ja, es funktioniert sogar viel besser und vor allem leichter als ursprünglich gedacht. Nach etlichen Experimenten und wundervollen AHA-Momenten entstand mein Deutungssystem für die Aufstellungen mit den Lenormandkarten und mein schriftliches Werk in Form eines Buches dazu. Dort wird alles ganz genau erklärt. Welche Karte welcher Stellvertreter sein kann, wie man das Vorgespräch mit dem Herausfinden der Stellvertreterkarten überhaupt macht, wie man sich eine eigene Aufstellung ruckzuck selbst zusammenbauen kann und vor allem dann auch deuten. Viele Beispiele runden das Ganze ab und machen ein sofortiges Nachmachen einfach und sogar Anfänger im Kartendeuten kamen damit gut zurecht.

Zur Erleichterung habe ich noch eine Schablone der Häuserplätze in Aufstellungen erstellt und auch Webinaraufzeichnungen, wo man in 2-3 Stunden eine intensive Aufstellung mit allen Erklärungen und Deutungsschritten von mir mitverfolgen kann. Mit Stand Januar 2017 gibt es derzeit 4 solcher Videos mit Aufstellungsbeispielen von mir.

Ein Video von 60 Min. habe ich sogar kostenfrei auf YouTube, wobei ich es auf 4 Stücke zu je 15 Min. aufgeteilt habe und die Nachbesprechung mit meiner Kundin halt nicht dabei ist. Jedoch zeigt das Video sehr schön die Deutungsschritte bei Aufstellungen und was damit möglich ist. Noch intensiver ist es in den anderen Aufzeichnungen, die so 2,5 Stunden lang sind.

Ich plane für eine Aufstellung immer 90 bis 120 Min. ein. Wenn ich Lernvideos daraus mache oder Webinare, wo ich ja noch mehr zu den Schritten erkläre und auch Fragen von Teilnehmern beantworte, kommen daher schnell 2 bis 3 Stunden zusammen. Doch so kann man prima von zu Hause aus lernen, wie es funktioniert und es danach nachmachen und darüber staunen, was man dann selbst alles erkennen kann.

Wenn dich diese interessante Arbeit mit den Karten nun neugierig gemacht hat, dann schau dir ruhig meine 4 kostenlosen Teile an. Zu finden gleich hier: ***www.lenormand-online24.de/aufstellung***

Das Buch und die Lernhilfen dazu gibt es in meinem Onlineshop unter:

www.esoterisch-shop.de

Und dann einfach in die Kategorie Aufstellungen gehen.

Kartenlegen ausführlich erklärt – Band 7
Familienaufstellungen und Themen-Aufstellungen
(eignet sich für Kartendecks mit 36 und 40 Lenormandkarten)

ISBN 978-3-943729-11-5

Noch eine Art, dich bei Beratungen zu spezialisieren, ist es, mit den Karten eine Rückführung in ein früheres Leben zu machen.

Dies kann man rein aus Neugier tun, um mal zu sehen, wer man mal war, wie man gelebt hat usw. Du kannst es zwar nicht direkt überprüfen, aber interessant ist es allemal. Oft zeigen sich auch Parallelen zu unserem heutigen Leben, denn meist liegen Ursachen viel weiter zurück als mancher glaubt.

Und schon setzt auch wieder eher ein Coaching ein bzw. kommen bei der Person, für die man die Rückführung macht, so Dinge ans Licht, die man als Karma-Aufgabe mitgebracht hat und die es nun zu lösen gilt, damit das Thema heilen kann. Zu schauen, wo eine Ursache liegt, die man im heutigen Leben einfach nicht finden kann und welches Schicksal damit verbunden ist.

Beispiel: Eine Frau hat vielleicht unerklärliche Angst vor Hunden, wurde aber ihr ganzes Leben lang nie von einem Hund gebissen oder hat nie irgendwelche Angst auslösenden Momente mit einem Hund erlebt. Der Ursprung muss also in einem früheren Leben liegen, anders lässt es sich nicht erklären.

Schaut man mit der Intention, nun die Rückführung auszulegen, die die Ursache sichtbar machen soll, so kommt dort vielleicht so etwas Ähnliches vor: Im früheren Leben war sie ein Mann, der früh gestorben ist, weil ein Hund ihn gebissen hat und ihn so schwer verletzte, dass er daran gestorben ist. Dann trägt diese Seele möglicherweise noch diese Angstmomente mit dem Hund als tief vergrabene Erinnerung mit sich herum.

Mit der Erkenntnis und der Deutung im Kartenbild kann die Frau nun damit abschließen. Man könnte auch in der Legung um das Kreuz (Karte 36) deuten, um zu sehen, wo das Karma in diesem Leben liegt und wie die Frau es nun heute auflösen kann. Auch sehr interessant, muss man einfach mal ausprobiert haben.

Wie die Karten speziell in einer Rückführung gedeutet werden und die große Tafel dort mit allen Deutungsschritten funktioniert, das zeige ich dir ganz ausführlich in meinem Buch Band 8. Zu finden auch wieder in meinem Shop unter: *www.esoterisch-shop.de*.

Kartenlegen ausführlich erklärt – Band 8
Rückführungen in frühere Leben
(eignet sich für Kartendecks mit 36 und 40 Lenormandkarten)

ISBN 978-3-943729-12-2

Kartenlegen ausführlich erklärt - Die Karten und kleinen Legungen
Band 1 zu den Lenormandkarten
ISBN: 978-3-943729-00-9
24,95 €

Kartenlegen ausführlich erklärt - Die große Tafel
Band 2 zu den Lenormandkarten
ISBN: 978-3-943729-01-6
27,95 €

Kartenlegen ausführlich erklärt - Die Kombinationen
Band 3 zu den Lenormandkarten
ISBN: 978-3-943729-02-3
29,95 €

Kartenlegen ausführlich erklärt - Das Arbeitsbuch
Band 4 zu den Lenormandkarten
ISBN: 978-3-943729-03-0
25,95 €

Kartenlegen ausführlich erklärt – Noch mehr Deutungsmöglichkeiten
Band 5 zu den Lenormandkarten
ISBN: 978-3-943729-04-7
23,95 €

Kartenlegen ausführlich erklärt – Deutungen und Legungen mit den 40 mystischen Lenormandkarten
Band 6 zu den Lenormandkarten
ISBN: 978-3-943729-19-1
22,95 €

Die Deutung der Engel in den 36 und 40 Lenormandkarten
Königsklasse Kartenlegen lernen Teil 1
ISBN: 978-3-943729-33-7
15,95 €

Lenormand Deutung Spezial mit Bachblüten, Schüsslersalze, Heilmethoden und dem Thema Gesundheit/Krankheit in den 36 und 40 Lenormandkarten
Königsklasse Kartenlegen lernen Teil 2
ISBN: 978-3-943729-35-1
24,95 €

**Kartenlegen ausführlich erklärt –
Mind-Maps zu Angelinas 40 mystische Lenormandkarten**
Lernen der Kartenbedeutungen passend für jedes Lenormandkartendeck.
46 farbig bedruckte Seiten in Spirale gebunden.
EAN: 4280000292650
22,95 €

Kartenlegen ausführlich erklärt – Das Deuten der Lenormandkarten lernen DVD, 133 min
ISBN: 978-3-00-019706-2
33,50 €

DVD 2 Kartenlegen ausführlich erklärt - Die Aufbaustufe Lenormand
127 min
ISBN: 978-3-00-021588-9
34,50 €

DVD 3 Kartenlegen ausführlich erklärt - Die kleinen Legungen Lenormand 170 min
EAN: 4280000292216
39,95 €

DVD 4 zum Kartenlegen lernen und die 36 Lenormandkarten in der grossen Tafel deuten (4 Legungen – 182 min)
EAN: 4280000292728
69,00 €

DVD 5 zum Kartenlegen lernen und die Lenormand Deutung der 40 mystischen Lenormandkarten in der grossen Tafel
(Webinaraufzeichnungen mit 5 Legungen – 7 Stunden 17 min)
EAN: 4280000292735
99,00 €

DVD 6 Themen-Aufstellungen zur Arbeit und Krankheit mit Karten (2 Webinaraufzeichnungen ca. 5 Stunden)
EAN: 4280000292742
49,00 €

**Legesysteme als Schablone / Lernhilfe beim Kartenlegen –
Kartenlegen mit den kleinen Legungen leicht gemacht**
Insgesamt 9 Legesysteme. Alle Blätter farbig bedruckt und beidseitig matt laminiert. Incl. Broschüre mit Erklärungen zur Deutung der jeweiligen Legung mit Beispielen. Anwendbar für die Kartendecks: Tarot, Lenormand, Kipper, Zigeuner und andere Wahrsagekarten.
EAN: 4280000292391
44,95 €

Angelinas 40 mystische Lenormandkarten
36 + 4 Ergänzungskarten + 9 Karten mit Motiven zum Tauschen. Beidseitig glänzend laminiert (abwischbar).
2 Neuauflage EAN: 4280000292551
16,95 €

Angelinas 40 mystische Beginner - Lenormandkarten
Für einen leichteren Start in die Kartendeutung direkt mit Deutungstexten auf der Karte. 36 + 4 Ergänzungskarten, beidseitig glänzend laminiert.
2 Neuauflage EAN: 4280000292902
16,95 €

Lenormandkarten Königsklasse
36 + 4 Ergänzungskarten + 1 Tauschkarte Fuchs mit anderer Blickrichtung. Beidseitig glänzend laminiert (abwischbar).
EAN: 4280000292797
18,95 €

Lenormandkarten Königsklasse mit Deutungshilfe
36 + 4 Ergänzungskarten + 1 Tauschkarte Fuchs mit anderer Blickrichtung. Für einen leichten Start in die Kartendeutung mit Deutungstexten direkt auf der Karte. Beidseitig glänzend laminiert (abwischbar).
EAN: 4280000292797
18,95 €

Kartenlegen mit Angelinas 80 Lenormand – Tarot – Wahrsagekarten
Begleitbuch incl. Kartendeck (=80 Karten)
EAN: 4280000292476
34,95 €

Spezial Häuserschablone zum Familienstellen und Themenaufstellungen
Mit Hilfe von 36 oder 40 Lenormandkarten oder den 80 Lenormand-Tarot-Wahrsagekarten und dieser besonderen Häuserschablone kann man Aufstellungen zur Ursprungsfamilie, zur derzeitigen Familiensituation und auch zu den unterschiedlichsten Themen machen. Die Schablone, die ebenfalls auf einer abwischbaren Plane gedruckt wurde, stellt ein gute Ergänzung zum Buch Band 7 dar.

Spezial Häuserschablone für Rückführungen
Mit Hilfe von 36 oder 40 Lenormandkarten und dieser besonderen Häuserschablone kann man Rückführungen machen. Die Schablone, die ebenfalls auf einer abwischbaren Plane gedruckt wurde, stellt ein gute Ergänzung zum Buch Band 8 dar.

Videos, Bilder und mehr Beschreibungen findest Du im Onlineshop.

Spezielle Häuserschablonen für die 36 und vor allem die 40 mystischen Lenormandkarten:

PVC Plane (Material Decolite 290g/m²) farbig bedruckt, nass abwischbar und exklusiv nur bei uns im Onlineshop. Es gibt 4 Varianten zum Häuserdeuten in der großen Tafel. Diese Häuserübersichten vereinfachen das Deuten der 40 Lenormandkarten und vor allem der Häuserzuordnung. Man kann die Karten direkt auf die Schablone legen und sieht darüber noch die Hausaussage bzw. welche Karte darunter liegt. Hebt man die Karte hoch, so kann man noch viele weitere Informationen zu diesem Kartenplatz, also der Deutung der Lenormandkarte lesen und bekommt wertvolle Texte auf einen schnellen Blick zum Deuten (ohne lange im Buch zu blättern). Außerdem ist jeweils die Kartennummer angegeben, wohin die Karte in der Weiterentwicklung = Korrespondenz fällt. Dies ist besonders für Beginner, die sich mit dem Korrespondieren noch schwer tun, eine enorme Hilfe.

Jede Variante ist für 34,95 Euro erhältlich.

Videos, Bilder und mehr Beschreibungen findest Du im Onlineshop.

Variante 1: Häuserschablone 8er-Tafel, fünfte Reihe korrespondiert in die vierte Reihe und erst von da in die erste Reihe. Das Jahresthema sind die 4 bzw. 6 Karten in der Mitte. Diese Schablone kann mit den 40 Karten oder auch nur mit den 36 Lenormandkarten mit der normalen 8er-Tafel verwendet werden.

Variante 2: Häuserschablone 8er-Tafel, fünfte Reihe korrespondiert in die erste Reihe. Das Jahresthema ist die komplette 3 Reihe. Diese Schablone eignet sich nur für die 40 Lenormandkarten und wenn man sich mit dem Korrespondieren noch mal umgewöhnen will, weil man die Symmetrie beim Deuten halt schöner findet.

Variante 3: Häuserschablone 10er-Tafel (4 Reihen a 10 Karten, der Reihe nach nummeriert, also 1-10 ist die erste Reihe usw.) Das Jahresthema sind die 4 Karten in der Mitte. Diese Schablone eignet sich nur für die 40 Lenormandkarten und wenn man auf ein symmetrisches Deuten mit 10 Karten pro Reihe wechseln möchte.

Variante 4: Häuserschablone auf Basis der 9er-Tafel mit Ergänzung der 4 zusätzlichen Karten als 10 Spalte. Diese Schablone kann mit den 40 Karten oder auch nur mit den 36 Lenormandkarten mit der normalen 9er-Tafel verwendet werden.

Auf den nächsten beiden Seiten
siehst Du einen Ausschnitt aus dem Buch "Band 1".
Die Erklärungen zu der Karte 18 - Der Hund.

Karte 18 – Der Hund

Das Bild erklärt:
Ein Hund vor seiner Hundehütte. Der Hund ist der beste Freund des Menschen. Er steht ihm treu und dienend zur Seite. Besonders bei Blindenhunden bekommt man Hilfe von ihnen und kann sich auf sie verlassen und ihnen blind vertrauen. Ein Hund ist ein gutmütiges Tier mit meistens gutem Charakter. Man hat sehr lange etwas von seinem Hund – wird sehr alt.

Daraus ergeben sich folgende Deutungen zu der Karte:
Freundschaft, Freundeskreis, Treue, Gutmütigkeit, guter Charakter, Vertrauen, Zuverlässigkeit, langfristig, Förderer, Hilfe und Beistand, Haustier

18. Haus: Das Haus der Freundschaft oder der Hilfe

Schlüsselwörter: Freundschaft, Treue, Hilfe bekommen, Vertrauen

Liebe: Jemanden aus dem Freundeskreis lieben, aus Freundschaft wird Liebe, Hilfe bekommen, Vertrauen in die Liebe haben

Ehe/Beziehung: Ein treuer Partner, langfristige Beziehung, einander Vertrauen können

Familie: Zuverlässige Familie, Hilfe und Förderung innerhalb der Familie oder für die Familie

Beruf: Jemand hilft am Arbeitsplatz, ein Förderer hilft, langfristige Arbeit, der Arbeit treu sein, mit Kollegen/innen befreundet sein

Berufsbild: Arbeit mit Tieren, Tierpfleger, Kellner, Hausmädchen, Diener, Soldat (Beruf in dienender Stellung)

Schule / Ausbildung: Hilfe und Förderung bekommen, zuverlässiges Lernen, Vertrauen ins Lernen haben

Finanzen: Jemand berät dich gut, ein Förderer. Hilfe bekommen

Gesundheit: Hilfe bei Krankheit, Beistand, Vertrauen haben, gut gemeinte Sorge einer anderen Person um dein Wohlbefinden.

Körperaspekt: Stimme, Stimmbänder, Kehlkopf (Hunde bellen) Mund, Zunge (Hunde hecheln mit der Zunge)

Spirituell: Seelenverbindung, Förderung der Spiritualität, Freund aus dem spirituellen Bereich, Vertrauen in Deine Fähigkeiten haben

Kombination mit Ring oder Fische: Seelenverbindung

Zeitangabe: Langfristig, dauerhaft

Zahlangabe: -

Tier: Hund, Haustiere

Personenkarte: Ein Freund, eine Freundin, meist ist es aber der gesamte Freundeskreis

Kombination mit einer Skatdame: Eine bestimmte Freundin
Kombination mit einem Skatkönig: Ein bestimmter Freund

Eigenschaften Person: Treu, zuverlässig, gutmütig, dienend, kameradschaftlich, vertrauensvoll

Sonstiges: -

Als Themenkarte: Bei Fragen nach Freundschaft oder einem bestimmten Freund/in.

Hinweis:
Nach diesem Aufbau sind alle Karten in dem ersten Band 1 zu den Lenormandkarten beschrieben.
Mehr Informationen und Auszüge aus dem Buch gibt es noch auf meiner Homepage (www.angelina-schulze.com).

Die erweiterte Buchreihe:

Kartenlegen ausführlich erklärt – Madame Lenormand trifft Angelinas Highlight-Legung
Band 9
ISBN: 978-3-943729-50-4
11,95 €

Kartenlegen ausführlich erklärt – Lenormand-Deutung in der Legung Licht und Schatten
Band 10
ISBN: 978-3-943729-52-8
11,95 €

Kartenlegen ausführlich erklärt – Lenormand-Legung mit psychologischer Deutung zum Thema Blockaden und Loslassen
Band 11
ISBN: 978-3-943729-53-5
24,95 €

Planung für 2017/2018 - Band 12 bis voraussichtlich Band 17 zur Königsklasse Kartenlegen lernen mit den Lenormandkarten:

Kartenlegen ausführlich erklärt – Madame Lenormand trifft Angelinas Chakra-Legung Band 12

Kartenlegen ausführlich erklärt – Madame Lenormand trifft Angelinas Karma-Legung Band 13

Kartenlegen ausführlich erklärt – Lenormand-Deutung in der Legung Lebensweg erkennen Band 14

Kartenlegen ausführlich erklärt – Lenormand-Legung Ursache, die Deutung zeigt, wer, wo, was und wie verändern Band 15

Kartenlegen ausführlich erklärt – Lenormand-Deutung in der Legung meine Vision, meine Ziele Band 16

Kartenlegen ausführlich erklärt – Lenormand-Deutung in der Legung Ängste Band 17

Kontakt zur Autorin Angelina Schulze

Ich bin gern als deine Ausbildnerin im Kartenlegen lernen für dich da.

Sei es telefonisch, persönlich bei mir im Seminarbereich oder auch in der Onlineausbildung, wo du die Kurse jederzeit mit Zugang über E-Mail und Passwort machen kannst.

Ich beantworte all deine Fragen beim Lernen der Kartendeutung und betreue dich so lange, bis du es kannst.

www.kartenlegenlernen.info
www.lenormand-online24.de
www.angelina-schulze.com

E-Mail: Angelina.Schulze@gmx.de
E-Mail: kartenlegen@angelina-schulze.com

Facebook Kartenlegen lernen:
http://www.facebook.com/kartenlegenlernen123

Facebook Privat: https://www.facebook.com/angelina.schulze1

YouTube: https://www.youtube.com/user/Kartenlegenlernen123

Bei Fragen oder Buchungswünschen erreichst du mich:

Montag bis Samstag in der Zeit von 10 bis 19 Uhr
telefonisch unter 05174 / 920759 (ggf. den Anrufbeantworter nutzen)
oder du schickst einfach eine E-Mail.